DADOS INTERNACIONAIS DE
CATALOGAÇÃO NA PUBLICAÇÃO (CIP)
Jéssica de Oliveira Molinari CRB-8/9852

Keenan, Maynard James
  União perfeita de elementos contrários / Maynard James
Keenan, Sarah Jensen ; tradução de Andrio Santos.
  — Rio de Janeiro : DarkSide Books, 2024.
  336 p.

  ISBN: 978-65-5598-396-8
  Título original: A Perfect Union of Contrary Things

  1. Rock -- Estados Unidos 2. Tool
(Grupo musical) 3. Perfect Circle (Grupo musical)
I. Título II. Jensen, Sarah III. Santos, Andrio

  24-2898   CDD 781.66

Índices para catálogo sistemático:
1. Rock – Estados Unidos

Impressão: Braspor

A PERFECT UNION OF CONTRARY THINGS
Copyright © 2016 by Sarah Jensen and Maynard James Keenan
Ilustrações de Capa e Miolo © Boris Pelcer
Todos os direitos reservados

Tradução para a língua portuguesa
© Andrio J.R. dos Santos, 2024

Time to put the silicon obsession down
Take a look around, find a way in the silence
Lie supine away with your back to the ground
Dis and re-connect to the resonance now
You were never an island
— "Disillusioned", A Perfect Circle

A foto de Jan Keenan faz parte do anuário da Mason County Central High School de 1972. Todas as fotos de esportes do ensino médio e a foto simulada da eleição são do anuário da Mason County Central High School de 1982. Trecho de Little, Big de John Crowley, publicado em 1981 pela Bantam Books, usado com permissão de John Crowley. Letra de "Burn About Out" © 1986 por Maynard James Keenan. Letra de "Orestes" © 2000 por Billy Howerdel e Maynard James Keenan. Letra de "Oceans" © 2011 por Maynard James Keenan. Letra de "The Humbling River" © 2010 por Maynard James Keenan. Usado com permissão dos artistas.

Fazenda Macabra
Reverendo Menezes
Pastora Moritz
Coveiro Assis
Caseiro Moraes

Leitura Sagrada
Karen Alvares
Maximo Ribera
Rebeca Benjamim
Tinhoso e Ventura

Direção de Arte
Macabra

Coord. de Diagramação
Sergio Chaves

Colaboradores
Jefferson Cortinove
Jessica Reinaldo

A toda Família DarkSide

MACABRA
DARKSIDE

Todos os direitos desta edição reservados à
DarkSide® Entretenimento Ltda. • darksidebooks.com
Macabra™ Filmes Ltda. • macabra.tv

© 2024 MACABRA/ DARKSIDE

SARAH JENSEN &
MAYNARD JAMES KEENAN

UNIÃO
PERFEITA DE ELEMENTOS CONTRÁRIOS

Tradução
Andrio Santos

MACABRA™
DARKSIDE

Para Kjiirt.

SARAH JENSEN   UNIÃO PERFEITA DE ELEMENTOS CONTRÁRIOS   MJ KEENAN

PREFÁCIO

Um psicopompo punk

Maynard James Keenan é um misterioso manancial de incessante criatividade. Das letras comoventes e música extraordinária em múltiplas bandas ao vinho incrivelmente delicioso, ele tem permeado nossa cultura como nenhum outro artista. Ele transgride aparências e gêneros e nos faz ponderar sobre o que poderia alimentar esse potencial sobre-humano e original.

Por trás de cada pessoa extraordinária existe a superação de uma crise. A maioria dos fãs da obra de Maynard compreende o impacto significativo que a saúde e a fé de sua mãe exerceram sobre ele. Desde os 11 anos, Maynard estava destinado a ser diferente, pois sua vida doméstica o distinguia de seus pares. Tanto o artista fecundo quanto o xamã são típicos forasteiros na sociedade tradicional; suas experiências envolvendo alheamento, enfermidade e mortalidade concedem-lhes uma perspectiva única e um estado de consciência elevado. Isso permite que vejam o que os outros não veem.

Na tradição do povo nativo norte-americano dacota existe uma figura chamada *heyoka*, um agitador, trapaceiro ou palhaço sagrado. O *heyoka* fala, atua e reage em oposição às pessoas ao seu redor. Maynard personifica tanto o arquétipo do embusteiro astucioso quanto do curandeiro. Não surpreende que ele viva em uma região próxima a Sedona, onde *kachina*, o deus trapaceiro, e as poderosas forças naturais se entremeiam.

Em minha arte para o álbum *Lateralus*, da Tool, a garganta é representada como um ardente ponto focal. Eu vi a magia das palavras potencializando a música e concedendo-lhe profundidade e amplitude poética únicas. Maynard nada em tais profundezas e suas canções se tornam a trilha sonora da alma, a confissão do nosso inconsciente coletivo vindo à tona. Certa vez, visitei a casa dele em Hollywood Hills e vi sua incrível coleção de esculturas feitas pelo artista exilado Stanisław Szukalski. Maynard não é apenas um artista, ele também se cerca de obras de arte excêntricas e extraordinárias.

Uma estrela do rock que compõe músicas cantadas por milhões de pessoas é uma figura poderosa. Arrebatar em êxtase estádios lotados ao redor do mundo, noite após noite, é pura magia xamânica. Maynard é conhecido pela firme integridade artística e pela disposição de enfrentar temas atemorizantes. Atraindo ouvintes à sombra coletiva, ele nos guia a encarar as coisas como elas são e, também, o que necessita de cura.

Afinal, por que vamos a um show de rock ou a um xamã? O líder extático está em contato com um nível superior de forças criativas e se torna o canalizador de potentes energias transformativas. Nós vamos ao show no intuito de ter um vislumbre dessa realidade elevada, a fonte de tudo o que é bom, verdadeiro e belo. Sem dizer com todas as letras, sentimos seu amor perpassando tudo o que faz. A mensagem de Maynard nos conduz de volta a nós mesmos, e a lição de sua vida é nosso desafio artístico: sermos positivamente inebriados pela vida e verdadeiros conosco, irrefreáveis, seguindo em frente, sempre crescendo.

Alex Grey
Cofundador da Capela dos Espelhos Sagrados
(Chapel of Sacred Mirrors, CoSM)
Cidade de Wappinger, Nova York
Fevereiro de 2016

SARAH JENSEN UNIÃO PERFEITA DE ELEMENTOS CONTRÁRIOS **MJ KEENAN**

PRÓLOGO

As luzes principais se apagam. A multidão, em pé, aguarda ansiosa. Quando o homem vestindo um terno italiano sob medida pega o microfone, a multidão se agita e bate cabeça no ritmo da bateria e do baixo, cantando a letra com ele.

Ele canta sobre o espírito do fogo, o gosto das cinzas no palato, a verdade do outro lado do espelho. Canta sobre o deserto, não como um lugar estéril, e sim como uma terra que respira, voa, estremece, morre — vivificada pelos espíritos dos ancestrais e pelas histórias ainda não contadas de crianças vindouras.

Holofotes coloridos percorrem o lugar, inundando-o de cor, e os músicos se movem em uma equilibrada tríade de solenidade, caos e risos fáceis. Os duetos, solos e transições narram uma história de desilusão e dor que se repete por milênios, mas que também nos lembram da eterna capacidade humana para o altruísmo e o júbilo. E a audiência percebe que a dança é uma celebração de povos antigos não tão diferentes deles próprios.

O vídeo exibido no fundo do palco representa seu próprio voo ascendente em meio a uma chuva de estrelas cadentes, despertando-lhes uma acentuada leveza, fruto da contemplação de desfiladeiros e mesetas, a paisagem criada por tormentas e dilúvios, um lugar hostil e, de certo modo, também acolhedor. Seus corações batem em uníssono com a cadência da guitarra, da bateria, do baixo, dos teclados e da voz potente e límpida do narrador.

As histórias contadas pela banda são um prisma de rostos que se foram e horas perdidas, de visões, lágrimas e destruição. O rio sonoro se acelera e depois cascateia em arpejos de amor e esperança. Uma luminosidade rubra flutua pelos holofotes. Os músicos e a audiência se movem como um só e, juntos, sonham o sonho.

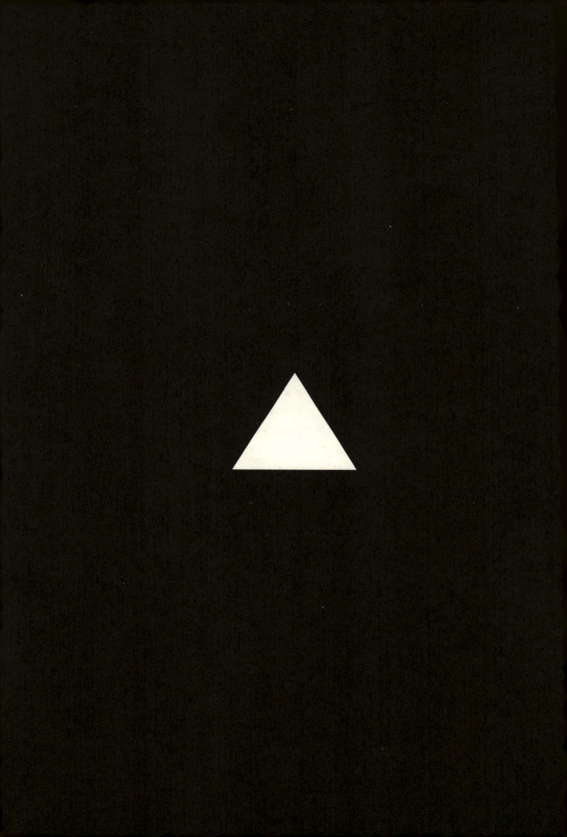

SARAH JENSEN   UNIÃO PERFEITA DE ELEMENTOS CONTRÁRIOS   MJ KEENAN

1

Spirito Marzo acreditava em alquimia. Ele compreendia como um dia de trabalho intenso poderia transmutar clima, solo e fruto em vinhos refinados, como Barolo ou Barbaresco. Passou a infância entre as montanhas e os vales de Piemonte, onde cuidar dos vinhedos era algo natural.

Pequeno, esguio e jovial, tão cheio de vida quanto seu nome sugere, conquistou o coração de Clementina Durbiano, uma mulher pragmática que usava o cabelo escuro repartido ao meio e metodicamente amarrado atrás da cabeça. Até onde se sabe, tiveram um casamento feliz, fortalecido pelo gosto compartilhado pela aventura e pela grande esperança que nutriam pelos filhos.

Eles acreditavam que, nos Estados Unidos, seriam afortunados. Tudo podia acontecer em uma terra onde as pessoas criavam lâmpadas elétricas, fonógrafos e algo que chamavam de "filme cinematográfico". Assim, na primavera de 1902, o transatlântico *La Bretagne* partiu do Havre, na França, levando a bordo Spirito, Clementina e sua filha de dois anos, Luigia Ernestina.

Mas o momento não era nada perfeito. Spirito imaginara um futuro como madeireiro, mas, ao chegarem em Leetonia, na Pensilvânia, depararam-se com uma vasta porção das florestas devastada para a construção de minas de carvão e fabricação de dormentes de ferrovia e papel. Por alguns anos, trabalhou como pôde nos moinhos remanescentes e pontos de extração de madeira, até que, atraído pela promessa de uma vida melhor na Virgínia Ocidental, ele e a família fizeram as malas e se mudaram para Richwood, onde trabalharia em um curtume. A casa cedida pela empresa era grande o bastante para a família em crescimento e no quintal havia espaço suficiente para jogos de pega-pega e *pom-pom pullaway*,* uma horta e videiras que cresciam sobre a cerca.

Na década de 1920, no entanto, as tsugas, árvores que um dia haviam coberto a terra de verde argênteo, tinham praticamente desaparecido e a maioria dos curtumes da Virgínia Ocidental fechara. Não havia mais nada a fazer a não ser empacotar os poucos pertences da família (Spirito, Clementina, Peter, então com dez anos, e o bebê Albert) e navegar de volta à Itália. Lá, fizeram seu lar em uma rua estreita, no limite de um vilarejo, onde montanhas de cumes nevados erguiam-se à distância e as videiras vicejavam sob o sol.

Luigia Ernestina encontrara de fato seu destino nos Estados Unidos. Viver em um vilarejo italiano montanhoso não era a sua cara. Ela ficou para trás, na Virgínia Ocidental, e adotou o nome propositalmente moderno "Louise". Assim, decidiu conquistar o coração de um jovem de cabelos pretos de Sparks, em Ohio.

Herbert Van Keenan retornara recentemente do serviço militar em Saint-Mihiel e da Batalha da Floresta Argonne, e tinha profundas raízes norte-americanas. Os ancestrais de seu pai vieram com a primeira onda migratória irlandesa, em meados de 1740, e sua mãe era uma descendente de Abraham LeMaistre, um huguenote** francês que chegara a Maryland como carpinteiro contratado em 1661. O tataraneto de Abraham, Benjamin, servira não apenas na Guerra Anglo-Americana de 1812, mas também na Revolução Americana, como mensageiro do general George Washington no vale Forge. O irmão de Benjamin, Joseph, integrara o 13º Regimento da Virgínia em Brandywine e Germantown.

Louise decidiu que ninguém podia ser mais *americano* do que isso, e Van, que era proprietário de um *speakeasy**** em Akron e contaria com um cargo nos correios em breve, era garantia de um bom futuro. Em 1921, os dois se casaram na Igreja

---

*   Jogo infantil comum nos EUA, semelhante ao pega-pega. É jogado em espaços abertos, em locais em que se admitam corrida em linha reta. Todos os jogadores, exceto um, ficam atrás de linhas divisórias, como linhas de chegada, nos dois lados da área do jogo. Um jogador se posiciona no meio e chama outro pelo nome. Em seguida, o jogador nomeado deve correr pelo espaço entre as linhas enquanto o jogador do meio tenta pegá-lo. Quem é pego se junta ao jogador do meio para ajudar a capturar os demais.[Nota da tradução, daqui em diante NT]
** Huguenotes eram protestantes franceses dos séculos XVI e XVII, amplamente calvinistas, que deixaram a França devido à perseguição religiosa, conhecidas como *dragonadas*, promovidas pelo rei Luís XIV. [NT]
*** Um *speakeasy*, também *blind pig* (porco cego) ou *blind tiger* (tigre cego), era um estabelecimento ilegal que vendia bebida alcoólica na época da lei seca nos EUA, entre 1920 e 1933. [NT]

Metodista Episcopal, em Webster Springs, na Virgínia Ocidental. E, nos idos de 1960, com uma vida frugal e cheios de esperança, conseguiram enviar seu filho mais novo para a Universidade Estadual de Kent, em Ohio.

Mike, uma estrela da equipe de luta olímpica de Kent, treinava corrida diariamente perto da cidade de Hudson, passando por amplos gramados, jardins asseados e a casa onde vivia o comandante da polícia de Dover, em Ohio. E, certa manhã, ele parou de correr.

No jardim da frente, bastante discreta, estava a filha do comandante Gridley, Judith, e quando Mike correu pela calçada da casa, ela sorriu. Ele adentrou o quintal, e eles conversaram; provavelmente sobre as aulas dele, ou sobre as expectativas dela de um dia conseguir trabalho, talvez a respeito do quanto ela se divertira no clube de teatro da escola, seu amor pelo canto e pelas aulas de sapateado, em que ela se esbaldava. Depois disso, Miker passou a visitar a casa branca com janelas pretas toda manhã. "Ela era a garota mais bonita do condado", relembra ele.

O bebê de grandes olhos castanhos e espessos cabelos escuros nasceu em uma tarde de garoa, em 17 de abril de 1964. Deram-lhe um nome composto: decidiram que o do meio era Herbert, em homenagem ao pai e ao irmão mais velho de Mike. O primeiro nome era James.

Mike conseguiu um emprego como professor de ciências na Escola Secundária de Indian Lake, algumas cidades a oeste, e a família se mudou para uma casa de dois andares ladeada por canteiros de flores e hortas, com espaço suficiente para o negócio paralelo de Mike: ele vendia as peles dos animais que capturava e criava.

Envolta por rios chapinhados de trutas e pontilhada por florestas sombrias, onde Jim imaginava que cervos e coelhos vivessem, Indian Lake era um lugar idílico para um garotinho. Ele erguia os olhos infantes e via uma águia-de-cabeça-branca voando de volta ao ninho em Pony Island, ouvia as cigarras cantarolando nas árvores altas à beira do quintal e acariciava seu guaxinim de estimação, manso como um gato doméstico e todo dele. Mesmo quando ainda não era alto o bastante para ver por cima do parapeito, Jim ficava na janela de seu quarto e observava seu pai plantar ervilhas e alface no jardim lá embaixo.

> Lembro que eu pensava: "Tudo bem, se eu escalar a janela e abrir essa tela, posso alcançar aquela árvore e descer para ajudá-lo". Notei que o que ele estava fazendo era um pouco demorado. Ele parecia ter dificuldade para fincar a pá na terra.
> Tentei subir no parapeito da janela e percebi que "Imagina, não tem como eu ir do parapeito até aquela árvore em segurança". Vi que a distância da janela até a árvore era grande demais, então voltei para a janela e fiquei só olhando meu pai. Mas eu queria tanto ajudar.

Como é comum aos idílios, o sonho de Indian Lake assumiu ares sombrios. Judith tirou seu fusca da garagem, passou pelo cipreste-italiano que ladeava a calçada da frente e, ao frear na saída da garagem, pegou Jim pela cintura. Talvez a obstinação de Mike por esportes o tenha distanciado da família, ou Judith estivesse farta de ter gambás na banheira e da área de esfola no porão; o fato é que a distância entre eles se tornara irreparável. Depois de dar entrada nos papéis do divórcio, Judith encheu o fusca com alguns pertences e com o material para desenho de Jim, e tomou o rumo da Interestadual 71, na direção de Hudson.

Jim se virou no banco do carro e observou a casa desaparecer de vista, esperando ter um último vislumbre do pai. Então, virou-se para a mãe e perguntou: "Ele não ama mais a gente?". Ele tinha três anos.

Mãe e filho moraram com a vovó Gridley até que Judith tivesse guardado dinheiro suficiente, fruto do trabalho na companhia telefônica de Western Reserve, para alugar um espaço só para eles: a parte dos fundos de uma fazenda em Tallmadge. Judith fazia o melhor que podia para mascarar o cheiro do chiqueiro no quintal. "Ela pintou todos os cômodos e se esforçou para transformar aquela casa em um lar", recorda a meia-irmã, Pam. "Ela era como June Cleaver,* sempre preparando doces e cozinhando, fazendo o que podia para ser a mãe perfeita."

---

* June Cleaver é uma das principais personagens do seriado de televisão norte-americano *Leave it to Beaver* (1957-1963). June e o marido, Ward, eram frequentemente referenciados como arquétipos de pais suburbanos durante a década de 1950 nos EUA. [NT]

Apesar disso, o que permaneceria na memória de Jim era uma casa sombria e estranhamente vazia e o fato de que os criadores de porcos, que viviam nos cômodos frontais, não eram nada acolhedores. Incumbidos de cuidar de Jim enquanto Judith trabalhava, não pensavam duas vezes antes de deixá-lo sozinho para dar uma escapada ao cinema.

"Ela vai chegar logo, logo." Eles o tranquilizavam, então deixavam o garoto de quatro anos esperando eternamente a mãe voltar para casa.

Jim pendurava um coldre com uma arma de brinquedo na cintura, como ele tinha visto Marshall Matt Dillon fazer na TV, ou criava padrões em espiral com o espirógrafo, um depois do outro, nunca iguais. Na hora de dormir, Judith se sentava na beira da cama dele e lia livros de Hans Christian Andersen, da Mamãe Gansa e a Coleção Little Golden Books sobre cãezinhos e gatinhos e os três porquinhos. Ela também contava as próprias histórias; sobre um sonho recorrente em que se equilibrava em uma perna só, esticava os dedos em direção ao sol, erguia-se ao sabor do vento e sobrevoava casas, rios e árvores.

Judith notava as inclinações artísticas de Jim e um dia trouxe para casa um pequeno órgão para que ele pudesse experimentar com acordes, ritmos e melodias simples. A tia Pam, apenas uma década mais velha que Jim, tornou-se mais uma irmã do que uma tia. "Eu tinha uma guitarra barata e ele era muito interessado nela", explica Pam. "A primeira música que ele aprendeu foi 'Little Black Egg.'" Em tardes ensolaradas, eles escalavam para se refugiar sob a sombra fresca do carvalho no quintal dos pais dela, e ela lia para ele *Bartholomew and the Oobleck*. Ele tinha um gato e um canário de estimação, uma combinação que terminou em tragédia e ensinou-o cedo sobre competição e sobrevivência do mais apto.

Raras vezes via o pai, mas Mike se lembrava dele nos aniversários e no Natal, e enviava-lhe religiosamente enciclopédias sobre os povos nativos norte-americanos ou biografias de inventores e empreendedores, histórias de homens que perseveraram mesmo enfrentando inúmeras adversidades.

Jim ansiava pelos feriados na casa da vovó Gridley, quando tias, tios, primas e primos se reuniam para compartilhar os biscoitos da avó e histórias de Natais passados. A árvore natalina, que era de verdade, cintilava na sala de estar, enfeitada com festões, bolinhas coloridas e, nos galhos mais altos, bengalinhas doces e estrelas de papel. Pam lembra que "Fazíamos enfeites caseiros todo Natal. Todos nós fazíamos um para cada membro da família. Teve um ano que Jim fez um Papai Noel de macramê para minha mãe e eu. Quando ele ainda era bem criança, pintava uma pinha para ficar igual ao Papai Noel".

Em toda rua há uma casa que se torna, por acordo tácito, o lugar onde as crianças se encontram para brincar de esconde-esconde, pega-pega e jogos elaborados de faz de conta. A pitoresca casa de campo na Hayes Road era o ponto de encontro dos garotos da vizinhança, ao menos dos que se tornaram amigos de Jim. Delimitada por uma cerca de madeira, o jardim da frente era grande e profundo o bastante para jogos de bola, e o celeiro branco bem ao lado os convidava a explorar seus interiores sombrios. O quintal dos fundos se estendia até a floresta, repleta de mistérios e aventura.

Quando Judith se casou novamente, em 1968, eles se mudaram para uma casa espaçosa em Ravenna, uma cidade de operários atraídos das colinas da Virgínia pelos salários estáveis e planos de saúde oferecidos pela General Motors, Goodyear e Rubber Company, estabelecidas em Akron. Depois de um dia na linha de produção, eles dirigiam cerca de trinta quilômetros para casa, fumavam enquanto assistiam ao noticiário noturno e a um episódio de *The Sonny & Cher Show*, *Hee Haw* ou *Laugh-In*.* Então, levantavam-se na manhã seguinte e faziam tudo de novo.

Para Jim e seus amigos, a casa servia como base para incontáveis explorações e invenções. Isolado em um bolsão entre rodovias e trevos, a cerca de cinco quilômetros do centro da cidade, o bairro era distante o suficiente para que lhes parecesse um mundo à parte.

---

* Programas de variedades e quadros de comédia muito assistidos entre as classes trabalhadoras dos Estados Unidos no período. São o equivalente aos programas de sábado e domingo de curiosidades e comédias das emissoras abertas brasileiras de grande difusão. [NT]

O pequeno terraço em torno do canteiro de flores no pátio lateral dava uma bela guarita para um menino empoleirado no degrau mais alto; o mastro da bandeira, erguendo-se do meio do jardim, era um heliporto perfeito. Desse ponto de vista, os campos mais além eram um território inimigo que ocultava incontáveis invasores ou um território ártico e selvagem esperando ser conquistado.

As construções abandonadas atrás do celeiro se tornaram fortes e bases de comando onde os garotos reencenavam filmes como *Os Guerreiros Pilantras* e *A Ponte do Rio Kwai*, ou um episódio de *Guerra, Sombra e Água Fresca*, em que Jim interpretava o papel de Richard Dawson. Os alçapões do velho galinheiro eram passagens secretas onde podiam esconder desertores e espiões e ocultar-se de olhares inimigos.

Depois da escola, Kirby, John, Teddy e Billy, todos vizinhos, encontravam-se com Jim no celeiro nas tardes de sexta e escolhiam um lado — Alemães, Aliados ou Resistência Francesa — e formulavam os planos de batalha para o fim de semana. Com as estratégias definidas, dispersavam-se, iam para casa jantar e reuniam-se na manhã seguinte, depois do café, para continuar de onde tinham parado.

Eles se espalhavam pelos campos e florestas, encenando seu drama cuidadosamente elaborado. Rastejavam pela grama alta das pradarias e corriam por trás das árvores e da van na garagem caso sentissem o inimigo por perto. Os adversários talvez só voltassem a se encontrar no domingo à tarde, quando avançavam rastejando desde o limite da mata no intuito de pegar uns aos outros de surpresa. Depois de uma agitada troca de tiros com rifles de brinquedo e brados entusiasmados — "Você não me acertou! Te acertei!" —, a batalha findava em segundos. E tudo recomeçaria no fim de semana seguinte.

No inverno, Jim realocava o combate para seu quarto, onde podia evitar o padrasto, assim como a coça brusca que levava com uma peça laranja e lustrosa da pista de Hot Wheels. Ele criava narrativas elaboradas de aventuras, batalhas, emboscadas e resgates vividos por sua coleção de bonecos militares e cavaleiros medievais e seus corcéis. Construía uma vasta paisagem de castelos e muralhas pelo chão do porão, e cada cordilheira em miniatura ou curva de rio era cenário para uma história:

> A massa de modelar era um pedaço de *nada*. Mas tinha potencial. Era possível criar algo a partir desse *nada*. Quando eu brincava com soldados e cavaleiros, se um elemento da história estivesse faltando — um cavalo, um personagem, uma construção — eu o criava. Minha imaginação podia transformar esse bloco de massa amorfa em *alguma coisa*.

As autoridades de Ravenna não conseguiam decidir a qual distrito escolar a casa de campo pertencia e, durante os primeiros seis anos em que viveu lá, Jim foi designado para muitas escolas diferentes. Assim que fazia amigos, era levado por Betty, a motorista do ônibus, a uma nova escola. Primeira, terceira e quarta séries — um contínuo ajuste a novos professores, novos colegas e à incerteza sobre onde ficava o refeitório.

> Eu estava sempre me apresentando a gente nova. Como era filho único, meio que vivia no meu próprio mundo de qualquer jeito, então levava meus amigos comigo: tinha muitas vozes na minha cabeça. O isolamento era a parte ruim dessa situação.
>
> Mas a parte boa era a independência. Eu não era submetido a hierarquia há muito estabelecida entre esses garotos que crescem juntos e conhecem todos os defeitos e qualidades uns dos outros. Não era enquadrado na ordem social estabelecida.
>
> Toda vez que precisava tomar uma decisão importante, podia contar com a minha intuição. Eu confiava em três vozes: a da minha cabeça, a do meu coração e a do meu instinto. Nenhum ruído exterior é capaz de invadir uma noção firme de autoconfiança.

Jim não desejava ser o garoto mais popular da sala, nem o preferido dos professores, nem quem tirava as melhores notas. Seu objetivo era decifrar o código implícito que as outras crianças pareciam compreender intuitivamente. Elas levantavam a mão e esperavam receber permissão antes de falar, formavam filas ordenadas para o recreio e conheciam as regras do jogo quando entravam no campo de softball,* aparentemente sem precisarem de

---

* Softball é uma forma modificada de beisebol, praticado em um campo menor e com uma bola maior. Além disso, há sete entradas em vez das nove tradicionais. O jogo surgiu durante o fim do século XIX. [NT]

explicações. Nada disso fazia sentido para Jim, mas ele empurrava com a barriga da melhor forma que podia, como se entendesse a lógica. E, às vezes, desafiava as regras.

Certa tarde, enquanto seus colegas da segunda série se debruçavam sobre as tarefas de caligrafia, ele foi até o apontador de lápis no fundo da sala. Curioso, removeu-o da parede e descobriu que havia espirais amarelas de aparas de madeira e pedacinhos macios de grafite escura dentro dele. Em um impulso, Jim espalhou a substância pelo lábio superior e voltou para sua mesa, marchando alegremente.

A travessura resultou na primeira de muitas idas ao corredor, onde levava surras de palmatória de um professor bastante propenso a distribuí-las. Depois disso, parecia-lhe que a menor infração — rir alto demais, perder o ritmo da leitura, pronunciar uma palavra errada — garantia a mesma punição. Por isso, logo desistiu de seguir as regras. Assim que o sinal da manhã tocava, fazia outro bigode ou falava quando não era sua vez para se livrar da esperada surra o mais rápido possível.

Judith supôs que o filho pudesse se beneficiar de uma atividade tanto estruturada quanto divertida, e sugeriu que ele se juntasse à tropa escoteira local de lobinhos. Talvez nadar, construir aviões de madeira e subir na hierarquia com os outros meninos o ajudasse a desenvolver não apenas habilidades sociais, como também um pouco mais da tão necessária autoestima.

Ela o levou à primeira reunião, e ele se juntou à alcateia ao redor da mesa de fórmica na cozinha. A chefe da seção botou ordem. Ela colocou uma grande vela branca no centro da mesa e a acendeu; em seguida, informou aos garotos que, quando a vela houvesse derretido por completo, traria bolo, biscoitos e refrigerante. Se eles se comportassem mal, alertou ela, apagaria a vela e eles não receberiam nenhuma guloseima naquele dia. Eram regras que Jim conseguia compreender.

Ele voltou na semana seguinte, ansioso para aprender tudo sobre acampamento, caminhadas e corridas de carrinhos de madeira. A chefe acendeu a vela e quase imediatamente os outros garotos franziram os lábios e começaram a soprar a chama suavemente, encantados pela dança vacilante do fogo. Jim observou os colegas se inclinarem cada vez mais perto e soprarem com mais força até que a vela apagasse. Por mais jovem que fosse, ficou intrigado e chocado com a autossabotagem dos meninos. Sentindo-se mais deslocado do que nunca, jurou para si mesmo que seus dias de escoteiro haviam acabado e ficou aflito, imaginando se um dia encontraria um lugar para ele — e se o reconheceria caso isso acontecesse.

Jim tirava notas boas em todas as matérias, ainda que não excepcionais. Em seus boletins, os professores observavam que ele era desatento, e os testes de personalidade que fez naqueles anos sugeriam duas áreas nas quais ele poderia ser bem-sucedido: a carreira militar e a artística.

Três vezes por semana, acompanhado da mãe e do padrasto, Jim assistia aos cultos de diversas e sombrias igrejas fundamentalistas, cada uma mais devotadamente moralista do que a outra. "Fiquei horrorizada quando eles começaram a frequentar esses lugares", relembra Pam. "Uma vez, eles visitaram meus pais depois do culto. Jimmy estava sentado no sofá, quieto, sem dizer nada. Era como se tivesse sofrido uma lobotomia. Eu dizia 'Jimmy, tem alguma coisa errada? O que aconteceu? Vamos subir no carvalho e ler', e nada."

Aterrorizado pela ameaça de danação eterna, Jim encontrava-se inquieto devido à hipocrisia generalizada que percebia entre os fiéis. Ele via pastores chorarem diante do altar, implorando por perdão, e também desviarem dinheiro dos cofres da igreja. Ouvia-os pregar sobre pureza enquanto idealizavam o próximo encontro erótico com o diácono ou seduziam algum garotinho sacristia adentro.

As congregações faziam vista grossa aos crimes de seus pastores, acreditando que a salvação estava em recitar com precisão versículos da Bíblia sobre o preço do pecado. Eles alertavam Jim que suas falhas — as notas nada excelentes e o mau comportamento em aula — tornavam-no um candidato perfeito para ser possuído pelo próprio Satã.

A vida no parquinho não era nenhum pouco mais fácil. Ele tentava imitar os outros garotos — os quais sabiam que o sucesso no esporte representava uma das poucas formas de deixar um lugar como Ravenna. Há muito dominavam tacos, bolas, rebatidas e pegadas, e Jim era com frequência o último nome a ser chamado quando os capitães escolhiam os times.

Porém, durante a terceira série, Jim fez sua primeira conquista notável. Trajando um chapéu vermelho e alto e com cintos pretos cruzados de maneira elegante no peito, ele atuou como um soldadinho de chumbo ao lado da colega Kelly Callahan em uma peça da escola chamada *Mr. Grumpy's Toy*

Shop. Quando Jim girou a chave nas costas de Kelly, a boneca de porcelana ganhou vida e dançou na véspera de Natal com os bonecos de pano Raggedy Ann e Andy e ursinhos de pelúcia que compunham o restante do grupo. Algo mágico aconteceu quando ele se posicionou no centro do palco, com o figurino completo e dentro do personagem, para brincar de faz de conta na história de outra pessoa.

Não muito tempo depois disso, Betty, a motorista do ônibus, ligou para Judith e deu a surpreendente notícia de que Jim parara de se comportar mal durante o trajeto à escola; ele havia parado de queimar a capa do livro de matemática com uma lupa e de cantar alto demais, acompanhando a fita do Fleetwood Mac que tocava no cartucho de música. Talvez ele tivesse mudado apenas porque fizera nove anos, ou quem sabe a descoberta de que podia canalizar seu talento para narrativa em fins produtivos tivesse lhe deixado com pouco tempo para malcriações.

Os outros alunos da sexta série escolheram tópicos convencionais para os projetos de ciências de fim de ano, mas Jim escolheu o pé-grande. Sua apresentação incluía uma exibição de fotos que ele encontrou em revistas. Além disso, ele tirou a massa de modelar do fundo do armário e fez um diorama detalhado do pé-grande vagando pela floresta. Apesar de se tratar mais de pseudociência do que de realidade, seu elaborado projeto — sua narrativa — ainda assim impressionou os juízes e rendeu-lhe um laço azul.*

Em casa, encaixotou seus cavaleiros e soldadinhos e limpou o porão para abrir espaço para um palco improvisado feito de caixas de papelão e sobras de madeira. De um lado, colocou um toca-discos portátil e abriu os alto-falantes embutidos. Ele folheou álbuns de Alice Cooper, Joni Mitchell e Kiss, aos quais a tia Pam o havia apresentado, e por fim colocou Jackson Five para tocar.

De posse de um microfone improvisado, posicionou-se sozinho no centro do pequeno palco, acompanhando os Jacksons em "ABC" e "I'll Be There". Ele dançou, girando do seu jeito em "Dancing Machine" e, às vezes, quando conseguia acertar uma nota e cantar afinado, imaginava que ali era uma casa noturna de verdade, que a lâmpada no teto era um holofote colorido e que a música seguia até de manhã cedo.

---

* O laço ou fita azul (*blue ribbon*) é, na maioria das feiras de ciências das escolas norte-americanas, a maior premiação possível. No entanto, não corresponde necessariamente ao primeiro lugar, visto que vários laços azuis podem ser distribuídos a projetos diferentes. [NT]

Luzes piscavam e pulsavam de maneira intermitente pelo jardim, e o lamento da sirene ecoava contra o celeiro e pelos campos. Do outro lado da cerca de madeira, Jim se viu sozinho, observando a equipe de paramédicos curvada diante da figura coberta que jazia imóvel em uma maca. O pai de Billy, que vivia na casa ao lado, saiu das sombras, aproximou-se dele e perguntou-lhe o motivo da comoção. Jim ergueu os olhos e disse: "Não sei. Minha mãe tá indo pro hospital".

Com a curiosidade satisfeita, o homem deu as costas e voltou para casa, onde o próprio filho dormia seguro lá dentro. Ele se sentou novamente na poltrona para continuar vendo televisão, deixando Jim do outro lado da cerca sob o furor da sirene, das luzes e da escuridão.

Talvez o aneurisma tenha sido causado por pressão alta, e quem sabe até tenha demorado a acontecer. Qualquer que fosse o caso, o vaso sanguíneo no cérebro de Judith havia inchado a ponto de se romper. No hospital, ela sofrera mais duas hemorragias cerebrais, que a deixaram semiparalisada, quase sem visão e incapaz de responder quando Jim tentava falar com ela. "Dava para ver que ela lutava para formar as palavras, mas não conseguia pronunciá-las", recorda ele, anos mais tarde.

Em 1976, existiam poucos grupos de apoio que auxiliassem as famílias a cuidar de alguém na condição de Judith. O marido e o filho se viram desamparados, e a contribuição do grupo da igreja que frequentavam não foi nada útil. "Ela desagradou a Deus", disseram a Jim. "Foi por isso que adoeceu." Eles não ofereceram qualquer assistência ou ombro amigo, e levaram um bom tempo decidindo se era apropriado que Judith fosse à igreja com as calças que ela precisava usar devido às fraldas para incontinência.

"Judy tinha que usar uns sapatos horríveis porque estava paralisada, e eles implicaram com ela por causa disso também", relembra Pam. "Depois do derrame, levei Jim à igreja deles e o pastor fez um sermão afirmando que nosso sangue se derramaria por seis quilômetros sobre a terra e nas profundezas a menos que estivéssemos determinados a nos salvar. Então, é claro que peguei Jim e fui embora. E disse que nunca, nunca mais ia levá-lo à igreja outra vez."

> Ainda que eu tenha conhecido pessoas maravilhosas naquelas igrejas, gente com uma base sólida de família e união, elas foram enredadas pelo dogma. Foi meu primeiro lampejo de "foda-se a sua igreja". Eu sabia, do fundo do meu coração, que o universo não era horrível daquela forma e que ninguém seria julgado. Merdas acontecem, só isso, e se ajudarmos uns aos outros, podemos superar essas coisas.
>
> Eu sabia que aquelas pessoas estavam erradas. O que diziam não tinha nada a ver com o que eu era forçado a aprender no estudo bíblico. Era um tipo estranho, até sem noção, de julgamento, algo que me fez não querer participar daquilo.
>
> Até membros da família disseram a minha mãe que seu sofrimento era castigo de Deus. Ser punido por Deus devido a forma como você age não está na lista de coisas sobre como o mundo funciona. Que merda de Deus de amor é esse?

Depois que seguidos cuidadores se provaram incompetentes ou não confiáveis, tia Pam interveio para ajudar a cuidar de Judith. "Tentei tornar a vida o mais normal possível", relembra ela. "E Jim fez tudo o que pôde pela mãe. Ela era tudo o que ele tinha."

Jim a acompanhava o tempo todo para ampará-la caso ela caísse, ajudava-a a preparar biscoitos ou o bolo favorito dela, de nozes e cerejas marrasquino, auxiliava-a a se vestir, e colocava a sua interminável pilha de roupa suja na máquina de lavar. Ele também a acompanhava ao banheiro.

Frequentemente atrasado para a escola devido às obrigações, Jim sofria provocações dos colegas e reprimendas do diretor quando corria pelos corredores tentando chegar à aula na hora. Ainda assim, era uma trégua. Ele continuava tirando boas notas e, quando o professor de educação física o apresentou à corrida de 50 metros, descobriu uma libertação bem-vinda. Ele passou a correr e descobriu que era bom naquilo. Quando corria, os ouvidos zunindo devido à sua própria velocidade, não precisava se concentrar no desempenho de ninguém a não ser o seu, e podia esquecer por um breve momento os outros garotos, os professores e a tristeza que o esperava em casa.

E o tempo todo, ele permanecia atento, como se alguém pudesse aparecer de repente; alguém que o olharia nos olhos, que compreenderia uma piada implícita, que pediria para ouvir sua história e o ajudaria a reescrevê-la.

UNIÃO PERFEITA
DE
ELEMENTOS
CONTRÁRIOS

2

A miscelânea de campos, florestas e rodovias assentou-se quando o avião aterrissou no chuvoso aeroporto de Grand Rapids. Jim pressionou o rosto na janela e absorveu o que podia de Michigan, um lugar plano e cinzento que nunca tinha visto antes e que agora chamaria de lar.

Judith, em um momento de lucidez, percebera que cuidar dela e então correr ainda sonolento para a escola não era vida para um garoto de 13 anos. Depois de uma enxurrada de telefonemas entre Ohio e Michigan, Mike e sua nova esposa, Jan, concordaram que a única opção sensata era que Jim fosse viver com eles em Scottville.

Ainda que soubessem que tinham tomado a melhor decisão, estavam despreparados para a chegada repentina de um filho já bem crescido. Eles gostavam de seus alunos das turmas de ciências e inglês, e Mike era um mentor dedicado aos jovens atletas que treinava na equipe de luta da escola. Porém, a mudança de Jim era outra história. "Mesmo que eu trabalhasse com crianças o dia todo, não sabia nada sobre ser mãe", relembra Jan. "De repente, estava recebendo um adolescente para cuidar."

E lá estava Jim, emergindo da multidão de passageiros no portão de desembarque, quase tão alto quanto o pai, com o cabelo escuro e ondulado emoldurando o rosto solene e a mão estendida em uma saudação educada.

Disfarçando o desconforto e a dúvida com sorrisos e conversa fiada, Mike e Jan carregaram as malas de mão e o enorme baú preto de Jim no porta-malas do Toyota. Sim, o voo de Cleveland tinha sido tranquilo e ele não ficara nervoso viajando sozinho. Não, o estado de Judith não havia mudado. Seu quarto no segundo andar estava pronto para recebê-lo. As férias de verão tinham acabado e as aulas começariam na segunda.

Assim que pegaram a estrada, caíram em um silêncio profundo, embalados pela chuva e pela mesmice contínua do caminho.

Seu filho era bastante inteligente, pensou Mike. Vira indícios em suas raras visitas a Ohio, e a gentileza de Jim no aeroporto havia confirmado sua opinião. Ele imaginou o filho perfeito que Jim se tornaria, aos moldes do velho Mike, um garoto que integraria o quadro de honra e se juntaria à equipe de luta olímpica no próximo ano, quando estaria no ensino médio.

Jan decidiu que a primeira coisa a fazer era uma visita à J. C. Penney, a loja de departamento. Poderiam fazer uma parada lá quando chegassem à cidade, em cerca de uma hora. O jeans rasgado de Jim, não importava o quão na moda estivesse, não era adequado a um filho de professor. Jan imaginou os novos amigos que ele levaria para casa — crianças tranquilas, bem-comportadas e de boas famílias que não causariam qualquer transtorno em sua residência muito bem-organizada. Ela ficou pensando no que haveria no grande baú preto. Então, suspirou.

> Para eles, eu provavelmente parecia algum tipo de garoto negligenciado. Eu era uma coisa que tinha sido jogada no colo de Jan, e se ela ia ter de lidar com isso, então ia dar um jeito na bagunça.
>
> Depois que você se acomoda numa calça jeans, você se apaixona por ela. Roupas novas são duras e desajeitadas. Não senti que eles me respeitavam, então resmungava porque eles estavam tentando mudar quem eu era.
>
> Mas fiz o que queriam porque eles conheciam as pessoas de Scottville. Eu não tinha a mínima ideia se ia ou não me encaixar.

Jan e Mike não pretendiam transformar Jim em alguém que ele não era. Com a melhor das intenções e limitada experiência parental, começaram, de maneira inocente, a escrever roteiros e direções de palco para um garoto que mal conheciam.

Enquanto planejavam sua vida, Jim se sentou entre eles em silêncio, olhando através das janelas raiadas de chuva. Ele ficou imaginando quem viveria nas cidades pelas quais passavam; cidadezinhas de nomes curiosos, como Rothbury e New Era. Leu outdoors que anunciavam lagos cristalinos e dunas arenosas, absorveu a paisagem tão distinta daquela que deixara para trás, repleta de rios, florestas, campos enevoados e um bosque de pinheiros dispostos em uma encosta em forma de estrela.

Mais próximos de seu destino, Mike saiu da rodovia e pegou as estradas vicinais lamacentas e irregulares do condado, que, apenas semanas antes, tinham sido esburacadas por limpa-neves. Ao longe, era possível ver celeiros e fazendas bem-cuidados, e imensos bordos se apinhavam como sentinelas ao fim da estrada. Então as fazendas se tornaram menos frequentes, e os frondosos campos de aspargos entre elas, mais amplos. Por fim, depois de um longo trecho de estrada ininterrupta, Mike saiu da Darr Road e estacionou diante de uma casa compacta com acabamento de telhas de cedro, em meio a imensos pinheiros. Um deque de sequoia circundava a frente da casa e a luz da varanda estava acesa.

Na segunda de manhã, eles se amontoaram outra vez no Toyota e dirigiram seis quilômetros até a Escola Secundária Central do Condado de Mason, ao norte da cidade. Foi o primeiro vislumbre que Jim teve de Scottville: quadras inteiras de lojas de ferragens, cafeterias e farmácias, delimitadas por trilhos de trem ao sul e, ao norte, pelo único semáforo da cidade. As lojas ficavam lotadas nas noites de sexta, quando os maridos recebiam o salário e traziam as esposas para fazer as compras da semana. Na terça, os fazendeiros levavam os animais de caminhão para vender na feira do gado, que acontecia no celeiro malcheiroso que ficava no final do estacionamento atrás do banco. Mas, naquela manhã, a rua estava silenciosa, e Jim se concentrava na sua camisa dura de tecido oxford e nas calças novas da J. C. Penny.

Ele passara o fim de semana se adaptando à rotina da casa dos Keenan e sofrendo a ira de Jan: ela o proibira de colar o pôster do baixista do Kiss, Gene Simmons — e sua língua estranhamente longa —, nas paredes de madeira do quarto.

Em comparação, ele sabia que se acostumar a uma nova escola não seria tão difícil. Há muito tempo aprendera como avaliar de forma rápida a hierarquia dos garotos populares, estudiosos, piadistas e valentões, além das linhas invisíveis, mas impenetráveis, que os separavam.

Por sua vez, os novos colegas se conheciam desde o jardim de infância e também tinham prática em lidar com recém-chegados. Sabiam por experiência própria que, na ânsia por se encaixar, novos alunos frequentemente ultrapassavam certos limites, aumentavam as próprias realizações e atrapalhavam aulas em busca de atenção. Eles geralmente eram mantidos à distância até que aprendessem as regras tácitas dos grupos e passassem a obedecê-las. "Como aluno novo, você está sob escrutínio de várias formas diferentes", explica ele, décadas mais tarde. "Você é observado pelos atletas, o pessoal que está ali na média, os fazendeiros, os nerds, os problemáticos e os certinhos. Todo mundo fica prestando atenção para ver o que você vai fazer."

Eles o observaram e viram que Jim era diferente do típico garoto novo na cidade. Ele já tinha sido transferido para escolas novas tantas vezes que não estava particularmente preocupado se ia ou não causar uma boa impressão. Estava confortável sendo quem era. Sua sinceridade tranquila devia ter garantido a seus colegas que ele era exatamente o que parecia: um garoto que eles poderiam aceitar imediatamente em seu meio — não fosse pela reputação de seus pais, conhecidos como dois dos professores mais exigentes e sérios da escola.

Eles não teriam aula com os Keenan até que fossem para o ensino médio, no ano seguinte, mas tinham ouvido histórias de horror de irmãos e irmãs mais velhos sobre o rigor de Jan nas aulas de inglês e espanhol, e sobre a dura abordagem de Mike tanto como professor de ciências quanto como treinador de luta olímpica. E o garoto novo era filho deles, alguém que era melhor manter à distância até que pudessem ter certeza de que estava do lado deles.

A princípio, Jim se aproximou do grupo rebelde que se reunia para fumar Camel e Salem ao redor de uma lata de lixo no fim da calçada, na esquina logo depois da escola, um lugar conhecido por gerações como "Burnout Corner".* Eles gostavam de Alice Cooper, jeans rasgados e pareciam prováveis amigos, mas sua rebeldia frequentemente gerava problemas que um filho de Mike e Jan deveria evitar. As meninas da turma pareciam uma escolha mais segura. A amizade delas era um refúgio de onde ele podia observar e sondar as reações dos colegas quando cantarolava as músicas que amava ou cedia aos trocadilhos cômicos tão naturais para ele.

---

* Algo como "esquina da queima" ou "esquina de queimar um". [NT]

Ele notava quais deles reviravam os olhos e reclamavam para o professor quando ele inseria um "p" antes de cada sílaba: "Po-por pe-quê pi-isso pi-in po-co po-mo pa-da po-vo pe-cê?", perguntava ele tranquilamente e prestava atenção para ver quais deles se debruçariam sobre as carteiras aos risinhos. *Esses* estavam do lado *dele* e talvez pudessem ser seus amigos.

No entanto, apesar das afiadíssimas habilidades de vigilância, havia certos mistérios que nem Jim conseguia resolver. Ninguém sequer pestanejava quando, algumas carteiras adiante, o garoto loiro abria um pacote de bolachas no meio da leitura. Jim tinha a impressão de estar olhando no espelho curvo de uma casa de espelhos, algo que distorcia todas as suas suposições a respeito de honestidade e consequências. Desde que conseguia lembrar, fora punido e apanhara por erros que jamais cometera, e eis aqui um garoto que quebrava as regras à plena vista e se safava.

"Ele é diabético", sussurrou um dos colegas ao notar o olhar de Jim. Ele não acreditou nem por um segundo e sentiu uma pontada de inveja — e certa admiração por alguém inteligente o bastante para manipular os professores para que o deixassem comer sempre que tinha vontade.

O menino também prestava atenção em Jim e notou sua intensidade plácida, a maneira confiante de falar quando o fazia, os frequentes e sussurrados comentários sarcásticos e bem-humorados, como se ele percebesse analogias, conexões e reviravoltas de sentido que os outros não viam.

E ele se deu conta de que estava admirado pela semelhança da cerâmica que Jim criara como projeto final da aula de artes; um projeto no qual trabalhara durante toda a primavera e que superava de longe os cinzeiros simples e as xícaras tortas dos outros estudantes. O rosto de argila capturava com perfeição os traços de Gene Simmons, o qual, inclinado para cima, em dado ângulo, revelava a língua impecável do músico, e fora meticulosamente pintado com a maquiagem do baixista do Kiss.

À medida que Jim ficava mais à vontade com os colegas de sala, ele os provocava por seu jeito brega de se vestir ou pelas piadas bobas que contavam. Mas só fazia isso com aqueles que eram sem noção: os alunos privilegiados, populares, que só tiravam nota A. Com eles, era justo. Mas os tímidos, vulneráveis ou impotentes, cujo talento e confiança eram regularmente eliminados em casa debaixo de surras, ridicularização ou coisa pior, esses estavam fora de cogitação. "Eu olhava pra esses caras e sentia como se eles fossem eu lá em Ohio", explica. "Você não tem uma panelinha, então vira o alvo das piadas. Como um antílope ferido."

Compreender as leis implícitas da sala de aula era uma coisa, mas se adaptar aos hábitos da família Keenan era outra completamente diferente. O quarto no topo da escadaria flutuante seria todo seu e ele poderia decorá-lo como quisesse, desde que o painel de madeira permanecesse intacto. Ele passou seu primeiro fim de semana chuvoso lá desempacotando canetas, blocos de desenho e massa de modelar que trouxera no baú preto, enquanto Mike, sentado na beira da cama, perguntava coisas que supunha que um pai deveria saber: sobre amigos, sobre como ele estava indo em matemática e se ele pensava em entrar para o time de luta olímpica no ano seguinte. Jim dava respostas monossilábicas, sem saber o que era esperado dele.

Ele pegou timidamente a pasta de desenhos e os espalhou sobre a colcha. Mike arquejou. Ali estavam retratos à caneta dos membros da banda Kiss, Gene Simmons, Paul Stanley e Peter Criss, imagens bastante fiéis, demonstrando controle de perspectiva e sombreamento. "Os desenhos dele estavam muito além do que eu poderia imaginar", lembra Mike. "O talento era notável."

No verão, talvez a criatividade do filho pudesse ser aplicada aos jardins, os extensos canteiros perenes dos quais Mike tanto se orgulhava. Ele já havia começado a limpar as folhas caídas do ano anterior antes mesmo que Jim chegasse e, talvez, em um ou dois meses, eles poderiam trabalhar juntos cuidando da erva-cidreira, da equinácea e dos arbustos floridos que ladeavam as calçadas sinuosas. Eles poderiam cavar, plantar, podar e conversar, cultivando o vínculo que ele imaginava que seus alunos tivessem com os pais.

Jan também idealizava coisas do tipo e planejou um regime doméstico que criaria ordem a partir do caos. Jim receberia uma mesada, é claro, mas teria de trabalhar para ganhá-la. Ele deveria garantir que a pilha de lenha estivesse abastecida e carregaria para dentro toras para alimentar o fogão a lenha. E todos os sábados, passaria o aspirador de pó, espanaria a casa e lavaria os banheiros, tudo em troca de 10 dólares — ou 8, se Jan achasse que o trabalho não tinha sido feito conforme queria. Ela fazia parte da escola de arrumação Tudo-Em-Seu-Devido-Lugar e reforçaria em Jim a importância de manter a casa tão arrumada quanto era antes de ele vir morar ali.

E, se repetissem a rotina por tempo suficiente, tornariam-se uma família de verdade e fariam passeios no domingo, visitas aos vizinhos e jantariam juntos todas as noites, como ela achava que todas as mães, pais e filhos felizes faziam.

> No café da manhã e no jantar, geralmente nos sentávamos na bancada da cozinha do mesmo jeito que nos apinhávamos na caminhonete: eu com as pernas abertas e a alavanca do câmbio no meio. Éramos três pessoas sentadas lado a lado sem ver os rostos um do outro. A tarefa em questão era terminar a refeição por bem ou por mal.
> Esse arranjo não ajudava muito com a intimidade.

Assim que a louça do jantar era lavada, cada um seguia seu caminho. Jim se trancava no quarto ouvindo música, modelando argila ou desenhando. Mike e Jan corrigiam trabalhos de alunos na sala de estar. A televisão fora destruída durante uma tempestade uns anos antes, e eles nunca a substituíram. Em noites longas, quando outras famílias sintonizavam *M*A*S*H*, *A Ilha da Fantasia* e *O Incrível Hulk*, a casa dos Keenan se encontrava quieta. O silêncio era um abismo que nenhum deles sabia como transpor.

Um abril chuvoso deu lugar a um mês de maio ensolarado; determinada e ansiosa para ser a madrasta descontraída e presente sobre a qual lia em revistas femininas, certo sábado, depois que ele havia terminado suas tarefas, Jan convidou Jim para se juntar a ela na cozinha. Ela pegou farinha, baunilha, ovos e gotas de chocolate e mostrou a ele como picar e medir a proporção das nozes. Perguntou como ele estava indo na escola, se sentia falta dos amigos de Ohio, quais músicas estava ouvindo ultimamente.

"Não é assim que minha mãe faz biscoitos", disse ele.

A Igreja da Irmandade de Sugar Ridge era cercada por milharais e plantações de feijão. As janelas davam para colinas levemente onduladas e uma estrada estreita de terra batida. Com o tempo, o campanário havia caído em desuso e os carpinteiros dentre os fiéis instalaram o sino em uma moldura triangular no gramado da frente, por onde a congregação passava quando ia à missa nas manhãs de domingo.

Logo depois de chegar a Scottville, Jim se juntou a um punhado de colegas que compareciam aos cultos nessa igreja, alunos diligentes e esforçados que se tornariam presidentes de classe, formariam-se com honras e continuariam a competição saudável, visando grandes conquistas, mesmo depois que tivessem entrado na faculdade e no mundo corporativo. Eram colegas que Jim poderia seguir o exemplo — e que eram, aos olhos de Mike e Jan, candidatos improváveis a furtar da loja da esquina, roubar bebida dos pais ou frequentar a Burnout Corner.

Presididos pelo reverendo Paul Grout, um ativista antibélico e ex-professor de artes, os congregados estavam entre os mais eruditos do condado, com os paroquianos focados em justiça social e em movimentos pela paz.

> Paul me mostrou que existe uma diferença entre seguir a estrada e o mapa. Ele me ensinou que, quando você foca apenas no narrador ou enfatiza uma única ideia, você ignora o essencial.
>
> Eu realmente não queria ir à igreja porque parecia que tudo aquilo era sobre seguir mapas, e mapas falhos, em vez de ser sobre a estrada. Mas a Igreja da Irmandade era diferente. Eles não eram idólatras.

A igreja acolheu Jim, que se tornou o mais novo membro do coral. Sua voz potente e jovem acrescentou uma harmonia revigorante a "There's a Wideness in God's Mercy" e "I'll Count My Blessings",* que ele cantava no pequeno altar, em posse de uma cópia desgastada do hinário da Irmandade.

Em casa, ele se dedicava à música com a qual mais se identificava: a teatralidade do hard rock do Kiss. Os trajes decorados de couro preto usados pela banda, as botas de plataforma oscilantes e a maquiagem facial branca o intrigavam, e o ritmo sombrio e intenso o atraíam pelo mistério e pelo significado de tudo aquilo.

Ele ligava o aparelho de som estéreo bem alto. Jan passava pela porta aberta e observava-o imitar Gene Simmons lambendo o baixo, perdido no frenesi da fantasia. Ela não dizia nada, mas o silêncio reprovador era perceptível até mesmo acima da música. Se Jim a notava antes que se afastasse, ele respondia com um silêncio ainda mais profundo.

---

* Respectivamente: "Há Certa Amplidão na Misericórdia de Deus" e "Valorizarei Minhas Bênçãos". [NT]

A aparente obsessão do filho deixou Jan e Mike preocupados com a influência exercida por uma banda cujo nome, segundo boatos, era um acrônimo para "Knights in Satan's Service".* "Pensamos que ele fosse um tipo de degenerado", relembra Jan. "Do ponto de vista de um professor, Jim estava indo por água abaixo."

Ninguém lembra exatamente se eles pediram que o pastor Grout falasse com o menino ou se Jim o abordara em busca de um ombro amigo. O que é certo é que o encontro aconteceu certo domingo depois do culto.

O pastor conduziu Jim pela escada estreita até seu escritório, ofereceu-lhe uma cadeira confortável e fechou a porta. "Então, me fale sobre esses caras", começou ele. Durante uma hora, Jim explicou da melhor maneira que pôde o que era o Kiss. Falou sobre as performances que eles faziam cuspindo fogo e sangue, sobre as guitarras fumegantes e a maquiagem que ocultava suas identidades fora do palco. Contou sobre as personas dos músicos em suas histórias em quadrinhos e sobre as letras de amor roubado e sonhado, mulheres de má sorte e farra noite e dia.

Longe de preocupado, Grout ficou fascinado. Décadas depois, ele se lembraria de sua reação ao que Jim lhe dissera. "Eu estava mais interessado no que ele encontrava na música do que alarmado pelo interesse dele no Kiss", explicou durante uma entrevista em 2013. "Não estava preocupado com ele, muito pelo contrário. Jim era uma companhia interessante, divertida e acolhedora. E ele era muito criativo."

Quando Jim terminou a narrativa, Grout o tranquilizou, comentando sobre aspectos do Kiss que iam além da música. "Eles parecem personagens interessantes contando uma história interessante", afirmou. "Não ligue se alguém te julgar. Concentre-se no que gosta e no que é importante para você."

O verão se aproximava e Jim percebeu que estava ansioso pelo acampamento anual da Igreja da Irmandade, que reunia jovens de todo o distrito. O ponto alto dos últimos verões em Ohio tinha sido o alívio que sentira durante o acampamento 4-H, uma semana andando de canoa, cantando e compartilhando *s'mores*.** Todas as noites, os garotos mais velhos entravam em formação, brandindo tochas ardentes para iluminar o caminho até a fogueira. Embora fosse um dos

---

*   Cavaleiros a Serviço de Satã. [NT]
**   *S'more* é um tipo de comida típica de acampamento, um petisco desfrutado em volta das fogueiras, muito popular nos Estados Unidos e particularmente no Canadá. É feito de marshmallow assado, coberto com uma camada de chocolate, prensado entre duas bolachas. [NT]

mais jovens, Jim tinha sido nomeado Campista do Ano no segundo verão e recebera o dever cerimonial de carregar a tocha — um rolo de papel higiênico aceso espetado em um longo bastão.

O Acampamento da Irmandade ficava a apenas uma hora de carro de Scottville. Todavia, para Jim e seus companheiros campistas, parecia um universo à parte. A semana no acampamento era um período de férias da família e das preocupações do dia a dia, e uma chance de testar sua autossuficiência e interdependência, de viver prestando mais atenção ao canto dos pássaros, ao clima, ao sabor do café da manhã preparado em fogo aberto e à água fria do lago contra a pele banhada pelo sol.

Eles torciam o nariz quando bolhas de gás subiam da lama pantanosa, cutucavam as curiosas lentilhas-d'água na superfície do lago e examinavam as delicadas flores roxas da salgueirinha. Também observavam quando as folhas dos bordos, que ficavam na colina logo acima do acampamento, revolviam contra uma tempestade vindoura, e tentavam avistar gambás e linces que, segundo rumores, viviam nas proximidades. Pela manhã, identificavam rastros recentes de cervos pela margem do lago, tão nítidos e distintos quanto sua própria percepção. Juntos, descobriam talentos que nunca haviam imaginado ter: a capacidade de cantar em harmonia, jogar pedras e fazê-las deslizar pela superfície do lago e confortar o solitário companheiro de beliche que nunca tinha ficado tanto tempo longe de casa.

À noite, juntavam galhos da floresta para alimentar o fogo, um coro de rã-touros cantando no crepúsculo iminente. Então conversaram, celebrando as conquistas uns dos outros e discutindo suas inquietações com gentileza. Eles se revezavam, contando as próprias histórias e as da Bíblia, histórias que, para Jim, pareciam menos sobre o preço do pecado do que sobre dilemas de pessoas tão reais quanto ele.

O fogo projetava os perfis de seus amigos na forma de luas crescentes e cintilantes contra a noite. Ele observava as chamas cuspirem faíscas vermelhas no céu escuro, subindo mais e mais em direção à noite estrelada, onde a lua alaranjada flutuava, imensa e cheia.

O Pastor Grout compreendia que aquela experiência era uma faca de dois gumes. No domingo depois do acampamento, Jim e seus amigos tomaram os típicos assentos nos bancos ao lado dos adultos, sorrindo furtivamente uns para os outros, como se compartilhassem um grande segredo.

"Moisés não soube expressar de fato o que vira na montanha", disse Grout à congregação. "Ele subiu, presenciou um milagre, recebeu instruções e, quando voltou, não tinha como descrever a ninguém o que acontecera. As pessoas estavam envolvidas em seus afazeres, adorando os deuses e celebrando do jeito que sempre tinham feito. É claro que estavam, porque não tinham visto o que Moisés vira. Ele voltou iluminado da experiência da montanha."

Jim e os outros jovens trocaram olhares rápidos e atônitos. Não ousavam acreditar que o sermão de Grout era dirigido a eles, e não aos adultos que ouviam sentados naqueles rígidos bancos de madeira.

"A experiência no topo da montanha também é uma experiência solitária", continuou Grout, fitando cada um deles. "Você volta com sentimentos confusos porque adoraria compartilhar essa coisa maravilhosa que viveu, mas percebe que ninguém consegue entender exatamente o que você viu. A experiência te toca profundamente e, de certo modo, te faz mudar. E você deve aceitar isso. Tome a decisão de seguir em frente, de usar essa experiência de maneira positiva. Carregue-a com você e expresse-a de uma forma que ajude os outros a ter as próprias experiências."

Enquanto ouvia, Jim começou a suspeitar de que talvez houvesse mais nas histórias contadas durante os estudos bíblicos do que apenas relatos de pessoas fictícias que viveram muito tempo atrás. Quem sabe a magia das histórias residisse em torná-las suas, considerou ele. Então, sentiu aquela típica leveza que as palavras do pastor Grout pareciam provocar. Talvez as histórias de Moisés e de Abraão e de seus companheiros de cabana no lago não fossem tão diferentes das histórias que o Kiss cantava, histórias que ele ouvia no aparelho de som, sozinho em seu quarto.

Talvez, e era um grande talvez, houvesse apenas uma história, uma sem-fim, dotada de infinitas variações. Ainda assim, era apenas uma história, povoada de personagens trajados em uma infinidade de fantasias e máscaras, cuja função era reconhecer e celebrar a narrativa misteriosa que levavam dentro de si.

SARAH JENSEN   UNIÃO PERFEITA DE ELEMENTOS CONTRÁRIOS   MJ KEENAN

3

No outono, quando as aulas recomeçaram, Mike incentivou Jim a escolher um esporte no qual pudesse se destacar, na esperança de que ele começasse o ensino médio com o pé direito.

Ansioso para agradar o pai, Jim equipou-se de capacete e ombreiras e se juntou ao time reserva de futebol americano, que treinava no campo atrás da escola. Com apenas 47 quilos, ele logo percebeu que não era páreo para os companheiros de equipe, os meninos fortes e musculosos que tinham crescido carregando sacos de vagem e empilhando fardos de feno nas fazendas dos pais.

"Fui a dois treinos e decidi que precisava escapar daquela merda", relembra. "Eu só ficava plantado lá, usando essas ombreiras sobre as quais eu nem conseguia enxergar." Ele não precisou se preocupar com a reação do pai. Antes que dissesse qualquer coisa, Mike sugeriu que valia a pena tentar corrida cross-country.[*] Jim concordou e, na época, o que pareceu uma decisão singela se provou libertador.

*   *   *

---

[*] Cross-country é um tipo de corrida em que os atletas competem em terreno aberto ou acidentado. Ocorre comumente em uma pista ou estrada, e o percurso pode incluir trechos de relva, barro, mata, cascalho ou água. As equipes são compostas geralmente por cinco a sete atletas. [NT]

Steve Bishop era daquele tipo raro de professor que se encantava ao ver os olhos dos alunos brilharem quando uma aula de história norte-americana ou de estudos sociais lhes despertava o interesse. Sua paixão pelo aprendizado era tão contagiante que os seus alunos até ignoravam os ruídos do duto de ventilação da sala de aula. Eles eram cativados pelo conhecimento aparentemente ilimitado de Bishop, assim como por seu entusiasmo quando fomentava discussões sobre guerra, economia e processo eleitoral. Quase sem perceber, aprendiam o que nenhum livro poderia ensinar: a confiança para superar suas inseguranças adolescentes e acreditar que suas ideias importavam.

Bishop empregava a mesma metodologia que usava em aula quando atuava como treinador das equipes de cross-country e de atletismo da escola. Ele fazia questão de entender os pontos fortes e fracos de cada atleta, o potencial que eles nunca haviam considerado. A equipe de cross-country daquele outono incluía alguns dos melhores corredores da história da escola, mas Bishop dedicava o mesmo montante de elogios e atenção tanto aos novatos quanto aos campeões.

Toda manhã, antes do início das aulas, ele os acompanhava nos exercícios e treinos de corrida nas estradas fora da cidade. Todas as tardes, disparava com eles colina acima e, juntos, percorriam as trilhas de pinheiros do parque estadual e as dunas do lago Michigan. Ele só se afastava quando era necessário cronometrar ou observar a equipe, concedendo-lhes a liberdade para descobrir seus limites por conta própria. E, desde o início, viu o potencial de corredor em Jim.

Bishop e a esposa frequentemente se reuniam com Mike e Jan para jantares, conversas e a aulas de dança swing nas proximidades de Ludington. Mas, naqueles cinco anos de amizade, Mike jamais mencionara um filho.

"De repente, lá estava Jim", lembra Bishop, mais tarde. "Eu não conseguia imaginar como era para Mike e Jim se acertarem depois de um afastamento tão longo."

Quando Bishop olhava para Jim, via um jovem sensível que tinha sido extirpado do que lhe era familiar e forçado a se ajustar não apenas ao ensino médio, como também a uma vida doméstica mais rigorosa do que estava acostumado.

E viu algo mais. Décadas depois, ele se lembraria do menino quieto na aula de estudos sociais e de seus comentários perspicazes sobre os poderes do governo e os artigos da Constituição. Ele se recordava do corredor determinado, ansioso para ver o que havia depois da próxima curva da estrada ou da fileira de bordos vermelhos refulgindo contra o céu outonal.

As finais estaduais de cross-country foram realizadas nas proximidades de Clare. Bishop, que acreditava que todos os meninos, não importava o quão habilidosos ou despreparados fossem, deveriam ter a chance de participar de todos os eventos, organizou uma corrida para a equipe principal e outra para o time reserva no mesmo percurso. Jim foi o mais rápido de todos, ultrapassando não apenas os colegas calouros, mas também as estrelas do time principal do colégio.

Seu desempenho foi recompensado. No banquete de comemoração daquele outono, Bishop presenteou Jim com sua primeira *varsity letter*.*

Ele corria como nos antigos jogos de guerra nas pradarias de Ravenna, agora compreendendo que trabalho e disciplina significavam sucesso — o seu e o da equipe. "Ainda que meu pai e Bishop fossem amigos, ele não facilitava nada para mim. Ele esperava que todos se esforçassem ao máximo", recorda. "Ele dizia, tipo, 'A gente vai fazer isso e vai fazer direito.'"

Jim sentia que a crescente coleção de prêmios era só o começo. Ele recitava o mantra que o treinador sempre repetia: "Nunca desista e sairá vitorioso". E pensava se aquela *varsity letter* não era apenas o primeiro passo em direção a uma conquista maior, algo que sequer conseguia imaginar.

Cross-country no outono, luta olímpica no inverno, atletismo na primavera: a tríade esportiva de Jim lhe fornecera estrutura e a satisfação de saber que seus talentos contribuíam para um objetivo maior. O tiro de largada soava e a corrida se tornava uma corrida contra ele mesmo. O apito tocava e ele se via sozinho no tatame, pois lutava tanto para superar o oponente quanto a si mesmo.

Ao final do primeiro ano de ensino médio, Jim havia se destacado em corridas de 800 e de 1500 metros e ganhado outra *varsity letter*. Ele estava ansioso para treinar com seu mentor nas temporadas seguintes, mas o sonho durou pouco. Naquela primavera, Bishop anunciou que deixaria o cargo e seria transferido para uma escola no interior do estado. Perder o treinador era uma coisa, mas dizer adeus ao homem que acreditara nele durante aqueles primeiros tempos incertos em Scottville era outra bem diferente. Foi um golpe duro para Jim.

---

* Uma *varsity letter* é um tipo de prêmio tradicional nos Estados Unidos, geralmente concedido a um aluno que obteve excelência em competições esportivas. A *varsity letter* é um emblema bordado que costuma ser costurado à jaqueta do aluno. [NT]

Não demorou muito para que a ausência de Bishop fosse sentida. O substituto carecia de habilidade e paixão para treinar os atletas e instigá-los à vitória. Assim, o moral e o desempenho da equipe despencaram. No segundo ano, a frustração de Jim chegou ao limite e ele assumiu a responsabilidade de reverter a situação. "As equipes não estavam motivadas e o treinador não as estimulava", lembrou em uma entrevista em 2012. "Se quiséssemos vencer, eu teria que assumir o papel de Steve Bishop."

Jim assumiu o comando dos calouros, que logo o consideravam seu capitão extraoficial. Ele os conduzia em treinos de corrida que partiam de Gordon Road, iam em direção ao leste, até Crystal Lake, a noroeste da cidade. Corria com eles do mesmo jeito que Bishop fazia, através de campos de pousio e bosques outonais, exigindo deles tanto quanto exigia de si mesmo. Vestiam as camisetas azuis e douradas do time e enfrentavam as planícies pantanosas de Amber Road e o longo trecho montanhoso de Stiles. Cada treino era um teste de resistência, e sempre se desafiavam a correr mais rápido e por mais tempo do que no dia anterior.

> Você até pode ser um guerreiro no campo, no tatame, na pista, mas, no fim das contas, não se trata de fato de esmurrar o oponente, e sim de entender como dar o seu melhor.
>
> As outras equipes — os caras de Shelby, Benzie Central e Hart — eram tão esforçadas quanto nós. Sempre achei que deveríamos agradecer a essas pessoas, no final de cada evento, por terem nos dado a oportunidade de dar mais um passo no caminho da compreensão dos nossos pontos fortes ou limitações. Acho que é preciso reconhecer que o obstáculo é você mesmo e, em seguida, admitir o papel que aquela pessoa desempenhou em seu aprendizado sobre si.

Às vezes, cansados das dores nas canelas, bolhas nos pés e panturrilhas doloridas, eles se queixavam dos extenuantes treinos de Jim. Então o treinador menos exigente assumia o comando por um tempo. Entretanto, logo sentiam falta de Jim — do regime árduo mesclado ao humor provocador que lhe eram característicos. Sentiam falta das eletrizantes corridas de velocidade por inclementes estradas de cascalho e da intensa camaradagem que havia quando a equipe se tornava um único ser: cada membro era uma parte crucial do todo.

"Jim era um grande líder", relembra Ed Sanders, que fora um corredor calouro sob a capitania de Jim. "Ele nos fazia trabalhar bastante, porque não queríamos que ele viesse atrás de nós. Tínhamos ouvido histórias de que ele era duro na queda. Por exemplo, se alguém não estivesse se esforçando o suficiente, ele arrancaria seus calções e faria o sujeito correr de volta para a escola só de cuecas."

Nenhuma dessas histórias era verdade, é claro. Eram anedotas compartilhadas no vestiário, lendas repetidas por meninos maravilhados pela motivação de um veterano e sua capacidade de transformar os próprios ideais em ações.

"Todos nós queríamos imitá-lo. Eu não me preocupava em desapontar o treinador, era Jim quem eu não queria decepcionar", disse Sanders, que mais tarde se tornaria professor de educação física e treinador de cross-country em Scottville. "Jim nos ensinou o que era liderança. Até hoje ainda uso o que aprendi com ele: o respeito que demonstrava pelos outros, as coisas que fazia para nos motivar, para que nos esforçássemos mais."

Tim Genson, hoje coordenador esportivo da escola de Scottville, foi um dos calouros das equipes de cross-country e atletismo: "Com exceção de Jim, éramos muito jovens e não formávamos uma equipe muito boa", recorda. "O estímulo e a motivação de Jim com certeza me ajudaram a ser melhor do que eu teria sido."

Em tardes tristes de outono, Jim liderava Genson e seus companheiros de equipe ao longo de Darr Hill, o que significava um acréscimo de quatrocentos metros no trajeto habitual e, também, a derrocada para os corredores do colégio, que seguiam bradando incentivos por todo o caminho. Seguindo a lógica de treinamento de Bishop, Jim criara um time calcado em companheirismo, e eles sabiam que seu sucesso dependia tanto da empatia compartilhada quanto da velocidade e da resistência. Ele os ensinou a estarem sempre atentos ao companheiro desmotivado precisando de uma dose extra de confiança ou de uma palavra encorajadora, e também que celebrar a vitória era tão importante quanto aprender com a derrota.

"Éramos corredores novatos, mal tínhamos saído das fraldas", comenta Genson. "Ainda assim, por causa da liderança de Jim, demos o máximo de nós mesmos, demos tudo o que podíamos. Ele fez com que nos importássemos com o que estávamos fazendo e me ajudou a compreender que as equipes têm o melhor desempenho quando são os atletas, e não os treinadores, que se responsabilizam uns pelos outros.

"Lembro a primeira vez que me dei conta disso", ressalta. "Estávamos voltando de Darr Hill, e eu acompanhava o grupo principal, que era sempre liderado por Jim. Observando-o, pensei: 'Eu consigo!'"

> Certa vez, estávamos em um congresso, todos correndo com determinação. Aqueles caras nem eram a minha equipe, eram da Escola Muskegon Oakridge. Mas foram alguns dos melhores momentos que tive enquanto corria, quando nos conectamos e instigamos uns aos outros, mesmo sendo de times adversários.
>
> Antes da corrida, todos nós decidimos que íamos deixar o irmão mais novo de um dos corredores vencer. Se eu chegasse em primeiro, segundo ou terceiro lugar não faria nenhuma diferença no cenário geral. Porém, demos àquele garoto um estímulo que ele nunca tinha recebido na vida para que ganhasse sua primeira medalha de primeiro lugar.
>
> Ele nos acompanhou o tempo todo, estávamos a milissegundos um do outro, mas ele não ia conseguir cruzar a linha de chegada sem a nossa ajuda. Nos últimos noventa metros, ele teve que correr mais rápido do que nunca.
>
> O resto de nós só desacelerou um pouco na linha de chegada para que ele nos alcançasse, então cruzamos a linha todos juntos. Ele mereceu aquela medalha.

Com a caneta de desenho sempre à mão, Jim teve um momento de folga durante uma competição para convidados na Faculdade Estadual Ferris naquele outono. Ele amarrou os cadarços dos tênis de corrida, fez alongamentos na beira do campo e, antes do início da competição, rabiscou uma elaborada figura de doze pontas na palma da mão. Então ele correu, o som de seus passos em contraponto ao vento que soprava em seus ouvidos.

Depois de cruzar a linha de chegada, ele estendeu a mão para receber o prêmio. O treinador pressionou a medalha contra a palma da mão dele, e ela encaixou quase que perfeitamente no esboço que Jim havia traçado. Ele fitou a medalha, maravilhado. Recebera um prêmio por fazer o que mais gostava, um prêmio em forma de estrela.

*   *   *

"Mike me assustou pra cacete", relembra Jim Allen, que entrou na equipe de luta olímpica de Scottville em 1977, como calouro. "Ainda que fosse baixinho, ele era muito intimidador e sempre exigia respeito."

Desde que se tornara técnico do colégio, Mike levara os lutadores a dezenas de campeonatos regionais, distritais e da liga nacional, e dois de seus alunos ganharam títulos estaduais. Allen tinha um bom motivo para se sentir inseguro.

Jim começara a praticar luta olímpica de forma bastante casual. Ele via o pai como o profissional que era e aprendia as técnicas do esporte na forma mais pura. As horas que passavam juntos, em treinos e competições, forneciam um contexto seguro em que podiam explorar seu novo relacionamento. Até mesmo Jan os acompanhava a competições fora da cidade e, dirigindo o Toyota lentamente pelas estradas nevadas de Michigan, eles imaginaram, pelo menos por um tempo, que eram uma família de verdade.

Mike não era dado a favoritismos. Ele esperava que o filho realizasse o mesmo treinamento rigoroso que os outros membros da equipe — e um pouco mais. No caminho da escola para casa, Jim escutava o pai repetir teorias sobre condicionamento físico, dedicação e a importância de estar atento a todas as nuances do oponente. Nas noites de treino, ele se reunia aos companheiros de equipe na academia para praticar disputas de todos contra todos, barra fixa e o que Mike chamava de "matadores": de pé, os garotos caíam para a postura de flexão, assim, em um momento rápido, voltavam a ficar de pé, o que repetiam de novo e de novo. "Então dávamos voltas nos corredores até não aguentarmos mais de tanto correr", relembra Allen.

Eles iam e voltavam pelos corredores, passando por salas escuras e janelas altas com vista para o pátio, onde a neve rodopiava e flutuava contra o piso, e seus passos ecoavam nos armários de metal que emolduravam os corredores vazios, com cheiro de pó de giz e suor, de pão para dia seguinte que assava no forno da lanchonete e detergente forte no balde do zelador. Os tênis com sola reta que os garotos usavam faziam estragos nas plantas dos pés e nas canelas. Todavia, sob o comando de Mike, eles corriam. Ele distribuía elogios por uma tarefa bem-feita, mas os meninos sabiam que se diminuíssem o ritmo ou perdessem o foco por um momento que fosse, ouviriam Mike gritar "Vem cá!" e seriam submetidos a uma luta punitiva com o professor.

Jim completou a carreira em luta olímpica com um respeitável índice de 0,6 vitórias por partida, consistentemente ganhando mais lutas do que perdendo. Logo no início de sua temporada como calouro, provou-se um membro essencial de uma equipe vencedora, uma equipe que ficou em primeiro lugar no torneio anual Scottville Optimist Wrestling Invitational, que ocorria em janeiro. Cada um dos lutadores de Scottville conquistou uma posição: Jim Allen ficou em terceiro e Jim em quarto, o que o *Ludington Daily News* chamou de "uma demonstração incrível de poder de equipe".

"O sr. Keenan esperava muito deles", recorda Allen, treinador da equipe de luta greco-romana de Scottville desde 2009. "Até hoje meus treinos são como os dele. Se você tem muitas expectativas, conquista bastante coisa."

Jan assistia da arquibancada e Mike estava por perto, de braços cruzados, enquanto o filho se aproximava do tatame. Jim tinha o corpo e todos os instintos focados na empreitada que se seguiria. Ele encarou o oponente, atento a cada movimento e intenção. Era como se uma voz interior o orientasse na dança da luta, criando a imagem do próximo passo que deveria dar. Ele também ouvia a voz de Mike, as palavras que o pai repetia nos corredores, no carro, nos treinos mano a mano: "Faça disso um desafio, não uma obrigação". Agora tudo dependia dele, e Jim adentrou sua realidade imaginada.

Lutar e correr não garantia a Jim um lugar no círculo social interno do colégio. Essa honra era reservada aos *quarterbacks* e armadores destinados a namorar rainhas do baile e a serem nomeados os "Mais Populares" na eleição simulada que acontecia no último ano do ensino médio. Sempre sob o olhar vigilante de Mike e Jan, Jim não era incluído quando os colegas se aventuravam por trilhas remotas para beber vinho de morango da Boone's Farm e fumar Marlboro.

Ele colou imagens de Devo, dos Pretenders e dos Plasmatics dentro do armário, onde outros colocavam a programação da semana do baile, fotos dos Bee Gees e de Olivia Newton-John. Conhecer os últimos hits só o distanciara ainda mais dos colegas, cujo repertório musical provinha da estação de rádio local de top 40.

---

* Wilson, George. "Central Captures Own Mat Invite" [Central captura o próprio chamado do tatame]. *Ludington Daily News*, Ludington, p. 6, 8 jan. 1979. [Nota dos Autores, daqui em diante NA].

As notas de Jim o haviam convencido de que ele era, na melhor das hipóteses, um aluno mediano. A administração da escola de Scottville também se convencera disso e o matriculara em cursos introdutórios, diferente de seus colegas que almejavam ir para a faculdade. Enquanto os amigos de Sugar Ridge estudavam Álgebra I, ele era relegado a aulas de reforço e passava o ano inteiro estudando matérias que eles haviam aprendido em duas semanas.

> Eles me enfiaram na turma de pré-álgebra, porque, levando em conta minhas notas do ensino fundamental, eu supostamente não sabia contar ou adicionar. Mas eu só não tinha sido desafiado o bastante no tempo que passei no tão falado sistema educacional de Ohio.
>
> As aulas de pré-álgebra eram só repetição e testes com consulta. Era bem entediante, o que não me estimulava em nada a querer aprender, então minhas notas oscilavam logo acima de média de quem tá cagando.

Então Boots Newkirk entrou em cena. Amado e temido por gerações de alunos, era o professor que às vezes os levava às lágrimas; conhecido tanto pelos inesperados acessos de fúria quanto por seu amor pelo conhecimento. Ele não perdia uma oportunidade de jogar o livro de história no chão caso um aluno cochilasse na aula. Além disso, era abertamente intolerante à angústia adolescente que fazia a garotada bater a porta dos armários de forma dramática depois de um rompimento amoroso. Ele dava bronca nos alunos que, durante o fim de semana, vira jogar latas de Budweiser dos carros no que ele chamava ironicamente de "arbustos pra vômito" na beira da estrada. Boots também desafiava as visões políticas ingênuas dos estudantes, muitas vezes mudando de lado no meio da discussão no intuito do forçá-los a examinar seus preconceitos.

Os alunos de Boots se formavam tendo a capacidade de articular e defender suas crenças. Como temiam despertar a ira do professor caso fossem à aula despreparados, decoravam todos os gabinetes do governo dos EUA, assim como sua finalidade; além disso, passavam horas diante dos mapas nas paredes da biblioteca e aprendiam a identificar, de fato, a projeção de Mercator e os rios da África.

> Eu não concordava com Boots em questões políticas ou religiosas, mas me conectava com ele porque era inflexível a respeito das partes boas desses temas. Ele não se deixava enganar pela baboseira. Não esperava que a gente adotasse o ponto de vista dele, mas que a gente se comportasse como adulto.
>
> Todos os dias, perguntava: "Qual é a cotação do ouro hoje?" e ninguém sabia dizer. Na manhã seguinte, a mesma coisa, e continuava sem resposta. Então, no outro dia, apareciam os puxa-sacos que sabiam a resposta, mas Boots dizia: "E daí?".
>
> Ele fazia a gente prestar atenção. Acontece que só porque alguém é capaz de responder à pergunta não significa que saiba o porquê. Então você sabe qual a cotação do ouro hoje. Mas o que isso significa?

Apesar do isolamento muitas vezes autoimposto, Jim não era solitário e, na verdade, nunca estava completamente sozinho. Ele só tinha que se virar e notar o garoto loiro da aula de leitura da oitava série: o único colega disposto a admitir desdém pelo superficial, pronto para trocar comentários sarcásticos a respeito das disputas de popularidade e ansioso para compartilhar o sonho tácito de descobrir o que havia além daquela cidadezinha.

Jim aprendeu a traçar o ciclo das estações observando os primeiros trílios brancos emergindo da floresta em abril e as trutas retornando ao rio Pere Marquette. Em maio, ele esperava ver botões despontando nas macieiras e pessegueiros do pomar ao redor da casa, em Darr Road, onde subia nas escadas altas de madeira, quando chegava a época da colheita, em julho, e, por seus esforços, ganhava uma mesada com a qual comprava novos discos, canetas e blocos de desenho.

No verão, ele se levantava ao raiar do dia e trabalhava com Mike nos jardins. Lado a lado, os dois removiam ervas daninhas dos canteiros de coração-sangrento, lírio-roxo e cravo-de-defunto. Eles aparavam os arbustos ornamentais de Mike e limpavam detritos das trilhas que serpenteavam entre bergamotas, hemerocales e clematites, enquanto chapins e sittas mergulhavam para pegar o alpiste depositado na cavidade que Mike fizera no topo do boné.

Com tesoura de poda e pá de jardinagem à mão, Jim observava tâmias e esquilos se aproximarem por entre os arbustos, cautelosos a princípio, depois correndo bravamente em direção a Mike, seus minúsculos olhos pretos fixos no rosto dele, que se agachava, estendendo a mão. Eles comiam as sementes oferecidas e corriam de volta aos seus esconderijos sob as peônias. "Foi a primeira vez que fui exposto à consciência da natureza", lembra Jim mais tarde. "Não que os animais estivessem dando um tempo e conversando conosco. Era tudo questão de sobrevivência, de superar o medo para comer, que é o processo natural do planeta Terra."

Jim ligava para Judith sempre que podia, ansioso para contar à mãe que as notas estavam melhorando e sobre suas menções nos cadernos de esporte. Mas as conversas eram cada vez mais frustrantes, e Jim tentava ser paciente enquanto ela lutava para encontrar as palavras.

Os alunos da turma de inglês do primeiro ano arregalaram os olhos, em pânico, quando a professora Anne Meeks anunciou o exercício da disciplina. "Alguns deles não gostaram do final de *Senhor das Moscas*", relembra ela. "Pedi que reescrevessem o último capítulo da forma como gostariam que terminasse." Jim encarou a tarefa com desenvoltura. Escrever já era algo quase inato para ele, e a ideia de que era permitido alterar a história de outra pessoa foi uma revelação. Em vez de aceitar um desfecho passivamente, descobriu que estava ao seu alcance — e que era, na verdade, seu dever — criar um novo final.

A tarefa mudou muito mais do que o final do livro. Ao retrabalhar as ideias de William Golding, Jim foi forçado a se colocar no centro da história, a compreender os personagens e o enredo com mais profundidade e a reconhecer a sua própria importância no processo criativo. O exercício foi o catalisador para que passasse a ver a própria arte sob uma nova ótica, para que admitisse que não se tratava apenas de um passatempo solitário com o qual ocupava o tempo. Era, na verdade, o seu ponto forte.

De repente, parecia-lhe imperativo tirar proveito de cada momento que poderia ser gasto escrevendo, desenhando e descobrindo uma música nova. Ele decorava os fichários e as capas dos livros com esboços e carregava-os pela escola para que todo mundo visse. Ostentava sua adoração pelo Kiss e por Devo, e deixava sua paixão fluir nos trabalhos durante as aulas. Dessa vez, em vez de estigmatizá-lo como introvertido e indiferente, seus talentos foram reconhecidos e apoiados.

"Foi interessante observar a transformação", relembra Ted Winkel, que ministrava psicologia na sala adjacente à de Meeks. "Durante o primeiro ano, começamos a ver outra faceta de Jim. De repente, seu lado criativo emergia em ilustrações, esboços e poemas. Obviamente, havia uma parte dele que ansiava ser livre."

Enquanto Winkel falava sobre os cães de Pavlov,* Jim enchia cadernos com desenhos e versos, e frequentemente ignorava as tarefas que Meeks atribuía na aula de jornalismo. Em vez de se concentrar em lides** e na pirâmide invertida, ele entregava poemas e esboços no lugar dos exercícios, o que fez Meeks incorporar uma unidade de poesia ao plano de aula. "Eu o encorajei a escrever poesia porque ele era bom nisso", admite. "Ele tinha uma boa noção de ironia e os desenhos continham traços de um humor maravilhosamente sutil."

Os colegas contavam com os poemas de Jim para ajudá-los a lidar com a rivalidade entre irmãos, pais que não os entendiam e desilusões amorosas devastadoras — uma catarse mais produtiva do que bater a porta do armário. Ainda que fossem uma expressão juvenil e sem refinamento, as quintilhas humorísticas e versos simples de Jim os instigavam a ignorar julgamentos alheios, a pensar por si mesmos e a enfrentar sem medo tanto a alegria quanto a tristeza. Entre as aulas, ele colocava sorrateiramente seus poemas entre os livros e fichários dos colegas, poemas que assinava como conde Malcolm Gridley.

O conde Malcolm Gridley era o mito notoriamente extravagante que não admitia qualquer autopiedade piegas, um homem por trás de uma máscara que sabia confrontá-los e confortá-los. Jim escolheu o pseudônimo baseado em Malcolm Young, o guitarrista do AC/DC que, das sombras, distante dos holofotes, criava as melodias que uniam as letras e a música da banda. Como sobrenome do mago, escolheu Gridley, o sobrenome de Judith.

---

* Refere-se ao condicionamento clássico, ou condicionamento pavloviano (como é mais conhecido em países de língua inglesa), uma noção associada ao Behaviorismo, um ramo da psicologia. A teoria descreve a origem e a modificação de certos comportamentos tendo como base a noção dual de estímulo e resposta no sistema nervoso central de todo ser vivo. A ideia está historicamente associada ao fisiologista russo Ivan Pavlov, que a formulou depois de realizar diversos experimentos com cães. [NT]

** Termo abrasileirado do inglês "lead". Normalmente, diz respeito ao primeiro parágrafo de uma notícia jornalística e visa apresentar as informações mais relevantes. [NT]

> Comecei a juntar palavras e as pessoas realmente reagiram de maneira positiva. Eu sentia que estava no caminho certo. Se alguém estivesse passando por uma situação fodida, eu matutava sobre o assunto e escrevia a respeito. Ver a expressão no rosto delas quando, de alguma forma, eu tangia o que estavam sentindo... bom, se você recebe um elogiozinho por alguma coisa, você continua.
> Como eu vinha de uma família que não se comunicava direito, me senti bem ao me expressar.

Claro que todo mundo sabia que o poeta era na verdade o garoto quieto da fileira ao lado, que usava uma camiseta imaculada e calças recém-passadas; o menino que tinha uma coleção crescente de medalhas de cross-country e luta olímpica.

"Ele escrevia sobre emoções profundas e usava imagens sombrias, mas não tinha nada de assustador ou de sinistro em sua poesia", lembra Meeks. "Talvez algumas pessoas tenham tido essa impressão, mas acho que ele nunca levou isso a sério. Jim não se levava a sério, ainda que levasse a vida muito a sério."

Àquela altura, Jim sabia o que esperar do inverno no Michigan. As incessantes nevascas e rajadas de vento ao longo do lago Michigan eram capazes de propiciar dias de isolamento, pois as estradas ficavam intransitáveis devido à neve. Em manhãs escuras, ele atiçava o fogo dos fogões e, depois, acompanhado por Mike, ouvia as notícias no rádio sobre o fechamento de escolas e o bloqueio de estradas vicinais, onde nem os limpa-neves ousavam se aventurar.

Naqueles dias de neve, aconchegava-se na cama, com o cheiro forte de fumaça enchendo a casa e o vento agitando as janelas nos caixilhos. Jim nunca fora um leitor ávido, não antes das aulas de inglês de Meeks. No entanto, agora ele retirava da estante uma cópia negligenciada de *Cry Geronimo!*. Ele aprendeu sobre a luta dos apaches para defender suas terras e tradições e, ao mesclar a história deles à sua, o livro perdeu o peso e tornou-se imperceptível em suas mãos.

Ele correu com os apaches por Sierra Madre, passando por um carvalho-da-américa estranhamente familiar, pela figueira-da-índia e pelo saguaro, um passo à frente da cavalaria e do exército mexicano, que desejava roubar suas mulheres e seus escalpos. Ao lado de Geronimo, ouviu as vozes dos espíritos da terra e das montanhas, compreendendo o que significava invocá-los em busca de proteção e força. Sentiu o frescor noturno do deserto sob os pés descalços e viu rochedos no horizonte, tingidos de vermelho pelo nascer do sol. Ele correu pela noite, através de desfiladeiros e leitos de riachos, rumo à fortaleza do Cochise, o cheiro de zimbro pairando pesado no ar, as montanhas Dragoon erguendo-se escuras contra o chispar das estrelas no céu do Arizona.

Jim ansiava pelo efêmero degelo de janeiro, pelos dias cristalinos que permitiam viajar por entre bancos de neve e riachos derretidos até Ludington, a sede do condado, localizada a onze quilômetros de distância. Por meio da rígida orientação de Boots Newkirk, a maioria dos colegas já tinha concluído o curso de direção e, conduzindo os robustos Fords dos pais ou confiáveis caminhonetes agrícolas, levavam Jim à cidade, onde ele se encontrava com alguma colega de classe para comer hambúrgueres no McDonald's ou assistir *A Recruta Benjamin* no cinema.

Quando ventos gélidos ou nevascas impediam os amigos de sair, Jim avançava entre montes de neve no intuito de passar a tarde na companhia do amigo Andy Green, que morava a duas casas de distância. Uma noite na residência dos Green servia para colocar em dia *Os Gatões* e *Saturday Night Live*, e, entre os episódios, ter uma boa conversa com o pai de Andy.

> Butch Green era um homem incrível com grandes histórias. Eu insistia em saber como ele fazia para os cães de trenó comerem da mão dele e sobre a vez em que os conduzira de trenó até a cidade para buscar comida, quando todo mundo estava preso por causa da neve.
>
> Ele me apresentou à banda T. Rex. Falava sobre como a música, se tocasse a gente de verdade, batia num lugar bem perto do coração. Ele me disse que a música fazia sentido pra gente porque tinha o ritmo da nossa alma.

Famílias e amigos lotavam as arquibancadas e as cadeiras dobráveis colocadas no espaço geralmente reservado ao basquete e à aula de educação física. Os membros do coral da escola estavam alinhados no palco, em uma extremidade do ginásio, e suas vozes se mesclavam em medleys de *Muppets: O Filme* e baladas de Dan Fogelberg ou Joni Mitchell.

Jim entrara para o coral no início do segundo ano, e apresentar-se em recitais se provou muito mais do que uma agradável distração dos esportes. A diretora Ann Johnson começou com o básico, ensinando os pupilos a respirar corretamente usando o diafragma, a fim de evitar que ferissem suas jovens cordas vocais. Ela os introduziu às tarefas de produção necessárias à montagem de uma apresentação, desde colocar anúncios no *Daily News* até os meandros da aquisição de direitos autorais para a viabilização do espetáculo. Além disso, os membros do coral ajudavam a selecionar as canções populares que apresentariam. Jim trabalhou na feira da escola, na venda de bolos e de chocolates por concessão, com o objetivo de arrecadar fundos para a construção de uma concha acústica e para comprar as partituras de *Oliver!*, o musical que haviam decidido encenar naquele ano letivo.

Jim fora escolhido para interpretar o arrogante garoto asilado Noah Claypole e empregou suas habilidades de luta para adicionar verossimilhança à cena da briga com o personagem que dá nome à peça. As partes que cantava se limitavam às passagens em coro, porém, ainda assim, era um poderoso tenor e se destacava entre as vozes do grupo.

"Jim conseguia seguir uma linha harmônica e improvisar", comenta Johnson em uma entrevista de 2013. "Ele sempre teve uma entonação perfeita. Eu me lembro de desejar ser capaz de ouvir aquelas harmonias do jeito que ele ouvia."

Em maio, Anne Meeks abria as janelas da sala de aula, que davam para o pátio da escola, deixando entrar a brisa suave e as vozes abafadas dos melhores alunos, os quais tinham permissão de estudar no gramado. Eles se espalhavam em meio a dentes-de-leão e livros didáticos abandonados, trocando ideias sobre as roupas que usariam no baile de formatura que estava por vir e especulando a respeito do desempenho dos Detroit Tigers naquela temporada.

Inquietos com a primavera, seus alunos tinham dificuldade de prestar atenção às aulas. Todavia, mesmo distraídos pela reabertura da lanchonete Dairy Queen no final da rua, eles despertavam dos devaneios assim que ela distribuía o presente de fim de ano. A professora reunia os trabalhos que eles faziam durante o semestre e os compilava no *Aurora*, o jornal literário da turma. Os estudantes folheavam as páginas do pequeno periódico, que exalava tinha fresca, ainda quente da prensa do estúdio de arte. Pela primeira vez, viam impressos seus versos e histórias, assinados com seus nomes. E os desenhos à caneta de Jim ilustravam seus poemas, desenhos de um personagem magro e pequeno que ele chamava de Maynard.

Todas as manhãs, Jim colocava a xícara de chá na beirada da mesa de desenho, punha papel sobre o tampo e organizava em fileira os lápis e as borrachas Staedtler. Na aula de desenho, havia descoberto uma forma de mesclar os lados artístico e prático, e aplicar os fundamentos da geometria com os quais tivera dificuldade no segundo ano. Ele ainda ignorava as técnicas jornalísticas ensinadas por Meeks, mas, quando desafiado a desenhar uma versão tridimensional dos fios e mecanismos ocultos dentro de uma máquina, dedicava total atenção à tarefa.

"Era difícil encontrar qualquer coisa errada nos desenhos dele", relembra o monitor Kjiirt Jensen. "Eu precisava ajudá-lo porque ele não sabia fazer caligrafia muito bem. Sempre tentava fazer do jeito dele."

Kjiirt era o aluno mais avançado da turma e completara todas as aulas de desenho que a escola oferecia. Sem saber com que tarefas incumbi-lo, o sr. Ingraham o recrutara para auxiliá-lo nas avaliações e a manter a classe em ordem.

Em vez de criar uma distância competitiva, as críticas de Kjiirt fizeram com que Jim e ele se aproximassem. Desde a aula de leitura na oitava série, eles sempre haviam encontrado no outro alguém deslocado e empático. Seja no canto isolado de uma festa ou em uma reunião pré-jogo no ginásio, os dois sussurravam comentários sarcásticos e reconheciam certa camaradagem segura, ainda que tênue. Mas, ao trabalharem juntos na aula de Ingraham, perceberam a paixão mútua pela arte e um desejo compartilhado pela perfeição e, em pouco tempo, tornaram-se inseparáveis.

"Eles sempre andavam pra lá e pra cá pela escola, exibindo aqueles sorrisinhos travessos", relembra a diretora do coral Ann Johnson. "Era como se estivessem metidos em alguma coisa que ninguém mais sabia o que era. Você os via e pensava: 'O que esses dois estão aprontando?'"

Então, por fim, Jim havia encontrado sua contraparte: um antagonista alto e loiro que chamara sua atenção e que, assim como ele, via através da hipocrisia e da conformidade cega; um semelhante astuto, dotado de um senso de humor perverso que rivalizava com o seu próprio.

> Kjiirt e eu tínhamos visões diferentes sobre as coisas. A gente lia o jornal ou ouvia algo no noticiário, então comentava: "Isso não parece certo. Parece uma declaração manipulada que não reflete a verdade. Acho que é pura enganação".

> Se alguém vinha todo empolgado e perguntava se íamos ao jogo de futebol americano, a gente não entendia qual era a da pessoa. Esse era o tipo de coisa que a gente não tinha interesse algum.
>
> Na noite do baile, Kjiirt se vestiu de um jeito muito formal, como se fosse James Bond ou algo assim. Eu comprei uma cartola de plástico e pintei de verde com spray, aluguei um terno verde e uma camisa branca com babados na mesma cor. Parecia um duende. Levei uma das nossas melhores amigas em vez de um par de verdade. Ficamos no baile durante mais ou menos uma hora e depois fomos ao cinema drive-in.

Eles passavam os fins de semana em Darr Road, ouvindo os álbuns do grande baú preto de Jim, um depois do outro — os Jackson, Bee Gees, Adam and the Ants, Patti Smith, Devo e Kiss. A coleção de LPs de Kjiirt se limitava aos álbuns sentimentais de James Taylor e Jimmy Buffett disponíveis na Sounds Good, a provinciana loja de discos de Ludington, que ele ouvia extasiado. A música de Jim foi uma revelação para ele, um portal para um lugar repleto de sons, cores e emoções distintas de tudo o que já havia experimentado no condado de Mason.

Nas noites de sábado, Kjiirt pegava o grande Buick do pai e os levava a Custer, uma cidade vizinha, onde iam à matinê no Johnny's. Pista de patinação de dia e danceteria à noite, o Johnny's fora, por gerações, o destino dos jovens de todos os cantos do condado. Romances floresciam e terminavam ali, ciúmes inflamavam e dificilmente uma semana se passava sem que houvesse uma briga no estacionamento entre garotos agressivos recém-saídos da fazenda.

Por dentro, o Johnny's era todo escuro e cavernoso, com mesas sobre a pista de dança de madeira e grupos de amigos que se desafiavam a convidar um veterano para dançar. E era o próprio Johnny quem presidia tudo isso, exibindo um topete e um paletó. Pouca coisa mudava no Johnny's, e isso incluía a música. Quando Jim e Kjiirt entravam, sempre ouviam os mesmos artistas, que tinham sido populares anos antes: Village People e Donna Summer.

E eles dançavam, às vezes com colegas de classe, outras com garotas de Ludington ou mesmo de Manistee, garotas que eles achavam fascinantes e sofisticadas, talvez porque não morassem perto deles. As luzes estroboscópicas cintilavam, o DJ substituía "My Sharona" por "Sultans Of Swing", e eles deslizavam pela pista, esquecendo por um momento a decoração maltrapilha, o cheiro de cerveja choca e cigarros, as estradas compridas e os hectares de vagem lá fora.

A noite nunca ficava completa se não dirigissem até Ludington depois, o rádio sintonizado numa estação que o pai de Kjiirt, com um perplexo balançar de cabeça, mudaria na manhã seguinte. Eles tinham o ritual de ir ao limite oeste da cidade, até o lago Michigan. Era algo quase obrigatório aos habitantes do condado de Mason. Cada partida e retorno era marcado por um passeio ao longo da costa, quando vislumbravam o vasto mar interior que era seu lar.

As idas à orla poderiam incluir apenas uma volta pela praia e um olhar possessivo em direção ao lago plácido sob o luar ou agitado por ondas cristalinas, o céu inundado de estrelas. Entretanto, com mais frequência, estacionavam o Buick e caminhavam descalços ao longo do quebra-mar, pela areia fria até o farol.

O silêncio e a escuridão instigavam a troca de confidências, e Jim e Kjiirt conversavam — do jeito um tanto cauteloso típico dos adolescentes, com certeza. Falavam sobre sincronicidade e mistério, sobre timoneiros que manobravam balsas ao longo do lago, em meio a tempestades e nevoeiros, sobre o que jazia na margem oposta.

"Certa noite, ele me contou uma história", recorda Kjiirt. "Era sobre uma garota que havia conhecido em Ohio. Não me lembro se ele disse o nome dela, se ela ainda vivia lá ou qual era a relação deles." Kjiirt pode até não se lembrar dos detalhes, mas se recorda da tristeza na voz de Jim e da profundidade de suas palavras — algo incomum a alguém tão jovem, considerou ele na época. "Jim olhou para cima e disse: 'Ela está olhando para o céu e vendo a mesma lua.'"

Em pouco tempo, as caminhadas até o farol passaram a incluir outro ritual, algo criado por eles. Quando chegava a hora de abandonar um sonho de infância, ou se uma garota decidia que não queria mais acompanhá-los ao cinema, ou quando um amigo se mudava ou se mostrava um amigo não tão bom, então, nesses momentos, eles lançavam talismãs de fim e começo na água escura. A lua e as estrelas eram as únicas testemunhas. Eles sacrificavam uma foto, uma carta, uma moeda, um anel ou uma pedra, encerrando, em silêncio, um capítulo, e abrindo caminho para o próximo.

A semana do espírito escolar era o evento esportivo mais extravagante e esperado da escola, a celebração anual de craques e equipes vencedoras. Durante a semana, todos os espartanos de Scottville se vestem com as cores da escola, azul e dourado, e os ex-alunos vinham da faculdade ou do trabalho para assistir ao jogo de futebol americano na abertura do evento, em MacPhail Field. Nas noites frescas de outono, antes do jogo, os alunos se reuniam no celeiro de algum colega para decorar bases de madeira com rosetas de papel e traves de papel machê para os carros alegóricos que participariam do desfile do intervalo.

Nos corredores da escola, construíam quadros elaborados em homenagem à equipe, e cada turma tinha certeza de que seu trabalho seria eleito o mais criativo. A turma de 1982 reservou o longo corredor B, que ficava do lado de fora das salas de aula de Meeks, Winkel e Boots Newkirk, e ergueu imagens grandiosas dos formandos no time de futebol. Os manequins foram postos ombro a ombro dos dois lados do corredor, identificáveis como os garotos reais pelos números das camisas. Imponentes, ainda que minimalistas, as figuras fazem pensar em uma visita ao Hall da Fama do Futebol Profissional, uma homenagem às vitórias e conquistas, à materialização da possibilidade. Aquilo era obra de veteranos hábeis com pincel e cola na mão, mas a ideia fora toda de Jim.

O atleta de cross-country Ed Sanders, então no segundo ano, mais tarde se recordaria da exibição. "Jim tinha uma visão diferente da que os outros tinham", afirma ele, lembrando-se das serpentinas de papel crepom e das estrelas de papel-alumínio que compunham as exposições das outras turmas. "Nós caminhávamos pelo corredor do terceiro ano e pensávamos: 'Bom, nossa apresentação vai perder'."

Os alunos que haviam feito audições para o musical da primavera tiveram a mesma reação diante da súbita demonstração pública dos talentos de Jim. Ansioso para explorar mais um percurso artístico, ele — um tanto por capricho — se apresentou à chamada do elenco e fez os testes. Tinha gostado da versão cinematográfica de *A Noviça Rebelde* e imaginara atuar como fizera em *Oliver!*, no ano anterior, talvez no papel de uma das crianças Von Trapp. A pianista iniciou a introdução de "Edelweiss" e então acenou para Jim começar. Sua voz forte de tenor ecoou pelo palco vazio, dotada da intensidade e da angústia que a canção exigia.

O diretor olhou para Jim, então para a pianista e depois para os colegas de classe dele, que permaneciam sentados, em um silêncio estupefato. "Todo mundo ficou se olhando", lembra ele. "E eu pensando: 'Será que tô estragando a música? Que merda que tá acontecendo?'." Ninguém do coral da igreja jamais havia comentado sobre a qualidade da voz de Jim. Suas atividades no coral da escola se limitavam ao canto em coro, e suas habilidades solo nunca tinham se destacado. Mas, agora, o diretor de teatro admitia que jamais ouvira a voz de um colegial soar tão límpida, clara e confiante.

Para surpresa de Jim, assim como de todos os outros, ele ganhou o papel de Capitão Von Trapp.

Os holofotes e a chance de cantar eram tão tentadores quanto tinham sido quando era pequeno. No entanto, o cronograma de ensaios e apresentações entrava em conflito com as competições regionais de atletismo e o último evento de corrida do ano. Jim levou um tempo — muito tempo — considerando o que fazer e, quando por fim telefonou para o diretor, o papel já tinha sido dado a outra pessoa.

Jim tentou racionalizar: talvez um dia tivesse outra chance de subir ao palco. Quem sabe, algum dia, conseguiria outro papel principal. Nesse ínterim, talvez fosse melhor manter o foco e completar a última temporada nas pistas. Abandonar os companheiros de equipe a essa altura do campeonato seria o mesmo que desistir no último quilômetro da corrida. Ele havia feito aquele plano há muito tempo, e agora não tinha nada que fazer a não ser ir até o fim, ganhar mais uma *varsity letter* e atingir o objetivo que traçara no primeiro ano — mesmo que significasse atrasar outra meta.

A escolha da canção que representaria a turma de 1982 parecia uma decisão inevitável. Apenas uma música estava na cédula distribuída pelo conselho de classe, "Believe It or Not", o alegre tema da comédia televisiva *Super-Herói Americano*. Todavia, Jim acreditava que a turma merecia uma música com mais profundidade e complexidade, então passou as semanas que antecederam a formatura formulando uma petição por "Dream On", que considerava mais apropriada. Ele abordou cada aluno, explicando a letra inspiradora, chamando atenção para os riffs inovadores, a ponto de até mesmo colegas que nunca tinham ouvido falar do Aerosmith se juntarem à sua campanha. No final, "Dream On" venceu de lavada.

> Quando decidiram que a música-tema de *Super-Herói Americano* seria a canção da turma, fiquei muito irritado. Nunca fui tão ativo na política estudantil quanto naquele mês, coletando assinaturas para "Dream On". Eu não ia deixar que a música-tema da minha turma fosse uma bobagem animadinha de um programa de TV.
>
> Não ligava para qualquer que fosse o mascote que quisessem associar a nós, o que quer que escolhessem para nossas cores e flor de turma. Mas aquela música? Absolutamente não. A porra da nossa música de formatura tinha que

> ser uma que a gente pudesse olhar para trás, dali a uns vinte anos, e refletir sobre de onde a gente veio e para onde estaria indo. Essa é a nossa música, não uma pra gente se convencer que está tudo bem.

Quando as eleições simuladas foram realizadas naquela primavera, os colegas elegeram Jim como o "Mais Pessimista" — não que ele tivesse uma visão desesperançosa do futuro, pelo contrário. Ele ficou conhecido pela intolerância declarada à complacência e ao status quo e, em vez de excluí-lo por isso, os colegas o homenagearam. Além disso, reconheceram seus talentos e, num raro truque eleitoral, também o elegeram "Artista da Classe" e o "Mais Talentoso".

Os quatro anos de cross-country, luta olímpica e atletismo lhe renderam uma honra ainda mais digna de prestígio. Na primavera, Jim se tornou o primeiro aluno da história da escola a ganhar doze *varsity letters*. No entanto, no jantar dos melhores alunos, por alguma razão, a conquista não foi mencionada.

Os formandos se espalhavam pelo pátio ensolarado, brincando com os capelos e suas borlas, e sendo parabenizados por parentes e amigos. De acordo com a tradição do Meio-Oeste, a tarde seria repleta de intermináveis almoços com presunto fatiado e salada de maionese e reuniões de tias e tios que sempre cruzavam o estado para prestigiar tais conquistas.

> Todos os meus parentes estavam em Ohio, então planejei minha própria festa e convidei um monte de gente. Não apareceu nem um filho da puta. Muitos preferiram sair pra beber, porque na casa do meu pai não dava. Nem pensar. Então ninguém foi.

Kjiirt escapou o mais rápido que pôde das obrigações familiares, e ele e Jim dirigiram até o lago para realizar a própria cerimônia. Eles caminharam até o farol, onde Jim tirou do bolso uma pequena cruz de madeira em que esculpira o nome dos músicos recém-falecidos, os quais tinham deixado vazios que ninguém preencheria tão cedo: Bon Scott, o vocalista do AC/DC; Randy Rhoads, o guitarrista do Ozzy Osbourne e do Quiet Riot; e John Bonham, o baterista do Led Zeppelin. Com Kjiirt ao seu lado, Jim jogou a cruz na água escura e silenciosa, demarcando o rito de passagem deles.

Os colegas de Jim se formaram seguindo todos os seus planos ao pé da letra, planos que incluíam dar um anel de noivado à namoradinha de ensino médio, ofertas para administrar a fazenda da família, bolsas de estudo, estágios e fotos no anuário que os anunciavam como os "Mais Prováveis a Serem Bem-Sucedidos".

Até mesmo Kjiirt planejava deixar o emprego de repositor no supermercado Farmer John's para estudar arquitetura no outono. Porém, Jim nunca tinha pensado seriamente em ter uma carreira. Ele adorava escrever e desenhar, imaginar o que seria capaz de criar e dedicar-se a fazê-lo. Mas percebeu que não havia muito valor econômico nessas coisas, e Mike e Jan disseram em termos inequívocos que, caso esperasse continuar vivendo ali, deveria garantir o próprio sustento.

Os empregos no condado jamais tinham sido abundantes ou especialmente lucrativos e, na verdade, Jim não conseguia imaginar passar os dias abastecendo carros ou fritando hambúrgueres só para entregar o salário a Mike em troca de alojamento e alimentação. Adaptar-se ao mundo corporativo parecia igualmente desagradável.

Ele queria estudar arte.

"Eu estava preocupada com o futuro dele", comenta Jan. "Eu me lembro de pensar que ele não era maduro o suficiente para ter uma carreira." Devido às incertezas de Jim, Mike e Jan se mostravam hesitantes em financiar quatro anos de faculdade e recusaram, especialmente, a ideia de uma formação em artes. Haviam imaginado uma carreira estável para o filho, talvez um curso que envolvesse administração, como fizeram muitos dos amigos de Jim em Sugar Ridge. Talvez, pensaram, ele devesse se tornar professor.

Contudo, Jim desejava descobrir a aplicação prática de sua paixão, seguir a voz interior que lhe dizia que desenhar, escrever e, talvez, até a música fossem as coisas para as quais ele tinha sido criado.

No ano anterior, vira o filme *Recrutas da Pesada*, a história de dois amigos cansados de empregos sem sentido e vidas amorosas insípidas que se alistaram no exército em busca de um propósito. Ele admirava os asseados uniformes militares e o tino cômico de Bill Murray. Considerando que combate ativo era algo raro no pacífico verão de 1982, três anos de serviço militar seriam uma existência bastante tolerável. O que de fato o atraía, é claro, era o Fundo Universitário do Exército, algo que, naquela época, cobria o valor da mensalidade do ensino superior para aqueles que cumprissem um tempo de serviço de seis anos — três anos de serviço ativo seguidos de três inativos — e que poderia ser nada menos do que sua entrada na faculdade de artes.

Em junho, Jim completou a Bateria de Aptidão Vocacional para o Serviço Militar, a pesquisa que determinava a adequação dos alistados ao exército. Esse programa, de entrada mais tardia, garantia dois meses de liberdade antes que ele tivesse que se apresentar.

Jim e Kjiirt viveriam aquele verão segundo as próprias regras antes das inevitáveis restrições da faculdade e do exército. Jim colocou as camisas da Izod e a jaqueta da Members Only no fundo do armário e substituiu-as por jeans justos e cheios de alfinetes de segurança, inspirado em Sid Vicious. De posse de um estilete que Kjiirt pegara emprestado do mercado, cortou suas camisetas com os logos de The Smiths e Adam Ant, ajustando-as à moda.

Muitos colegas ainda se entregavam às festas de sábado à noite, arroubos que nunca o haviam atraído, já que ele não tinha interesse em álcool ou conversa fiada insossa. Mas agora, ele e Kjiirt as evitavam por completo, sabendo que terminariam como de costume — em disputas de bebedeira, desentendimentos com a fala enrolada pelo álcool e muito vômito no banheiro —, tudo isso até que a cerveja acabasse e todos se dispersassem até o próximo fim de semana.

Nos dias de folga de Kjiirt, marcavam um lugar na praia de areia branca, levando um suprimento de latinhas de Mountain Dew, barras de Snickers e pacotes de Twizzlers de morango a tiracolo, caso os níveis de açúcar no sangue de Kjiirt caíssem. O verão foi de passeios pelas dunas à beira do lago, tardes no cinema, com música e dança, e pizzas tarde da noite.

E tinha o Johnny's, sempre o Johnny's. Não importava o quanto Jim e Kjiirt desejassem fugir do condado, sempre voltavam ao Johnny's. Lá era onde o DJ tocava Plasmatics, The Romantics e Devo. O verão trouxe novas companhias, uma mesa inteira delas — Kathy, Tracy e Kim —, garotas jovens de Ludington que ousavam aparecer em público com cabelões pintados de cores cintilantes new wave, usando bandanas estrategicamente amarradas, típicas da época. "Parecia que elas tinham saído da MTV", relembra Kjiirt.

As garotas chegavam ao Johnny's prontas para dançar e aceitavam Jim e Kjiirt em seu círculo de vanguarda. "A gente era do nosso jeito, tinha o próprio estilo", comenta Kathy Larsen. "A gente tentava ser diferente de propósito e arrasava nos grandiosos anos 1980."

As meninas passaram a fazer parte das tardes na praia. Jim e Kjiirt as consideravam mais que amigas, e algo para além de namoradas. Eram irmãs de confiança que compartilhavam riscos, medos e sonhos.

> Eu curtia com essas meninas gostosas e provocantes da cidade grande, mas a gente não estava mesmo no radar delas.
> Era provável que pensassem algo como "não tem como esse cara conseguir um emprego na Dow Chemical, ficar por aqui e me ajudar a criar meus filhos". Eu escrevia poemas e usava a porra duma cartola verde. Se eu queria mesmo uma namorada, era bem provável que estivesse fazendo tudo errado.

As garotas de Ludington estavam entre as poucas do condado que acreditaram na promessa que Jim fizera antes de partir para o treinamento básico no exército. Ele prometera que, quando o serviço terminasse, voltaria para casa de moicano e todo punk — um uniforme de liberdade depois das restrições da vida militar. Um traje adequado a um estudante de artes.

O motorista ajustou os retrovisores e afastou o ônibus lentamente do meio-fio do lado de fora da pista de boliche. Jim pressionou o rosto contra o vidro raiado da janela, esforçando-se, em vão, para dar uma última olhada no lago e no farol. Então se recostou no assento; seria uma longa viagem até Detroit. Ele ficou pensando se a decisão que tinha tomado era uma boa ideia.

SARAH JENSEN UNIÃO PERFEITA DE ELEMENTOS CONTRÁRIOS MJ KEENAN

4

O Posto de Recrutamento e Mobilização Militar de Detroit mais parecia um celeiro sem janelas, localizado a mais de trinta quilômetros da cidade, em uma terra de ninguém repleta de avenidas largas e hectares inteiros de estacionamento. Lá dentro, Jim se juntou à multidão de jovens de todo o estado: o último grupo de alistados chegando para um dia interminável de papelada, entrevistas e exames físicos, suas vozes ecoando pelas paredes de concreto e teto alto.

Filas eram formadas e então refeitas à medida que os recrutas eram direcionados da mesa ao cubículo, e dali para um escritório privativo. Jim pensou nos labirintos que havia desvendado nas páginas da revista *Highlights*, na sala de espera do dentista, e nos quebra-cabeças que nunca resolvera antes que chamassem seu nome.

Ele ia de posto em posto, preenchia um questionário aqui, falava com um orientador uniformizado ali, registrou que tivera caxumba, sarampo e catapora durante a inspeção de saúde, o tempo todo imaginando alguma lógica para o caos. Ao falhar em descobrir uma abordagem para aquela loucura burocrática, resignou-se a seguir as ordens que recebia aos brados: ir para a entrevista de checagem de antecedentes criminais, apresentar-se ao exame oftalmológico e otorrinolaringológico, ficar nessa fila até que ela fosse dividida e reorganizada, e então esperar mais um pouco.

Os resultados da sua Bateria de Aptidão Vocacional para o Serviço Militar indicavam que Jim era muito inteligente e que se adaptaria facilmente à vida no exército. A sua impressionante pontuação o qualificava para selecionar a Especialidade Ocupacional Militar (EOM) que desejava seguir — soldado de infantaria, eletricista ou policial militar —, e seu instinto o fez escolher a EOM Bravo 82. Como cartógrafo, ele mesclaria seus interesses e habilidades para criar plantas e gráficos, focando no talento com o desenho, como tanto gostava. Ele sempre compreendera os conceitos espaciais com facilidade e as notas na aula de desenho do sr. Ingraham foram o único currículo que ele precisou.

O coordenador da EOM conferiu o histórico escolar de Jim, depois a planilha de vagas disponíveis. Ele franziu a testa, depois se animou e disse a Jim que muitos alistados já haviam sido designados para a Bravo 82. Mas havia uma EOM semelhante que tinha vagas, a Charlie 82. Então, tratou de organizar a papelada de Jim. Ele clicou a caneta esferográfica uma ou duas vezes e escreveu a ocupação de Jim na linha em branco: agrimensor de artilharia.

A partir da breve explicação do coordenador, Jim deduziu que a agrimensura tinha a ver com usar o sol, as estrelas e as árvores próximas para determinar posições no campo de batalha. No fim das contas, ele não ficaria confinado a uma mesa no escritório desenhando mapas; em vez disso, traçaria diagramas e rotas de fuga para a sua bateria no meio de uma guerra simulada.

A sala barulhenta, o ar viciado e os grupos inconstantes de jovens convergiram em uma conclusão desanimadora: aquele tinha sido apenas o primeiro de muitos momentos no exército em que a expectativa se dissolveria diante da realidade desconcertante.

> O posto de recrutamento era como o porão de uma loja de departamento. Tanta coisa acontecendo e a mesma decepção. Ah, mas olha que coisa maravilhosa! Ah, não tem no meu tamanho. Ou, se for do meu tamanho, alguém arranca da minha mão. Você quer ser um cartógrafo? Todos nós queremos! Isso aqui é a artilharia.

Quando Jim saiu do último cubículo, depois de marcar a última caixa do último formulário, ele já tinha sido reduzido a estatística mais vital. Distinto de todos os outros, foi destilado ao elemento mais fundamental, o soldado James Herbert Keenan, aquela seria sua identidade durante os próximos três anos.

Era fácil encontrar o próprio caminho em um labirinto, Jim tentou se consolar. Tinha ouvido o segredo uma vez, o de sempre manter a mão esquerda contra a parede do labirinto. Não importava quantas vezes alguém tivesse que refazer os próprios passos, ou quantas vezes tivesse de voltar pelo mesmo caminho, o método sempre acabaria conduzindo a uma saída. Ele se perguntava se a hipótese era verdadeira e se o mapa que conceberia incluiria tais pontos de referência até a saída.

Naquela noite, só precisou se aventurar até o hotel do outro lado da rua, na frente do prédio do posto de recrutamento. Ficou acordado pensando nos incontáveis garotos que tinham passado noites insones naquele mesmo colchão fino, imaginando para onde iriam depois de deixar Detroit, como seriam suas vidas a partir de então. A luz da manhã preencheu o quarto sem graça, ele se levantou e se vestiu para pegar o voo para Oklahoma, em direção à base militar de Fort Sill.

Jim entrou no alojamento com o colarinho da camisa já molhado, embora nem fosse meio-dia. A sala oferecia pouco alívio ao calor e à umidade que assolavam a área há dias. Os campos áridos ao redor de Fort Sill eram interrompidos por bosques dispersos, mas as árvores perdiam as folhas e as suaves colinas ao longe cintilavam no mormaço.

Enfileiradas no piso de concreto, encontravam-se 64 camas idênticas, separadas apenas por armários de metal nas cabeceiras, oferecendo um mero resquício de privacidade. Jim guardou o baú preto, vestiu uma camisa limpa e foi à recepção para se apresentar à primeira tarefa no quartel.

Fort Sill tinha sido construído durante as Guerras Indígenas, uma fortaleza que visava assolar os ataques das aldeias aos estados vizinhos. Agora, era o campo de treinamento para soldados de artilharia e fuzileiros navais, o centro de preparação que, por quase cinco meses, Jim chamaria de lar.

Ele ainda não sabia, mas o forte também fora, por um tempo, o lar de seu herói literário, Geronimo. Em 1894, o líder indígena foi capturado, assim como outros 341 prisioneiros de guerra apaches-chiricahua, e viveu em uma aldeia na base até sua morte, em 1909.

Um dos lados da baia de Jim dava para a sala de recreação, um espaço ensolarado mobiliado com mesas, cadeiras e rifles M16 de plástico alinhados ao longo da parede, um para cada soldado. Em um canto da sala, havia uma televisão para uso dos sargentos que se aventuravam longe dos escritórios no andar de baixo. Era um cômodo agradável e convidativo, onde os recrutas não deveriam entrar sem permissão.

Jim compreendia o motivo dessas regras. A televisão estava fora de cogitação pela mesma razão que sua camiseta do Adam Ant e seu cabelo comprido eram proibidos. Ele entendia e até gostava do fato de que, ao ingressar no serviço militar, vestiria um uniforme e, com ele, uma persona que, até o dia da baixa, nunca tiraria por completo. Compreendia a necessidade que o soldado tinha de abrir mão da individualidade, de sacrificar desejos pessoais, não em nome de uma tola conformidade, e sim por dedicação a um objetivo muito maior: o de estar pronto a qualquer momento e ser capaz de agir com o batalhão como se fosse um único e coeso ser.

Ele compreendia, mas se irritou.

O dia começava às 0400 horas[*] com um treino de flexões, abdominais, barra e corrida. Sob o comando do exigente primeiro-sargento Lawrence Brew, Jim aprendeu sobre triagem, primeiros socorros e o uso de torniquetes no campo de batalha. Brew ficava em cima dele enquanto Jim desmontava o rifle M16 e fazia o possível para manter o foco enquanto o remontava. "Quando a gente começava a ficar bom, eles vinham e gritavam com a gente. Não é sobre rapidez, é sobre montar a arma sob pressão", explica ele.

Brew bradava ordens, e Jim e o grupo de artilharia marchavam e davam meia-volta, marchavam e davam meia-volta de novo, até que aprendessem a se mover como um só no campo de treinamento — nem um passo errado, nem um braço fora de sincronia.

À tarde, preparavam as mochilas e partiam em marchas de mais de quinze quilômetros até os limites do complexo. Exaustos e com sede, armavam as tendas, ansiando descansar sob a sombra da lona. Invariavelmente, uma granada de fumaça era arremessada de algum ponto oculto, interrompendo a tarefa. Então, tinham de largar as cordas e colchonetes e defender sua posição, mesmo tendo recebido pouco treinamento sobre como proceder naquela situação.

---

[*] Os autores usaram o sistema horário militar, em que o dia é uma única unidade de tempo de 24 horas, e não dois períodos de 12 horas como é a convenção nos Estados Unidos. [NT]

Por volta das 2000 horas, depois de jantarem em velocidade recorde no refeitório, voltavam aos beliches para acordar de manhã e repetir aquela rotina fatigante.

Mais de duas semanas após chegar a Fort Sill, Jim teve, por fim, um breve descanso, poucas horas em que podia fazer o que quisesse. Ele se deitou no beliche e tentou ignorar o calor de 37 graus, com as cigarras zumbindo sem parar nas árvores lá fora, e escreveu uma carta para Kjiirt.

Foi honesto com o amigo a respeito da infelicidade e da vaga sensação de depressão. No entanto, de uma maneira bem típica dele, Jim coloriu a carta com toques de seu humor característico. De um lado da página, desenhou um personagem de palito que demonstrava os dois movimentos rápidos necessários para cavar um buraco e jogar a terra sobre o ombro, uma tarefa que Jim fizera todas as manhãs naquela semana. Em seguida, o personagem se transformava em um diagrama de duas etapas que representava a coreografia de "Jerkin' Back 'N' Forth", de Devo, uma dança que ele e Kjiirt tinham aperfeiçoado há pouco tempo no Johnny's.

> 19 de agosto de 1982
>
> Olá, Kurtis Jensensis.
> As coisas andam agitadas por aqui. Não gosto nem um pouco, mas o que vou fazer? Estou enlouquecendo sem música e não tomo um Dew + Snickers há anos, ou pelo menos é o que parece. Sinto muita saudade do Johnny's.
> As camas são péssimas, assim como os uniformes. Basicamente, não gosto daqui, embora ainda não tenha certeza. Preciso dar uma chance a esse lugar. Sinto falta da praia com todo o meu coração e bronzeado. Só mais três anos e vou voltar pra casa para sempre. Estou contando os dias.
> Se cuida.
>
> James H. K.

Aquele verão de barras de chocolate na praia e maratonas de dança durante a madrugada no Johnny's tinha deixado Jim em uma condição física não muito ideal. Ainda assim, ele encarou a corrida de três quilômetros com a mesma confiança que levava consigo em todos os eventos de cross-country e atletismo, determinado a dar tudo de si.

Realizada durante as primeiras semanas do treinamento básico, a corrida era mais uma maneira de testar as habilidades dos alistados e de estimar o quanto precisariam de treinamento individual. Eles calçavam tênis de corrida, com a comoção, as vozes e as ordens do sargento Brew ecoando nas telhas e através do metal, amplificadas pelo trajeto interno.

Jim correu, ouvindo o som de passos pesados nos seus calcanhares. Não importava quão grande fosse a onda de energia que invocasse, nem quão intensamente se concentrasse, não conseguia se distanciar do som. A própria velocidade assobiava em seus ouvidos, e ele evocava todas as dicas que o treinador Bishop dera no primeiro ano, determinado a ficar à frente de tudo o que o perseguia.

Na linha de chegada, olhou para trás. Bem atrás dele, o corredor mais próximo corria sem fôlego. Os passos que tinha ouvido eram os seus próprios.

Jim descobriu que Geronimo tinha tentado, pelo menos uma vez, escapar de Fort Sill e correr noite afora em direção ao seu lar, no Arizona, apenas para ser capturado na manhã seguinte e levado de volta à prisão. Por mais que Jim sonhasse com a liberdade, ele acreditava no que tinha escrito a Kjiirt: daria uma chance real à vida no exército. Tinha consciência de que a disciplina e as habilidades que aprenderia lhes seriam úteis, e que completar o período de serviço garantiria o valor das mensalidades da faculdade de artes.

"Fiquei surpresa por ele ter se alistado no exército. Sempre pensei nele como um espírito livre", reflete a diretora do coral, Ann Johnson. "Eu não sabia se ele iria tolerar a imposição de disciplina, mas aquela decisão era o reflexo de seu inacreditável poder de foco. Jim tinha um plano."

E, enquanto se agarrasse àquele plano, a rigidez de Fort Sill seria tolerável. Ele se aproveitava dos momentos, mesmo os mais breves, que sustentavam seu senso de identidade. Os homens com quem fez amizade eram os talentosos, porém subestimados, garotos da classe trabalhadora, assim como ele; os poucos que compartilhavam de seu gosto musical e da recusa em abandonar completamente suas características não ortodoxas.

Nas noites em que não era designado ao serviço de patrulha e podia dormir sem perturbações, Jim puxava o travesseiro sobre a cabeça, baixava o volume do walkman e ouvia até cair no sono: Sex Pistols, Plasmatics, Pretenders e o último lançamento do Judas Priest, que ele encontrara na loja PX.

O desempenho exemplar no treinamento básico o qualificou para mais um teste, uma avaliação demorada que lhe pareceu sem foco e sem sentido. Ele entregou a prova concluída ao seu superior e observou o teste desaparecer em meio ao misterioso éter que aprendera serem as Forças Armadas.

No dia da formatura, descobriu que seu desempenho e pontuação nos testes também o qualificaram como o graduado de destaque no treinamento básico da bateria. A soma total de sua pontuação e ranking foram as mais altas do grupo, e sua velocidade na corrida quebrara todos os recordes da história do pelotão.

A contagem regressiva, iniciada em agosto, se não havia chegado ao fim, tornou-se claramente mais curta. O soldado E-2 Keenan empacotou as fitas cassete e o walkman, ansioso pela breve licença de férias em Scottville e mais do que pronto para partir de Fort Sill, para longe daqueles campos devastados, dos bosques de carvalhos e nogueiras, da baia estreita e da pirâmide de pedra no Cemitério Indígena Apache, que marcava o túmulo de Geronimo.

A neve caía sobre as planícies do Kansas e sobre as fileiras de edifícios marcados pela arquitetura insípida que se repetia infinitamente em todo o complexo de Fort Riley. Aquele era o lar de mais de dez mil soldados e suas famílias, e os quartéis, escolas e instalações médicas se estendiam pelos campos. E Jim sabia que aqueles campos seriam o cenário de manobras, marchas e batalhas simuladas.

Ele atravessou o pátio e subiu as escadas até seu quarto, no segundo andar, um espaço esplêndido comparado à baia de Fort Sill. Havia três beliches contra a parede, separados da área de recreação por uma divisória no centro do cômodo. Jim descobriu que um dos beliches pertencia a Jeff Parks, um amigo de Fort Sill e ávido fã de Michael Jackson; a presença dele era muito bem-vinda. Os três colegas de quarto juntaram seus salários para comprar uma pequena televisão e a colocaram ao lado do aparelho de som portátil na mesa sob a janela. Os surrados armários de metal estavam sujeitos à inspeção a qualquer momento, mas o banheiro individual era um luxo depois de viver o pandemônio de uma latrina comunitária.

Com frequência, Jim era designado ao serviço de patrulha ou a montar guarda de tratores e veículos pesados no estacionamento do outro lado da rua do quartel. Com mais frequência ainda, ele e seu grupo de artilharia eram despachados para exercícios de campanha, acampando no lugar e engajando-se em batalhas demoradas e realistas. Ele preparava a mochila com o essencial para aqueles dias e noites longas: bússola, nível e rolos de corda de medição. E o mais importante: o kit para cozinhar ao ar livre, que tornava mais palatáveis as latas de feijão com salsicha, o misterioso picadinho de milho e a gororoba pastosa de frango, que não ficava melhor nem aquecendo, nem enchendo de sal e pimenta. Ele também levava sachês de laxante, algo necessário para equilibrar as constipantes e sem fibras rações C. À noite, deitava-se no saco de dormir no chão duro do Kansas, sonhando com a sorveteria da sua terra e o sorvete de noz-pecã amanteigada com cereja-negra que ele tinha apreciado como se eterno.

O Treinamento Individual Avançado não era um jogo de faz de conta nos prados ensolarados de Ravenna, onde a brincadeira era interrompida quando o sol se punha. Era um treinamento de combate de um mês, com a guerra sendo simulada noite e dia.

> Ninguém estava forçando a ideia de que havia a possibilidade de uma guerra de verdade. Mas logo ficou claro para mim que a gente estava fazendo treinamento no deserto. A Guerra do Vietnã não tinha acontecido há tanto tempo assim, e me parecia que a gente tinha ferrado as coisas por lá. Então, o que estávamos fazendo? Eles não tinham acabado com a gente nos pântanos? Será que a gente não deveria treinar em áreas úmidas para que isso não acontecesse de novo?
>
> Só que gente estava sendo preparado para uma guerra no deserto. Já tinha alguma coisa acontecendo em 1983, mas ninguém te conta essas coisas.

À frente das baterias de tanques, a EOM Charlie 82 cruzava os campos acidentados em um jipe surrado, parando para montar sextantes e tripés e instalar *hubs* para alertar as baterias sobre a localização dos alvos. O esquadrão de artilharia disparava uma vez, então outra, transformando-se em uma barragem de tiros de fuzil, daí recuava para dentro do turbilhão de fumaça, gritos e coturnos pretos pisoteando a grama seca. Munição de treinamento e granadas de fumaça explodiam por todos os lados. Jim e os outros agrimensores saíam em disparada entre as tropas, determinando suas coordenadas e a provável localização do inimigo. Por fim, a geometria e a álgebra da sala de aula faziam sentido.

Empoeirado e cansado, Jim vislumbrava mais dois anos e meio mapeando estrelas e copas de árvores, mais 30 meses de obediência inquestionável, de cabelo impecável, de botas polidas até brilhar, vestindo o traje do bom soldado e aperfeiçoando seu desempenho na tragédia da guerra simulada. Dois anos e meio — uma eternidade antes que pudesse pôr sobre a mesa uma folha de papel em branco e a coleção de lápis e canetas de desenho, arranjadas em um pote ao alcance da mão.

Apesar do rigor, Fort Riley oferecia uma liberdade inimaginável em comparação a Oklahoma. Aos sábados, Parks pegava o carro no estacionamento e levava Jim ao cinema Colonial, nas proximidades de Junction City, onde assistiram a *Férias Frustradas* e *Trocando as Bolas*. As regras menos rígidas do quartel permitiam que Jim acrescentasse alguns toques pessoais ao seu quarto: uma pipoqueira e chaleira elétrica, na qual ele fervia água para sopa e chá, que saboreava na própria caneca.

Nos dias em que não ia a campo, o grupo se reunia para almoçar no refeitório, depois era permitido que passassem alguns minutos nos quartos antes de iniciarem as tarefas da tarde. Jim e os colegas de quarto sintonizavam a televisão em *The Young and the Restless*, escoravam a porta aberta com uma bota e ficavam de ouvidos atentos à chamada do sargento para entrar em formação.

Quando eram convocados, logo se apresentavam e recebiam as ordens do dia. Assim que eram dispensados, disparavam escada acima para continuar fugindo dali para um mundo repleto de gestações inesperadas, retorno de familiares distantes, amnésia repentina e surgimento de gêmeos malignos. Embora nada realistas, os dramas e as relações amarguradas lembravam Jim do mundo civil que havia deixado para trás. "Eu não dava a mínima para aquela novela", comenta. "Nem sei dizer do que se tratava. Só sei que era tudo o que tínhamos."

Na hora de dormir, botava os fones e adormecia ao som de Pink Floyd ou REM, ouvindo as músicas do lado A em uma noite e na outra, as do lado B.

* * *

No final daquela primavera, Jim recebeu uma carta com os resultados do teste que fizera meses antes. Entre milhares de alistados que prestaram o exame, encontrava-se entre os poucos cujas notas o qualificavam para frequentar a escola preparatória de West Point, o primeiro passo para a admissão na academia militar.

Ele não considerou suas opções nem buscou conselhos. Antes mesmo de terminar de ler a carta, já tinha tomado uma decisão. A escola preparatória representava o fim dos campos lamacentos, da pálida carne enlatada e do isolamento que era a vida em Fort Riley. Imaginou salas de aula, bibliotecas, discussões durante o café com alunos tão inteligentes quanto ele, e até mais; música, arte e conhecimentos além da montagem e reposição de armas de fogo e da demarcação de linhas de transporte, e o tempo livre para descobrir tudo isso.

Como tinha quase um mês de licença acumulada, o soldado engajado Keenan poderia fazer uma longa visita ao lar antes de se apresentar em New Jersey como candidato a cadete. Isso significava que passaria o mês de julho em meio a milharais, a campos de vagens e às flores dos esmeraldos jardins de Mike, paisagens que teriam um efeito revigorante depois de tanto tempo na árida vastidão do Oklahoma e Kansas.

Nos dias em que Kjiirt tinha folga da mercearia, a dupla voltava ao lago; a brisa refrescante era um alívio do calor de 32 graus e os potes de sorvetes Blue Moon e Rocky Road na sorveteria pareciam mesmo inesgotáveis. Os dois descobriram que tinham superado os dramas adolescentes do Johnny's e passavam as tardes caminhando pelas trilhas do parque estadual e pela parte rasa do lago, especulando o que o futuro lhes reservava. À noite, Jim descobriu que as garotas locais, agora um ano mais velhas e mais maduras, estavam prontas para explorar novos níveis de intimidade.

Jim minimizou a importância da oferta da escola preparatória e compartilhou seu plano só com Mike e Jan. Por mais remoto e provinciano que o condado lhe parecesse agora, ele acreditava que poucos admirariam a magnitude da conquista. Ele considerava que não lhes devia qualquer explicação e, em vez disso, silenciosamente dedicou total atenção ao projeto que havia iniciado no ano anterior.

Jim logo descobriu que a escola preparatória, embora representasse o fim das rações C e das patrulhas noturnas, tinha seus próprios problemas. Pouco depois de chegar a Fort Monmouth, ele escreveu a Kjiirt: "Por que tô todo dolorido? Estou todo quebrado de tanto fazer barra e flexões. Nosso horário é das 17h30 às 22h. A comida é ok se a gente tiver tempo pra aproveitar; eles nos apressam muito no refeitório. Tem garotas por todo lado, mas *não* existe aquela regra 'olhe, mas não toque'. A gente não pode *nem* olhar. O que Devo faria numa situação dessas?".

A Escola Preparatória da Academia Militar dos Estados Unidos era um complexo austero de estacionamentos e prédios de concreto, uma área vazia e sem árvores que desmentia a fama de New Jersey como o "estado jardim". Jim se viu animado ao saber que sua relativa liberdade permitiria que visitasse a cidade vizinha de Eatontown e o oceano, que ficava a apenas oito quilômetros. E o mais tentador: havia uma linha férrea no limite oeste da base, que levava até Manhattan.

Seu quarto era bem melhor que o alojamento de Fort Sill e Fort Riley, acarpetado e mobiliado com belos armários de madeira e camas com estrado. O quarto era duplo, e ele o dividia com um amante de música country dado a mascar tabaco e a cuspir os resíduos em uma xícara de café. Era difícil aguentar as músicas do colega, mas ele sentia o mesmo em relação aos álbuns do Mötley Crüe e do Sex Pistols que Jim ouvia. No entanto, apesar das diferenças, os dois descobriram algo em comum: ambos pretendiam competir na equipe de luta olímpica da escola preparatória e desejavam ter êxito no curso.

Metade dos 360 homens e mulheres da turma de Jim tinha entrado na escola preparatória vindos direto do ensino médio. Eram os excepcionais atletas e capitães, que queriam ter um gostinho da vida militar e dar uma atualizada nos conhecimentos antes de entrar em West Point como membros dos times de lacrosse, cross-country e futebol americano. Os outros tinham completado o treinamento básico, assim como Jim, e passariam os meses seguintes usando as aulas para se preparar para o rigor da escola militar. Depois de estudar álgebra e trigonometria, de memorizar glossários intermináveis, de infinitas flexões e exercícios na barra, de corridas, de partidas de luta olímpica e de aprender os fundamentos da ciência militar, só metade seria designada a West Point.

Para a maioria dos candidatos a cadete, West Point era o objetivo em que focavam toda a atenção. Eles viviam e respiravam o lema da escola preparatória: "Desejo, Fé e Esforço". Tinham sido selecionados entre milhares de aspirantes e, agora, disputavam uma das cobiçadas 180 vagas. Em seu fervor, às vezes usavam táticas dissimuladas para proteger o próprio lugar na hierarquia de candidatos. Mantinham os ouvidos atentos a conversas alheias, a especulações inocentes sobre os benefícios de frequentar West Point, e eram capazes de relatar aos superiores até mesmo um singelo comentário inócuo proferido durante o café.

> Mesmo durante conversas fiadas, a gente tinha que ter cuidado com o que dizia, porque qualquer coisa poderia ser interpretada como mentira, o que facilitava para que os outros conseguissem a vaga. Como uma pessoa criativa, eu tinha que ter muito cuidado com o jeito que falava.
> Não era o governo que estava te observando. O seu melhor amigo era o seu pior inimigo. O Código de Honra do Cadete afirmava que a gente não devia mentir, trapacear, roubar ou tolerar quem fazia essas coisas. A parte que dizia "tolerar" era a que autorizava todo mundo a tentar fazer o colega ser expulso.

Jim teve o cuidado de guardar seus verdadeiros planos para si mesmo, mas a frustração quanto à lealdade cega e à delação era algo que ficava claro nas cartas escritas para Kjiirt. "Se eu não for descoberto logo pela gravadora EMI e levado daqui pra virar um astro do rock, acho que vou ter que me tornar um herói de guerra".

Na escola preparatória, Jim se dedicou ao cross-country, atletismo e luta olímpica com a mesma obstinação do ensino médio. Ele sabia que sua contribuição faria com que os Cavaleiros Negros vencessem as disputas contra as outras instituições da Costa Leste e, também, contra o arquirrival, a Escola Preparatória da Academia Naval.

Ele corria ao lado da equipe de cross-country em treinos de resistência ao longo da praia e do calçadão de Asbury Park. O treinador Beal corria junto deles. Jim e os companheiros de equipe aprenderam a esperar pelo grito de Beal, que iniciava cada treino com: "Cavalheiros, façam nós duplos", um lembrete para desencorajá-los a parar para amarrar os cadarços no meio do exercício.

Beal tinha a autoconfiança e a graça natural típicas a alguém da Costa Leste. Sendo tanto o diretor da escola preparatória quanto o treinador de cross-country, ele exigia que todas as tarefas nas aulas e na pista fossem realizadas com entusiasmo e rapidez. Era querido, apesar do jeito rude e exigente. Além disso, o prático e imparcial Beal estava sempre disposto a apoiar os solitários, os desanimados e os candidatos a cadete que precisavam de um aliado.

Com frequência, Beal convidava Jim e outros poucos afortunados para conversar e para desafios de diálogo socrático. Ele começava cada sessão fazendo o mesmo pedido: "Senhores, permitam-me, por favor, pontificar apenas por um momento". O embate retórico visava desafiar os candidatos a cadete a pensar além do óbvio e, quando falhavam em defender um argumento durante a discussão, Beal os acusava com severidade de estarem cagando pela boca ou terem merda na cabeça.

> Ele começava a falar e a gente logo percebia que ele estava explicando pra todo mundo que estavam com a cabeça enfiada no rabo e tinham que descobrir um jeito de tirá-la de lá. Ele não se importava com o contexto político ou social de ninguém, desde que a gente se concentrasse em ser melhor.
>
> Dizia que ajudaria as pessoas até certo ponto, mas, se elas não se ajudassem, então aquilo não significaria nada. E completava: "Eu tenho 10% pra todo mundo. Mas são vocês que precisam dar os outros 90%".

Jim se apresentou à inspeção. O uniforme verde delineava sua figura esbelta e atlética com perfeição. O corte e a costura eram impecáveis, as barras ajustadas sobre o peito do pé e os botões de latão da jaqueta reluzindo. Parecia um militar metódico vivendo exatamente a vida que desejava.

Mesmo que aparentasse ser um candidato a cadete complacente e alinhado, Jim foi capaz de manter certo grau de integridade pessoal. Na frente da camisa, escondido sob a gravata preta, prendera três alfinetes de segurança e um brinco feito de lâmina de barbear.

> A única vez que alguém descobriu algo do tipo, só deram risada. Ninguém queria tocar no assunto porque não queriam ter que defender seu ponto de vista.

> Tínhamos ido a West Point para assistir ao jogo do exército contra Notre Dame e, quando chegamos, me dei conta de que havia esquecido a gravata e a camisa branca. Os novatos com quem dividia o quarto não tinham nada pra me emprestar. Os uniformes deles eram totalmente diferentes. Eu disse: "Alguém tem alfinetes de segurança?".
>
> Alguém tinha uma tesoura, então cortei o cós da minha calça de moletom, prendi minhas meias pretas nele e coloquei em volta do pescoço. Por baixo da jaqueta verde, vestia uma camiseta que dizia "Por que ser normal?" e, se alguém me fizesse abrir a jaqueta, daria pra ver a estampa no lado direito do meu peito.

Jim se esforçava tanto quanto os demais para se tornar um soldado exemplar, mas já se considerava um artista. E, com a instintiva necessidade artística de reorganizar os ordenados limites da vida, ficou cada vez mais impaciente com aquela rotina indulgente de viagens em ônibus confortáveis para eventos de cross-country, voltando a quartos aquecidos e acarpetados ao fim do dia. Os outros aceitavam aquela existência privilegiada sem questionamentos, pois era descomplicada, sem a confusa desordem de riffs de guitarra mal tocados, poemas em andamento e pisos de estúdio sujos de tinta.

Ele escolheu atividades extracurriculares que lhe permitiam criar e cantar, participando de pelo menos uma reunião editorial de jornal estudantil, o *Knight Crier*, e cantando músicas natalinas com o coral em Eatontown, na época do Natal.

Jim montava guarda no turno da noite. Atendia telefonemas, informava os turnos do dia seguinte e aproveitava o silêncio e a máquina de escrever do escritório para redigir poemas e cartas para Kjiirt. Tinha ficado longe tempo suficiente para considerar Scottville isolada e atrasada, um lugar onde a diversão da noite incluía, na melhor das hipóteses, arrastar-se pelos campos banhados de luar e participar da horrenda brincadeira caipira de derrubar vacas. "Como se sabe, as vacas dormem em pé", escreveu. "O que a gente podia fazer era empurrar a filha da puta e correr, porque aí ela ia acordar e te perseguir. Era mais divertido."

A vida, lembrou ele ao amigo, foi feita para ser vivida em primeira mão e não observada de dentro dos limites de uma pacata cidade do Meio-Oeste.

* * *

A escada rolante subia do saguão da Penn Station, conduzindo Jim e os amigos de Fort Monmouth para a fria e agitada Midtown. Eles vagavam pelas avenidas apinhadas entre secretárias resolutas, garis e dançarinos apressados para audições. Desviavam de impetuosos entregadores de bicicleta, punks vestindo preto e pulseiras de couro com spikes e carrinhos abarrotados de manequins despidos. Levavam susto com os apitos estridentes dos porteiros sob as marquises de hotéis de luxo, passavam por nuvens de perfume que vertiam das portas giratórias da Macy's e paravam para examinar os lançamentos em fitas cassete nas lojas de música. Percorriam a Times Square, os saguões de teatro cintilando por trás das altas portas de vidro.

Por fim, viravam na Sexta Avenida, onde a decoração e o néon da Radio City Music Hall erguia-se contra o céu poente, com as longas fachadas anunciando as apresentações da noite.

Os fãs do Kiss, ansiosos pela apresentação da turnê *Lick It Up* em Nova York, viraram a esquina e desceram a rua 50. Jim e os companheiros entraram no fim da fila, segurando firme os ingressos e sentindo os dedos dos pés formigando. Eles batiam as botas contra o chão por causa do frio, observando a multidão impaciente e os táxis amarelos parando no meio-fio. Viram Gene Simmons, Paul Stanley e o resto da comitiva da banda passarem por eles em direção à entrada, perto o suficiente para reconhecê-los, perto o suficiente para quase tocá-los.

Jim retornou a Fort Monmouth, ansioso para compartilhar a aventura com Sarah. Ela saberia valorizar a emoção de estar entre milhares de pessoas pulando ao som de "Young and Wasted" e "Detroit Rock City", e sentir o coração batendo sincronizado ao ritmo da música. Da melhor maneira que pôde, contou a ela sobre a sensação repentina de leveza, como se todas as escolhas que fizera, não importando o quão singelas, tivessem inexoravelmente levado àquele turbilhão de holofotes coloridos, fantasias e histórias, àquele palco cálido e à neve que caía suavemente sobre a cidade.

Sarah Llaguno era a única mulher da equipe pós-temporada de cross-country da escola preparatória. Jim era um dos dez homens que tinham entrado para a equipe, e os dois haviam encontrado uma conexão através do esporte. Corriam lado a lado durante os treinos em Asbury Park, compreendiam com apenas um olhar as piadas não ditas um do outro e se esforçavam para avistar o oceano por trás das fileiras de vistosas barraquinhas de cachorro-quente e barulhentos fliperamas que preenchiam o calçadão.

Em pouco tempo, Sarah e Jim se tornaram companheiros assíduos e, enquanto bebiam chá, conversavam sobre os filmes que viam juntos em Eatontown e a música que adoravam. Nas tardes de sábado, iam ao shopping ao lado, o Monmouth Mall, e vasculhavam os caixotes das lojas de música à procura dos álbuns do Psychedelic Furs e dos Pretenders, inéditos para Sarah. "Jim tinha um bom tino pra música", relembra ela. "Se ele considerasse que um lançamento era bom, dava pra supor que a banda ia ser um sucesso."

Os dois pareciam feitos um para o outro. Sarah era magra e delicada, e Jim, musculoso e em forma, cada vez mais parecido com as ilustrações que fizera na escola do pequeno e esbelto personagem que chamara de Maynard.

Eles chegaram a discutir casamento, embora soubessem que nenhum dos dois estava pronto para esse tipo de compromisso. Jim menciona Sarah em uma carta para Kjiirt, chamando-a de "a pessoa certa". No entanto, nesse período, Sarah lidava com a constatação de que muito provavelmente era lésbica. Porém, eles compartilhavam um tipo de intimidade mais profundo do que o sexo. O relacionamento era respeitoso, sem pressões, como Sarah precisava, e o alicerce de uma amizade para a vida toda. "Jim foi o único homem que já permiti segurar a minha mão", admitiu ela, décadas mais tarde. Ela se recorda que ele não mudaria quem era por ninguém e, instintivamente, ofereceu a ela a mesma perspectiva de integridade.

No início daquela primavera, em outra das inexplicáveis manobras de reorganização militar, os candidatos a cadete foram autorizados a selecionar novos companheiros de quarto, e Jim solicitou ao capitão da seção que ficasse com John. Com 1,82 metros de altura, John era um pianista sensível e talentoso que vinha passando sufoco durante o tempo na escola preparatória, uma vez que estava lá por vontade dos pais, que desejavam que ele se tornasse soldado.

Jim ouvira sua performance impecável ao piano e presenciara o esforço que John fizera para ser aceito entre os candidatos mais agressivos. Ele o vira voltar de saídas noturnas na companhia de seus algozes e ainda ter de aturar o colega de quarto anterior durante seus estupores embriagados, e as consequências desastrosas desse comportamento. "Eu ficava, tipo, meu Deus, cara!", relembra Jim. "Isso deve ser pesado pra você!"

Era óbvio que John estava infeliz. Estava na escola preparatória só pra agradar aos pais e fazer o que os outros o obrigavam a fazer. Era como se derramassem toda aquela merda em um copo, cuspissem por cima e o desafiassem a beber. Então ele vomitava tudo no cobertor e na cama. Eu ficava enojado pensando nas merdas que faziam com ele.

Ele chegava bêbado, e eu dava uma de sargento pra cima dele. Caía em cima e dizia: "Você não precisa ficar escutando as merdas que esses cuzões falam". Estava tentando estimulá-lo mais e mais na direção do que ele realmente queria fazer, que era tocar piano. Ficava irritado vendo que ele era capaz de fazer algo muito melhor do que a maioria das pessoas, mas não fazia. Eu não podia ficar parado e deixar aquilo acontecer. Falei pra ele: "Seja você mesmo. Você não precisa se comportar desse jeito. Você é amado, é talentoso. Não precisa fazer essas coisas pra impressionar esses babacas".

Mas ele foi esperto, fez todos os testes direitinho e acabou conseguindo uma nomeação para West Point, saiu como soldado. Claro, tem uma pegadinha: John não aguentou a pressão e cometeu suicídio.

Vai saber... Ele podia ter seguido esse caminho de qualquer maneira, mesmo que tivesse se tornado pianista. Mas, na época, eu sabia que tinha alguma coisa errada, que ele não deveria estar ali.

"Quando Jim encontrava alguém que não seguia a própria vocação e que trilhava o caminho errado, ele tentava trazer à tona aquilo que aquela pessoa deveria focar", lembra Sarah. "Ele sempre ficava irritado com as pessoas que só seguiam o fluxo. Tinha um nome pra gente assim: ele as chamava de ferramentas."

"Tenho boas e más notícias! Preciso de um bom bronzeado e tenho a solução definitiva para esse problema", escreveu Jim a Kjiirt no início de maio. "Recebi minha nomeação para West Point na semana passada, mas respondi com uma recusa. Fui realocado para o Fort 'Micro-ondas de Sovaco' Hood, no Texas. Daí o bronzeado incrível."

Não fora uma decisão fácil. Jim havia desfrutado de sucesso na escola preparatória e estabelecido relações confortáveis com Sarah e o reitor Beal, que pensavam como ele. Aceitar a nomeação era tentador, mas ele achou que já tinha ido longe demais para desistir do sonho de estudar arte.

À medida que as notas melhoravam e as habilidades no tatame e na pista lhe garantiam reconhecimento, Jim passou a suspeitar que tais conquistas pudessem, de fato, lhe render uma nomeação. Caso aceitasse, seu destino estaria selado: Jim seria treinado como cadete para a carreira militar, e ele sabia que, se assumisse esse compromisso, levaria a coisa a sério e concluiria o treinamento sem olhar para trás, para o fundo universitário que acabaria perdendo.

Não sabia para quem pedir conselhos imparciais. Até mesmo Sarah, que tinha objetivos claros, não o conhecia há tempo suficiente para compreender de fato as dúvidas e certezas que ele tinha na mesma medida. Mike, convencido de que Jim acabaria se conformando com a carreira militar, já tinha anunciado o fato aos colegas professores há meses. As pessoas de Scottville equiparavam entrar em West Point a uma conquista e a prestígio, e Jim sabia que, caso recusasse a nomeação, deveria lidar com o profundo desalento que sofreriam, como se aquela decisão representasse um fracasso deles mesmos.

> Naquele momento, todas aquelas vozes ecoavam na minha cabeça, dizendo o que eu deveria fazer. Sabia que meu pai ficaria sem chão se eu recusasse aquela oportunidade.
>
> E ouvi Newkirk batendo os sapatos na mesa e dizendo: "Não deixe ninguém influenciar sua decisão. A vida é sua. A escolha também. Não entre na onda dos líderes de torcida".

Jim sabia, como soubera há muito tempo, qual era o caminho certo. Pegou seus pertences, cruzou o pátio e foi para a "seção dos fracassados", o alojamento onde os dispensados por má conduta ou por notas baixas esperavam suas ordens.

Sua vaga em West Point foi outra vez ofertada ao grupo de candidatos interessados e, algumas semanas antes da formatura da turma de 1984, Jim se despediu de Sarah e partiu para o Texas a fim de cumprir os últimos quinze meses de serviço militar.

Dois dias sob um calor de 32 graus tinham queimado sua pele a um nível de vermelhidão que nenhum creme pós-sol seria capaz de aliviar — isso, se fosse possível encontrar aquilo em meio aos quilômetros de campos que cercavam a base. Jim juntava água no capacete de aço e jogava no rosto em uma vã tentativa de se livrar daquela espessa camada de poeira. Dava para sentir a areia se juntando nas suas narinas e orelhas e, quando passava a mão pelos cabelos, pareciam um tapete duro de sujeira e suor. "Meu cabelo parece um daqueles capachos feitos de crina de cavalo depois que o tio Bob e as crianças limparam as botas cheias de lama", escreveu ele a Kjiirt.

O treinamento de campanha em Fort Hood começara só alguns dias depois que Jim chegara, acompanhado da cavalaria e da brigada de incêndio aquartelados perto da gigantesca base; a paisagem familiar demais do Oeste, estéril com exceção dos campos esparsos pontilhados por louros-da-montanha e carvalhos-vermelhos.

Sua baia era uma imagem espelhada do quarto no Kansas: austera, mas relativamente confortável. O colega de quarto, Wayne, inteligente e bem-apessoado, recebeu-o com simpatia, e Jim, por sua vez, estendeu a mão e se apresentou como "Maynard".

Logo cedo, na primeira manhã em Fort Hood, Maynard desceu as escadas, cruzou o gramado e entrou em formação no estacionamento em frente ao quartel. Ele parou de repente, dominado por uma inesperada vertigem. O asfalto, os veículos ao redor e os postes altos de luz oscilavam em ondas escuras, cintilando ao sol. Ele piscou, recuperou o equilíbrio e focou o olhar outra vez. Grilos, grilos-pretos, milhares deles, haviam nascido no calor e na umidade implacáveis do Texas e se instalado pelo lugar, onde permaneceriam durante todo o verão. Aquela imagem serpenteante parecia a praga e a pestilência a respeito das quais Maynard fora alertado pelos pastores em Ohio. Parado ali, em posição de sentido em meio ao manto de agitados insetos chilreantes, fez uma conta rápida. Durante 440 dias, suas únicas preocupações seriam entregar uma tarefa de cartografia no prazo e varrer cereal derramado do chão do quarto.

Muitos desses dias, ele passava na cabana atrás do quartel, catalogando o equipamento de pesquisa do grupo, ou na oficina, fazendo manutenção na frota de jipes e Gama Goat, veículos semi-anfíbios de seis rodas pilotados pela última vez nas florestas tropicais do Vietnã. Ele verificava os níveis de óleo em veículos que nunca tinham deixado o estacionamento e encomendava peças de reposição há muito obsoletas, do mesmo jeito que fizera no dia anterior e no dia anterior àquele; do mesmo jeito que, antes dele, homens suados e empoeirados fizeram todos os dias nos últimos dez anos.

De vez em quando, o batalhão marchava carregando tendas, equipamento e um suprimento limitado de água para acampar nos campos áridos e realizar simulações de combate em Fort Irwin. Eles se sentavam no chão na hora das refeições e abriam os saquinhos de Ração Operacional de Adestramento (RA) feitos de plástico e papel alumínio. Os bolos de carne de porco, ensopados e picadinho de peru ao molho prontos para o consumo não eram muito mais apetitosos do que as rações C que a RA tinha substituído recentemente.

Maynard não sabia quase nada sobre carros. Ele nunca vira necessidade de concluir o curso de direção ou de tirar carteira de motorista, pois sempre tinha sido possível pegar carona para Ludington com os amigos e correr para a escola todos os dias como parte do treino de cross-country. Mesmo assim, foi designado para assumir o volante do Bronco e transportar o subtenente do batalhão por todo o acampamento. Jim não entendia muito bem aquela coisa de marchas e tração dianteira, mas se consolava com o fato de manter viva uma tradição familiar ao atuar como motorista, assim como o avô Gridley, membro da 20ª Divisão Blindada, tinha feito ao levar o coronel por trás das linhas de frente alemãs durante a Segunda Guerra Mundial. Ajudava a passar o tempo.

Cercado pelos íngremes penhascos das montanhas de Tehachapi, San Gabriel e San Bernardino, o Centro Nacional de Treinamento de Fort Irwin era o lugar ideal para treinamento no deserto, já que estava situado na extremidade sul do Vale da Morte. Apenas uma esporádica árvore de Josué pontilhava a imagem plana e árida do desfiladeiro, uma ravina constantemente assolada por ventos quentes e secos que mantinham a temperatura do vale beirando os 30 graus, mesmo durante a noite. O destacamento de Fort Hood travara uma batalha perdida em território inimigo. O batalhão residente estava habituado ao clima e ao terreno, e Maynard viu os companheiros sucumbindo ao calor, derrotados por infindáveis investidas em meio a bombas de fumaça e saraivadas de balas falsas em tardes de 48 graus.

Depois de voltar ao Texas, Maynard e Wayne tentaram esquecer os dias de provação no deserto. Ele gastou todo o salário na loja de discos do Killeen Mall, onde descobriu Bauhaus, Ramones e Romeo Void. Maynard também descobriu, nas proximidades, um pub irlandês e seu clube de happy hour, um passatempo ao qual ansiosamente se uniu na esperança de contrabalancear o marasmo do calmo condado de Bell.

Em um sábado solitário — Wayne tinha saído para viver as próprias aventuras —, Maynard se sentou no bar e rapidamente desceu duas doses de tequila em uma corrida contra o tempo, pois não queria se atrasar para a sessão de *Os Caça-Fantasmas* no cinema ao lado. Ele entrou no cinema já escuro e deslizou para um assento na primeira fila. Maynard se reclinou, mas descobriu que era quase impossível se concentrar e, distraído, notou que o riso atrás dele soava estranhamente dessincronizado com a ação exibida na tela.

Pensou nos grilos, na poeira, na música, nos gritos e nas buzinas dos táxis de Manhattan; no lago Michigan e no assento ao lado, onde Sarah deveria estar. Suor escorria pelas axilas e costelas por baixo do suéter. Os dedos salgados reluziam de manteiga e restos de pipoca. Ele enxugou o suor do rosto e de repente perdeu as contas: trezentos dias? Duzentos e cinquenta?

E, antes que o outono terminasse, preencheu o formulário de inscrição para a faculdade de artes e, decidido, tomou o rumo da sala de correspondência de Fort Hood.

"Das profundezas da ameixeira, eu tiro a torta", escreveu ele. Maynard começou a tratar a escrita com a seriedade adequada a um estudante de artes. Ainda que certamente carecessem de refinamento, os poemas escritos no quarto de Fort Hood revelavam uma sensibilidade amadurecida, o emprego hábil de metáforas e de inversões semânticas, o talento de um letrista capaz de mesclar o visual e o sonoro no intuito de criar uma sinestesia provocadora. Sem dúvida, tanto para convencer a si mesmo quanto aos leitores, ele escolheu como tema sua crença ousada de que situações difíceis poderiam ser superadas a partir de uma mera mudança de perspectiva.

Waking from a bed of nails
I slowly lift my tattered sails
Against the cruel and cutting winds.
I march the world in seconds flat
And use the ball to hit the bat.
I'm free of rights, moralities, and sins.

Drawing pictures you can hear,
I squeeze a river from a tear
And move a mountain breathlessly at will.
I stroll atop the estuary
In a world so sanguinary,
Loving not the death but just the kill.

Holding whispers in my palm,
I bring the troubled waters calm.
From deep within the plum, I pull the pie.
I make the fox run from the rabbit,
Impossibility my habit,
Passing in and through the needle's eye.*

Em janeiro, ele viajou com frequência para Austin, a quase cem quilômetros de distância, para assistir aos shows da turnê *Loose Nut* do Black Flag e para dançar na Meca do new wave da cidade, o Club Iguana, acompanhado por Cheryl Carney, uma enfermeira da divisão médica de Fort Hood. Ele descobriu em Cheryl uma companhia perfeita. Tinha o cabelo espetado e descolorido, e ele usava correntes no pescoço feitas de lâminas de barbear e cadeados, ambos de delineador preto, que combinava com as calças pretas justíssimas e as luvas mitene.

"Cheryl me ensinou a ser eu mesmo enquanto eu também era outra pessoa", comentou Maynard em uma entrevista de 2012. Ela vivia fora da base com o marido e escondia sua lesbianidade da comunidade militar, por isso, Cheryl descobrira maneiras de usar uma máscara sobre uma máscara e, mesmo assim, jamais sacrificava a integridade de qualquer um dos papéis. "Ela era capaz de vestir a máscara de Clark Kent no trabalho e depois se transformar no Super-Homem quando a música começava", disse Maynard.

---

* Em tradução livre: O Buraco da Agulha/Desperto de um leito de pregos e,/vagaroso, iço minhas velas esfarrapadas/contra o vento cruel e cortante./Em segundos, cruzo o mundo/E uso a bola para acertar o taco./Livre do dever, da moral e do pecado./Desenho imagens audíveis,/Espremo um rio a partir de uma lágrima/E movo uma montanha sem esforço./Vago por um estuário/Em um mundo sanguinário,/Amando não a morte, mas a matança./Resguardo sussurros na palma da mão,/Acalmo as águas turbulentas./Das profundezas da ameixeira, eu tiro a torta./Faço a raposa correr do coelho,/A impossibilidade é o meu hábito,/Passando pelo buraco da agulha. [NT]

Ele deixou o cabelo crescer tanto quanto ousou, mantendo as laterais bem aparadas e escondendo a parte de cima embaixo do quepe. Porém, nas noites de clube, desgrenhava os cachos e os deixava cair sobre a testa, uma mecha descolorida sobre uma sobrancelha. Tingiu listras de tigre em uma perna do jeans apertado, amarrou um lenço colorido em cada tornozelo e passou um cinto de rebite pela cintura. Com um pacote de Twizzlers de morango aberto sobre o bar ao lado do coquetel, ensaiava a atitude indiferente que um punk de respeito demandava, secretamente satisfeito porque, dentro de duzentos dias, aquele poderia se tornar seu estilo de vida.

E, no dia 4 de agosto, a contagem regressiva chegou ao fim.

A luz do sol chispava pela janela de Maynard e o avião fez uma curva suave, descendo sobre Grand Rapids. Lá embaixo, campos e florestas verdejantes, lagos e rios sinuosos e, em algum lugar à distância, o campus da Faculdade Kendall de Arte e Design.

Logo no portão de desembarque, ele viu Kjiirt parado perto da banca de jornal e correu para lhe dizer onde teriam de fazer a primeira parada. Eles carregaram o enorme baú preto no porta-malas do Buick do pai de Kjiirt e seguiram pela avenida Patterson e pela 28 Street até o Woodland Mall, onde ficava o salão de beleza da J. C. Penney. Ainda de farda, o cabo Keenan colocou o cartão de crédito sobre a mesa da recepcionista e educadamente pediu a um cabeleireiro que raspasse seu cabelo em um moicano.

SARAH JENSEN   UNIÃO PERFEITA DE ELEMENTOS CONTRÁRIOS   MJ KEENAN

5

Os centros comerciais e escritórios de Grand Rapids foram substituídos pelos campos e bosques de bordo, já alaranjados aqui e ali ou exibindo um vermelho vivo. Maynard estava tão ansioso pelo início das aulas quanto Kjiirt pela futura mudança para Boston, e, durante a viagem a Scottville, os dois planejaram como passariam aquele breve tempo juntos antes de embarcarem em novas empreitadas. Eles com certeza iriam se reaproximar de velhos amigos, colegas de classe, atletas de cross-country e amigas que Maynard não via desde que ingressara no serviço militar, há três anos.

Alguns quilômetros depois de Muskegon, Kjiirt trocou a fita cassete no aparelho de som. Eles se entreolharam e sorriram. As letras do REM soavam estranhamente apropriadas à situação e os instigavam a jamais voltar aos anos desperdiçados de infrutíferos empregos fabris em alguma cidadezinha distante e xenofóbica.

"Me disseram que você é punk agora", escreveu a avó de Maynard, de Ohio, logo depois que ele recusou a nomeação de West Point. "Achei que entrar para o exército faria você crescer." A reação dela era bem típica.

Mike e Jan esconderam o choque ao se depararem com o corte de cabelo dele, e Jan acabou admitindo que o moicano era um bom exemplo de expressão criativa. Além disso, assim que Maynard os lembrou que seu objetivo sempre fora conseguir o fundo universitário para a faculdade de artes, eles deixaram de lado a decepção a respeito de West Point e admitiram estar orgulhosos por ele ter sido aceito em Kendall.

Entretanto, os ex-colegas prontamente apresentavam desculpas para abreviar as visitas. Ele os observava partir para, provavelmente, tomarem um milk-shake de baunilha do McDonald's salpicado com licor de hortelã, um aquecimento para mais uma noite no Johnny's.

> Voltei para Scottville e fui completamente ostracizado e estigmatizado por aquele pessoal, além de ignorado pela garota que levei ao baile. Voltei para casa depois de ser dispensado do exército usando um moicano e eles vieram com: "Sai de mim, Satanás!". Qual é? Eu avisei que ia fazer isso.

Como de costume, Maynard e Kjiirt encontraram um no outro todo o companheirismo de que realmente precisavam. Maynard compartilhava com o amigo o EP de mixagens que havia trazido do Texas: Gary Numan, Alien Sex Fiend, as baladas sombrias de Lords of the New Church — as estruturas experimentais e harmonias atmosféricas que satisfaziam sua busca pelo novo, pelo diferente e pelo audaz.

Eles conversavam noite adentro, imaginando Boston, os clubes, a música e os amigos que Kjiirt faria por lá. O plano era não seguir nenhum plano, viajar sem mapa, provar tudo o que a cidade tinha a oferecer. Ele só ia se preocupar com um emprego quando chegasse lá. Afinal, ele e Maynard concordavam que o segredo do sucesso consistia em primeiro preparar a cena, como um ajudante de palco montando o cenário, e, depois, adentrá-la com confiança.

Maynard se instalou no apartamento que passaria a dividir com o colega e guitarrista do White Room, Chris Ewald. A casa ficava nos limites de Heritage Hill, o bairro de majestosas mansões de arquitetura neogrega e estilo rainha Ana, construídas um século antes pelos barões locais da madeira. Situada a apenas algumas quadras do campus e do centro de Grand Rapids, a Cherry Street parecia perfeita para um estudante ansioso por explorar a cidade.

Grand Rapids oferecia a mesma diversidade e atrações culturais que uma grande metrópole: bons restaurantes, museus, orquestras e companhias de ópera e balé locais. Ainda assim, a cidade retinha a aura intolerante de uma cidadezinha isolada, entorpecida, conservadora e orgulhosa de ser o lar dos escritórios centrais da Igreja Cristã Reformada.

No outono de 1985, a gentrificação estava a todo vapor, forçando famílias negras a deixarem os bairros que chamavam de lar. Apesar disso, as minorias enfurecidas e a ala religiosa de direita se uniram contra um inimigo comum: estudantes de arte que usavam corrente e cabelo arrepiado. Conselhos para que as pessoas escolhessem um lado não faziam sentido em uma cidade como Grand Rapids, onde fronteiras invisíveis separavam os distritos. O centro era o subúrbio, que era a área de transição, que também era o bairro universitário, e Maynard logo aprendeu que a melhor defesa era não se deixar afetar e sempre carregar uma barra de ferro na manga da jaqueta de couro.

> Não importava qual fosse a religião, eles aparentemente encontravam uma cláusula no seu livro sagrado que justificava a opressão. As pessoas nos bairros negros eram tratadas de maneira terrível, então a reação contraditória era espancar estudantes com um taco de beisebol sempre que tivessem a chance. Por isso, até mesmo comer um sanduíche no Subway era perigoso para mim.

Na maioria das vezes, os ataques não passavam de gritos desrespeitosos bradados da segurança do outro lado da rua. Indiferente às provocações, Maynard se concentrava no trabalho de meio período auxiliando com demolições, pintura e aplicação de *drywall* em algumas das propriedades do senhorio, o sr. Bill. Ele se sentia seguro quando se perdia no frenesi de giz de cera, papel, caneta e argila.

Ele descobriu que o Curso de Belas-Artes era um tanto desprezado na Faculdade Kendall, sempre na sombra do convencional Departamento de Design. Aquilo não era surpresa, afinal, a cidade era conhecida como "cidades dos móveis", e a Kendall focava em preparar os alunos para carreiras nas fábricas vizinhas da American Seating e Steelcase; carreiras vitalícias, projetando escrivaninhas e armários e produzindo anúncios para revistas. O currículo oferecia uma base sólida, mas deixava pouca margem para a exploração e inovação.

Maynard procurou a subcultura renegada do departamento, o pequeno conjunto de inconformistas ávidos para criar as próprias personas e a própria arte, o grupo marginal que abraçava sua individualidade e status de estranho. Ele descobriu que tinham os mesmos gostos musicais e sabiam conversar sobre as progressões harmônicas de Nick Cave e a poesia das letras de Joni Mitchell.

No entanto, mesmo entre os punks de vanguarda e anarquistas de poltrona, Maynard se destacava, usando calça de couro apertada e jaqueta enfeitada com ossos de galinha branqueados e uma corda de baixo. Para a surpresa de todos, ele foi nomeado presidente do conselho estudantil no outono.

> Os estudantes de artes usavam fixadores em spray para preservar os desenhos a carvão, mas não havia sistema de ventilação nos ateliês. Fiz o possível para que a administração se importasse com a nossa saúde, mas não fizeram nada.
>
> Então, tentei reunir os estudantes para exigir que uma medida fosse tomada. Coloquei cartazes na sala de descanso e fiz circular uma petição, mas ninguém deu muita atenção.
>
> Por fim, desenhei um Sid Vicious bem agressivo em um papel vermelho berrante e fiz um cartaz informando que a gente ia falar sobre isso na próxima reunião do conselho estudantil. Um monte de gente disse que o panfleto era ofensivo e punk demais, mas apareceram pessoas que nunca tinham comparecido a uma reunião do conselho antes.
>
> Eles foram porque estavam putos com o meu desenho. Essa é a diferença entre ilustração e design. Você faz algo controverso, as pessoas percebem e fazem mesmo alguma coisa a respeito.
>
> Minha proeza de marketing acabou fazendo com que eu fosse eleito presidente do conselho estudantil.

"Maynard era um defensor da justiça em todos os níveis", relembra a professora de desenho da Kendall, Deb Rockman. "Ele queria garantir a melhor experiência possível aos alunos."

Uma gélida tempestade de dezembro agitou as janelas da sala de descanso da Kendall, onde os alunos se sentavam com livros e walkmans. Os jantares tardios eram uma mistureba das poucas opções no refeitório. Alguém olhou com nervosismo para fora, onde a neve caía cada vez mais rápido. Ele disse que precisava enfrentar uma viagem de 45 minutos até a casa dos pais, o trajeto de ida e volta da faculdade que fazia todos os dias. Maynard sabia que aquele era Ramiro Rodriguez, o aluno aplicado cujas linhas firmes e uso de cores quentes ele admirara durante o semestre inteiro, e cuja arte intrigante mesclava habilmente o mitológico e o trivial.

Ramiro também havia notado Maynard, com seus coturnos e o símbolo da anarquia pintado em branco nas costas da jaqueta. Ele ergueu os olhos do prato, incerto por um momento sobre como responder ao comunicado de Maynard a respeito de um quarto vago em Cherry Street.

"Eu tinha vindo de uma cidadezinha, então fiquei surpreso que existisse alguém assim por aqui", comenta Ramiro. "Maynard era único, mesmo na escola de arte. Eu estava louco para morar mais perto do campus e meu carro estava com os dias contados."

No dia seguinte, Ramiro se mudou, encontrando o apartamento repleto de telas e pincéis, um gravador de quatro canais, dois violões recostados em cadeiras, como se tivessem sido deixados ali no meio de uma música, e um pé de cabra encostado na parede perto da porta da frente.

"Não sei muito bem como me convenci que ia ser bom viver lá", confessa Ramiro. "O lugar não tinha nada a ver comigo, mas pensei: 'Bom, ele parece um cara decente. Ele se veste de um jeito esquisito e tudo mais, mas morar aqui pode ser empolgante.'"

Os amigos se reuniam a qualquer hora no apartamento de Cherry Street para compartilhar fitas cassete, desenhos e poemas mais recentes. Quando o emprego de meio período não exigia que Maynard atravessasse a cidade para pintar ou instalar *drywall* em alguma propriedade de seu senhorio, ele e Ramiro cozinhavam quiches e caçarolas para os convidados usando legumes e lentilha frescos da cooperativa alimentar da região.

"Plantando sementes. Estou plantando sementes", respondia ele quando alguém perguntava o que estava fazendo, como se percebesse que, com o tempo, até mesmo a mais esotérica das habilidades, o mais duvidoso dos investimentos, pudesse dar retorno.

No final do ano letivo, Maynard foi um dos dez estudantes — e o único calouro — cujo trabalho foi selecionado para exibições no Meio-Oeste que compunham os esforços da universidade para atrair novos alunos. Seu desenho anatômico a carvão seria exibido em feiras universitárias e de profissões, representando a qualidade excepcional das obras dos alunos da Kendall.

Naquela primavera, quando Kjiirt foi a Grand Rapids, Maynard contou a novidade com orgulho. Em estado de alerta, a dupla passeou pelos arredores de Cherry Street sob freixos verdejantes e bordos-da-noruega, com Maynard carregando a barra de ferro escondida na manga. Kjiirt descreveu as maravilhas da Nova Inglaterra: a infindável variedade de cerveja do Wursthaus, na Harvard Square, o ornamentado Symphony Hall e o arrojado Rathskeller, o centro da cena rock de Boston. Kjiirt contou sobre o trabalho como revendedor de vinhos para a Martignetti Liquors e sobre ter estudado aldeídos, maceração, vinhos *ordinaire* e *premium* para dominar o ofício.

De volta ao apartamento, Maynard removeu das cadeiras da cozinha fitas cassete, tubos de tinta e pincéis de cerda de porco espalhados pelo lugar. Ele pegou dois copos do escorredor de louça enquanto Kjiirt enfileirava sobre a mesa meia dúzia de garrafas que trouxera das melhores adegas da Martignetti.

Maynard provou um gole de um Krug rosé de 1961, fascinado com a conversa do amigo sobre taninos, complexidade, equilíbrio e varietais de vinhos. Viu-se maravilhado perante a capacidade que Kjiirt tinha de detectar notas de carvalho, frutas cítricas ou baunilha no que ele chamava de "retrogosto".

Desconcertado, Maynard pousou o copo no tampo de fórmica da mesa e mudou de assunto. Começou a falar sobre seus desenhos, sobre a animação que sentia diante da crescente compreensão de linhas, sombreamento e perspectiva, sobre a ficante Laurie Rousseau e sobre os planos para a noite seguinte. Eles iam visitar o Ice Pick, contou a Kjiirt, um bar de música punk no interior de Muskegon, um lugar barulhento onde não muito tempo atrás ele tinha se apresentado com a mais nova banda da região, Children of the Anachronistic Dynasty.

Apesar de todo o rigoroso conservadorismo, Grand Rapids era o epicentro de uma vívida cena musical, sendo uma das diversas áreas que se formaram em meados dos anos 1980 e que reunia jovens não convencionais que viviam longe das grandes cidades. Seu mentor era Steve Aldrich, apresentador do *Clambake*, um programa semanal da rádio WLAV que tocava música alternativa: punk, new wave e bandas indie locais. Dotado de um ouvido aguçado para qualidade e um senso infalível para identificar o próximo grande sucesso, Aldrich dava aos jovens da zona oeste de Michigan o primeiro gostinho do som mais recente.

Preparados para viver a cena de verdade, compraram maços de cigarros de cravo e prenderam mais alfinetes de segurança nas camisetas. Então, foram a shows no Ice Pick e nos salões de eventos e armazéns abandonados de Division Street, onde a única iluminação do palco era de luminárias feitas de latas de café com lâmpadas dentro delas.

"Todas as maiores bandas de hardcore passavam por Grand Rapids", comenta Aldrich. "O pessoal podia curtir as melhores, e acho que isso influenciou um monte de gente a montar as próprias bandas."

Os riffs destruidores de guitarra e as letras críticas ao sistema eram uma convocação para se libertar da era disco e do narcisismo da geração do "eu", assim como a música ignorava as estruturas convencionais e os esquemas de rimas tradicionais. Os músicos reivindicavam baterias e guitarras, e não importava se compreendiam mudança de acordes ou padrões rítmicos. Esses hipsters[*] desejavam oferecer às massas um tipo novo de música que não fosse elitista. "Os primeiros punks não queriam virar um Michael Jackson ou sair na capa da *Tiger Beat*", explica Maynard. "Eles se sentiam privilegiados em ouvirem coisas que ninguém mais tinha descoberto."

Maynard e Laurie dirigiam pela Alpine Avenue e iam ao Top of the Rock, um armazém isolado no meio da floresta. Punks, góticos e estudantes sensíveis de artes pagavam três dólares para ver as bandas ao vivo e ir à "Noite Alternativa" das quintas-feiras, uma celebração de anarquia em meio à paisagem agrícola. "Maynard me mostrou que havia outra maneira de ver o mundo", recorda Laurie. "Existia gente fazendo música e arte que via as coisas de um jeito diferente do senso comum e que agia conforme esses ideais. Durante toda a juventude, por muito tempo, eu tinha sido uma excluída, então foi um alívio encontrar essas pessoas."

O DJ tocava Fear, The Cure, Erasure e New Order e, usando botinas de couro, coleiras e *mullets* coloridos, a multidão começava a dançar. No meio da noite, os mais tímidos recuavam para as sombras quando a pista de dança se

---

[*] Aqui, hipster não está associado à noção contemporânea do termo, normalmente pejorativa, envolvendo jovens elitistas de classe média. No período, a ideia de hipster era relacionada à imagem de um jovem intelectualizado, dotado de gosto por arte e de um ácido senso crítico político-social. O hipster, que surgiu em meados de 1950, pertencia ao escopo identitário da Geração Beat e, durante os anos 1970 e 1980, foi assimilado pelas subculturas alternativas emergentes. [NT]

transformava em um *mosh pit*,** onde skinheads*** e punks mais radicais lançavam-se uns contra os outros em um frenesi de bater cabeça e de se debater sem ritmo, até que, inevitavelmente, alguém caía. Mas, no espírito da solidariedade, os outros se esforçavam para ajudar a pessoa a se levantar.

Maynard começou a suspeitar que as artes visuais não eram, afinal, o seu instrumento. Ele preferia a atmosfera colaborativa dos clubes de punk, a sensação quase palpável da energia fluindo entre músico e espectador. A banda interagia entre si e com o público, sintonizada a todas as suas nuances, usando aquela energia para forjar uma experiência que não excluía ninguém.

> As exposições de arte soavam autoindulgentes e sempre aparecia um monte de bajuladores alegando compreender as pinturas. Fazia tanto tempo que eu não parava diante de algo original e dizia: "Uau! Isso mudou minha vida!".
>
> Eu tinha a impressão de que a publicidade e o design não tinham alma, não tinham vida. Então olhava para o que o pessoal fazia nas artes visuais e pensava: "Vai fazer terapia de uma vez".
>
> Quando vi uma sala cheia de pessoas sintonizadas umas com as outras, tanto literal quanto figurativamente, no intuito de criar ritmos e imagens, tudo fez sentido.

** O *mosh*, também chamado de *mosh pit*, *slam pit*, *moshing* e roda punk, consiste em um tipo de dança relativa aos diversos gêneros e subgêneros do rock e do metal, tais como punk rock, hardcore, heavy metal, death metal, trash metal, entre outros. Atualmente, o *mosh* consiste em uma aglomeração de pessoas girando, empurrando e, por vezes, acotovelando-se ao ritmo da música. Vale destacar que essa prática se revela, na verdade, em uma desvirtuação da roda punk original, que inicialmente compreendia movimentos específicos de pés e mãos, os quais lembravam uma ciranda. [NT]

*** Apesar da associação contemporânea dos skinheads ao nazifascismo, a subcultura tem raízes distintas. Os skinheads surgiram na Grã-Bretanha em meados dos anos 1960 entre as classes trabalhadoras. Caracterizavam-se pelas cabeças raspadas ou pelos cabelos demasiado curtos e roupas típicas da classe trabalhadora, como jeans de cintura alta e camisetas de colarinho. Motivados por valores alternativos e pelo orgulho de pertencer às classes de base, rejeitavam a austeridade e o conservadorismo britânico do pós-guerra, incluindo também os discursos hippies-burgueses de paz e amor. Devido à onda migratória ocorrida entre 1950 e 1960, a música jamaicana, como o reggae, entre outros traços culturais e subculturais da Jamaica, exerceram grande influência na constituição identitária dos skinheads. Durante os anos 1970 e 1980, o movimento se entrelaçou ao punk. Entre o fim dos anos 1980 e início dos anos 1990, uma porcentagem de jovens skinheads, que até então se identificavam como apolíticos, passaram a simpatizar com o partido britânico neofascista de extrema-direita National Front, o que, somado à propaganda televisiva sensacionalista, contribuiu para criar a mítica contemporânea de que todo skinhead seria neonazista. No entanto, a maior parte da subcultura ainda se posiciona ou atua politicamente contra grupos neofascistas. [NT]

No outono, Maynard e Chris alugaram um apartamento em outro prédio pertencente a Bill, a casa semirreformada de número 649 na Evans Street. Preocupado que o barulho dos martelos e furadeiras e o pó do *drywall* atrapalhassem os estudos, Ramiro optou por um lugar menos caótico a algumas quadras de distância. Mas, para Maynard, cujo único requisito era ter espaço para os equipamentos musicais, o apartamento era ideal.

Maynard supôs que as telas na sala de estar e os tubos de tinta meio vazios durariam até que outro trabalho estranho aparecesse, então sacou o máximo que ousou do fundo universitário e usou o dinheiro para comprar um amplificador Peavey Black Widow, um sintetizador de bateria Korg e um gravador de quatro canais Tascam. Depois, dedicou-se à escrita com a seriedade renovada.

Suas influências eram as bandas cujos estilos mais o intrigaram: Depeche Mode, Ministry, Black Flag, Kiss — é claro —, Nick Cave and the Bad Seeds e a banda local de punk metal Born Without a Face. Ele criava paisagens sonoras lineares decoradas com zumbidos semelhantes a mantras e escrevia letras minimalistas que permitiam aos ouvintes habitar as músicas e preencher o silêncio com as próprias histórias. Ainda assim, essas construções complexas eram produto de sua expressão.

"Eu tentava abandonar o formato fácil de introdução-verso-refrão-ponte-refrão-refrão", explica ele. "A gente pode pegar quase qualquer música popular, seja rock, pop, R&B ou country, sobrepor as faixas e perceber que todas combinam. Não tem nada de diferente nelas."

E, com uma pequena ajuda do amigo Kevin Horning, que era guitarrista base, a C.A.D. se tornou uma realidade, senão uma banda de verdade. Gravado na sala de estar e copiado em um estúdio de gravação ao norte do campus, as duas fitas cassete, *Fingernails* (1986) e *Dog.House* (1987) eram vendidas a cinco dólares cada, e vendiam o suficiente para cobrir o modesto aluguel de Maynard.

A qualidade das fitas era extraordinária, considerando o equipamento simples com o qual Maynard trabalhava na sala de estar. Ele aprendeu a programar o Korg para criar delays e *overdubs* de áudio e eco, produzindo faixas como a assombrosa "25 Hours", um sermão estridente sampleado sob uma melodia repetitiva, seguido do cântico evocativo do som da marcha de um exército indo para batalha.

Cada fita incluía uma cópia do manifesto C.A.D., uma digressão tratando de materialismo, aids e aquecimento global, apelando à união dos opostos em um mundo polarizado, finalizando com uma mensagem de esperança.

Filhos da Dinastia Anacrônica, 1987

Com base em sermos meramente medianos no campo da "classe média corporativa aficionada por TV e consumismo norte-americano" … Nós… as crianças, chegamos às seguintes conclusões/previsões…por necessidade. Que necessidade? Bem, precisávamos saber por que as coisas não funcionam … Por que curamos o câncer com câncer e buscamos paz construindo bombas. Precisávamos saber por que temos ciência de que o ozônio é o problema fabricando e vendendo protetor solar n° 28 X-tra da Tropical Blend. Precisávamos saber por que nós, em nosso estado avançado de viagens espaciais e pesquisas genéticas, ainda não descobrimos a cura da aids … e por que tentamos acabar com preconceitos raciais validando segregação. Precisávamos saber por que consideramos aquele que morre com mais brinquedos o vencedor e por que tudo o que consideramos sucesso pode ser tirado materialmente de nós.

Por quê? Porque somos vítimas de um paradigma dualista de causa e efeito desprovido de empatia. 1 + 1 + 1 = 1, a menos que se seja escravo dessa cultura de Rambo, ocidental e dualista, então 1 + 1 = 2. Não vivenciamos mais as interações harmoniosas uns com os outros e com o nosso ambiente.

Passamos toda a vida a partir de pares, como opostos: preto + branco, bem + mal, nós + eles…

Portanto, Nós, as crianças, passamos a temer o seguinte:

Em cinco anos, descobriremos a cura da aids apenas porque, um ano antes, a doença passou a afetar gravemente heterossexuais;

Em dez anos, não haverá mais invernos frios;

Em dez anos, o calor dos raios solares ultravioleta não filtrados provocará seca e pânico. A seca e o pânico resultarão em fome generalizada e revoltas raciais;

Em dez anos, aqueles que não têm brinquedos tirarão dos que têm, e logo todos esses brinquedos vão se quebrar, perder o sentido e ser esquecidos;

Em dez anos, a Mercedes, a estabilidade no trabalho, as ações, as contas bancárias e os mestrados deixarão de ser considerados fatores de sucesso;

Em doze anos … um abrigo seguro, comida, munição extra para o rifle, sobreviver a pilhagens ou fazer uma pilhagem lucrativa e apenas sobreviver serão considerados verdadeiros fatores de sucesso;

Em quinze anos, cada vez menos pessoas serão bem-sucedidas devido à escassez de alimentos para garantir que sejam bem-sucedidas;

> Em 15 anos, aqueles que constituíram fortalezas isoladas porque acreditavam pertencer a uma raça superior descobrirão que a pessoa no beliche ao lado é, na verdade, mais degenerada e ignorante do que a pessoa ou grupo que eles queimaram ou assassinaram cinco anos antes meramente por causa da cor da pele;
>
> Em 15 anos, esta fita não terá importância. Os instrumentos usados para gravá-la e produzi-la não terão importância … e também não vai importar se alguém tem ou não os poucos dólares necessários para comprá-la.
>
> Mas o que é dito nela é atemporal. Não pode ser apagado ou tirado de nós. É eterno.
>
> E, em 20 anos, quando as calotas polares derreterem, a Mãe Natureza fará outra tentativa … e, com sorte, com o passar do tempo neste novo mundo, não haja necessidade de outra linhagem de jovens deslocados. amém. obrigado, nós somos **C.A.D.**

Com o senso de humor intacto, Maynard se tornou entusiasta da TexA.N.S., uma banda local de humor ácido.

TexA.N.S. significava "Tex and the Anti Nazi Squad",* e sua música era um desdobramento cômico do rock alternativo. Liderados pelo punk rocker de Grand Rapids, Clint "Tex" Porker, a TexA.N.S. tinha uma formação talentosa, contando com Horning e o tecladista Mike Meengs. No entanto, como Maynard descobriu após assistir a algumas apresentações, faltava, e muito, um baixista. Ainda que o fundo universitário estivesse cada vez menor, ele comprou um baixo Hohner, uma imitação do Steinberger.

"Eu não sabia tocar baixo, mas tinha certeza de que era capaz de descobrir", relembra ele. "Pensei: 'Não pode ser tão difícil. Tem só quatro cordas, então vou ter até um dedo extra pra usar.'"

Maynard passou pouco tempo com a banda, mas foi um período de intensa criatividade, um momento em que explorou seu potencial como músico e aprimorou suas habilidades de performance e gravação. Logo, passou a tocar com a TexA.N.S. nos lugares que tinha visitado apenas semanas antes, agora no palco e segurando o baixo.

---

* Em tradução livre: Tex e o Esquadrão Antinazista. [NT]

A TexA.N.S. gravou a apresentação de fevereiro de 1986 e a usou como seu primeiro lançamento: *Live at Sons + Daughters Hall*, uma coletânea de 16 músicas, incluindo a irreverente "Big Dead Things", um alerta para atravessar a cozinha e o quintal com cuidado.

Maynard participou do segundo lançamento da banda, *Never Again*, uma fita cassete de dezessete faixas de punk de garagem, produzida de forma independente. Ele sempre dava seu melhor no baixo. No entanto, como não queria abandonar por completo as artes visuais, fez a arte de capa do álbum *Never Again* e também do single "I Won't Take It", da banda local Reel Bodeans.

Naquela primavera, Porker se mudou de repente, o que deixou a banda sem vocalista, então Maynard se ofereceu para ocupar a função. Contando com baixista, guitarrista base, baterista e Kevin na guitarra solo, a banda estava completa. Porém, não demorou muito para que Maynard percebesse que aquela não era apenas a TexA.N.S. em uma nova formação. Era a C.A.D.

O carro de Maynard, um Plymouth Arrow 1976 adesivado com o símbolo do Batman e listras de tigre, logo se tornou uma visão familiar nas ruas de Grand Rapids. Entre as aulas, ele acelerava até uma gráfica para imprimir folhetos anunciando os próximos shows da C.A.D. e cruzava a cidade para colá-los nos quadros de mensagens e postes de iluminação, criando um burburinho que chegou aos estúdios da WLAV.

"A estação tinha uma programação especial para esse tipo de música", lembra Aldrich. "Uma parte do som da C.A.D. era quase original, outra era só barulho. Mas aí havia músicas como a primeira versão de 'Tangerine Dream'. Existiam coisas na C.A.D. que, se Maynard tivesse tido um produtor, ele teria dito: 'Meu Deus!'"

A C.A.D. estreou na mídia em abril, como parte da programação do Dia da Paz de 1987, promovido pela emissora pública GRTV. A apresentação de 26 minutos contou com sete músicas, e Maynard, usando delineador preto, tinha olhado para a câmera sem parar enquanto cantava. De regata preta e calça justa dobrada na altura da panturrilha, logo acima dos cadarços da sandália gladiadora, Maynard batia cabeça no ritmo da música a fim de chamar mais atenção para o moicano e as mechas descoloridas dos longos cachos. Andava de um lado ao outro do palco com seu único brinco de metal reluzindo.

Na entrevista depois da apresentação, Maynard explicou o significado da sigla C.A.D. "Não é um nome de banda, não de verdade", comentou. "É mais um conceito sobre quem somos. Significa 'Children of the Anachronistic Dynasty', que é tipo uma linhagem de jovens nascidos dessintonizados com o próprio tempo, dessintonizados o bastante para se afastar e observar, em vez de só aceitar as coisas como elas são."

Maynard não se contentava e não se limitava a uma só banda. Por isso, com Meengs, montou a efêmera dupla Malicious Sissies, que, com uma mistura de punk digital, foi conhecida na cena local pelas músicas "Hallucination" e "Who Leads You?".

> Mike era um cara de computação que adorava sintetizadores de bateria, programação e sequenciamento. Nós íamos ao Gaia, um café e restaurante orgânico na Diamond Avenue. Eles tinham uma noite de palco aberto em que o pessoal tocava muito acústico, e "Last Train to Clarksville" era sempre a faixa de encerramento.
>
> Mike e eu chegamos com sintetizador, e eu cantava com um pedal de delay no microfone. A gente fazia uma coisa muito digital em uma cena bem natureba, e as pessoas prestaram mesmo atenção.

Mas a C.A.D. era a banda que os verdadeiros aficionados por punk acompanhavam show após show, do bar Intersection, no centro da cidade, ao City Centre Mall, onde as pessoas faziam uma pausa na busca por camisas polo, fronhas e biscoitos de chocolate enormes, para ouvir.

Os membros da C.A.D. eram banhados pelas luzes cintilantes do Top of the Rock. O público se aglomerava ao redor do palco, ansioso para ser um dos primeiros a ouvir "Burn About Out". Eles batiam cabeça seguindo o ritmo da espiral staccato do eco da percussão. As letras insistentes de Maynard se elevavam acima do rompante de som. Contem os corpos, ele os incitava, vejam o espectro espreitando atrás de vocês:

> *Waiting like a stalking butler*
> *Who upon the finger rests.*
> *Murder now the path of "must we"*
> *Just because the son has come.**

---

* Em tradução livre: Paciente como um mordomo dissimulado/que, consciencioso, espera./"Nós devemos" singrar o caminho com matança/apenas porque o filho veio a nós. [NT]

"Continue assim", disse Chris Ewald a Maynard depois do show. "Esse é o som. O que quer que seja isso, é o que você tem que continuar fazendo."

A popularidade da C.A.D. chamou a atenção das garotas de Grand Rapids, ansiosas para namorar alguém como Maynard. Era rara a noite em que não houvesse alguém esperando por ele depois do show ou que não o acompanhasse a um bar no centro.

> Um cara de jaqueta de couro e moicano era com certeza o total oposto do que os pais delas queriam. Eu era um excluído, um cara que não tinha autorização para poluir a genética de ninguém. Mas eu tinha a chave dos cintos de castidade. Naqueles anos, recuperei muito do tempo perdido e definitivamente cometi alguns erros, mas não mudaria nada.

O ponto alto daquele verão foi o show da Black Flag em Grand Rapids, parte da turnê de 1986 em Michigan. Maynard teve uma nova oportunidade de assistir à banda que tinha visto em Austin, agora no ambiente mais intimista do Burton Hall, uma antiga farmácia transformada em bar punk. O salão fora esvaziado, exceto por uma pia desativada no canto, e o lugar oferecia espaço suficiente para lotar de gente e até fazer *mosh*.

Ele chegou cedo e ficou surpreso por não encontrar fila na porta. Tinha certeza de que haveria uma multidão para ver Henry Rollins, e talvez até a banda de abertura, Das Damen. No entanto, quando soaram as primeiras notas da segunda banda de abertura, Maynard se desligou por completo do mundo ao seu redor. Gone, o projeto paralelo instrumental de Greg Ginn, guitarrista da Black Flag, explodiu em uma fusão de som e fúria. A estrondosa guitarra de Ginn, o poder percussivo do experiente baterista da Black Flag, Sim Cain, e o baixo feroz de Andrew Weiss transformaram o monótono salão em um turbilhão de energia. O baixo de Weiss era algo que Maynard jamais imaginara. Aquilo era saber tocar de verdade, não só acertar as cordas no tempo da bateria. Era um nível artístico muito superior às tentativas anêmicas do próprio Maynard.

Depois do show da Gone, seguiu-se o da igualmente imponente Painted Willie, uma banda punk de Los Angeles formada pelo baterista e cineasta Dave Markey. Por fim, quando a Black Flag subiu ao palco, Maynard só tinha consciência da intensidade, do profissionalismo, da pureza e da energia de uma realidade que ele só podia sonhar em fazer parte.

Então, Ginn pegou a guitarra outra vez. Sua performance intensa ressaltava os vocais de Rollins e a mensagem sobre individualismo rebelde e desafiar a autoridade, além das letras ferinas a respeito de medo e isolamento. O show de noventa minutos da Black Flag foi um tumulto controlado de puro som, uma estrondosa rebelião de metal sincopado, uma assombrosa fusão de jazz e percussão inventiva que descaradamente desafiavam as estruturas rítmicas tradicionais.

Porém, o Burton Hall estava praticamente vazio. Infelizmente, o show não fora divulgado o bastante e atraíra apenas uma fração da capacidade total. "Foi incrível ver essas bandas tocando para um público esparso", recorda Maynard em uma entrevista de 2012. "A energia que eles investiram na apresentação era de tirar o fôlego."

Maynard considerou que sua música poderia se transformar em algo completamente diferente do que havia imaginado, idealizando uma base de instrumentos de corda em trio, a guitarra solo de Ewald e uma bateria inovadora. Quando Chris chamou Steve Aldrich para conversar, ele concordou em fazer parte da banda. "Eu estava pronto", lembra ele, confiante de que as paisagens sonoras que criava com a bateria Yamaha complementariam o som que Maynard tinha em mente. "A música ia ser muito, muito sombria", explica Aldrich. "Não era para ser hardcore, mas alguma coisa não muito distante de Killing Joke."

Eles faziam sessões esporádicas de brainstorming e poucos ensaios, mas os três acreditavam naquela parceria. A banda seria tão única, tão fora do convencional, tão pós-moderna que o próprio nome tinha de ser algo tácito. Maynard concebeu o símbolo que viria a servir de nome da banda, um código de barras UPC preto e branco.

Depois das reuniões, Ewald e Aldrich insistiam para que Maynard os acompanhasse a um pub próximo. "A gente tentava fazê-lo sair de casa e tomar uma cerveja", relembra Aldrich. "Ele sempre dizia não, sempre tinha que trabalhar em alguma música. Ele era muito, muito dedicado."

Mesmo focado na própria arte, Maynard abriu espaço para o cômico.

Eu e um amigo mixávamos fitas cassetes para uma mulher que ele conhecia. Um dia, no estúdio, começamos a brincar mixando músicas realmente bestas para mandar para ela. Era só brincadeira.

    Mas aí nos fantasiamos, alugamos uma filmadora e gravamos uma daquelas músicas em vídeo. Nós perambulamos por Grand Rapids vestidos de um jeito estúpido, filmando uns aos outros fazendo bobagens. Nosso filme terminava com uma cena minha entrando pela porta com a boca cheia de bitucas de cigarro e um boné de beisebol virado de lado. Na gravação, meu amigo me dava um soco na cara e eu cuspia meus dentes pela sala. A gente chamava aquele personagem de Billy Bob.

Maynard se acomodou em um banco do anfiteatro do centro. Os raios de sol do começo de julho refletiam nas vitrines dos bancos e lojas de departamento ao redor do parque, aquecendo-lhe o rosto. Ele relembrou o recente festival de rebeldes desiludidos em Punker Hill, que ficava nas proximidades: o caos de couro, góticos e cabelos arrepiados. Mas não podia desperdiçar a tarde em reminiscências; precisava passar no pet shop para comprar sementes para a última adição ao apartamento da Evans Street: um mandarim recém-nascido. Era um passarinho de bico laranja cintilante e com olhos escuros reluzentes, ao qual dera o nome de Harpo.

    Observou um grupo eufórico de jovens neo-hippies usando jeans rasgados e saias de babados vibrantes chegando de mãos dadas, passando sob o arco de tijolos, subindo e descendo os degraus da arquibancada. Eles cessaram aquela dança e se aproximaram dele sem fôlego, ansiosos para compartilhar o motivo da empolgação. Era o Rainbow Gathering, anunciaram. O evento aconteceria nas montanhas Great Smoky, estavam indo para lá agora e Maynard precisava se juntar a eles.

    Maynard pensara em visitar Scottville durante as férias de verão, mas passar quatro dias nas montanhas e vales da Carolina do Norte era tentador. Ele carregou o Chevrolet Sprint com algumas coisas essenciais, deixou Harpo aos cuidados dos colegas de quarto, buscou um amigo, o músico punk Jonathan Haner, e partiu para Franklin, na Carolina do Norte.

E não estava sozinho. Adeptos da Nova Era tinham vindo de todo o país; hippies retrô e gente em busca de uma experiência espiritualizada se embrenharam na Floresta Nacional Nantahala para participar de um evento que prometia ser uma semana de paz, amor, harmonia e liberdade. Eles chegavam em ônibus lotados, de carro, de van e de carona, e um grupo de hare krishnas usando robes cor de açafrão chegou montado em um elefante. Quaisquer que fossem as razões ou crenças para vir, todos chegavam pelo mesmo caminho de cascalho e passavam sob uma placa que dizia "Bem-vindo ao Lar".

Armaram uma multidão de tendas no chão de musgo da floresta, embaixo de sicômoros e tílias ancestrais, e banhavam-se na cachoeira próxima. Teciam pulseiras de miçangas uns para os outros e trançavam os cabelos com ásteres roxos. Apesar das contendas com policiais estaduais e guardas florestais, dedicaram a semana ao objetivo de alcançar uma consciência universal. Enlevados pelo contagiante sentido de comunhão, Maynard e Jonathan se renderam à experiência e a tudo que ela poderia oferecer.

À tarde, eles se reuniam com os outros na pradaria e ouviam as palavras do Medicine Story, um indígena grisalho* que fora um elemento constante desde o primeiro encontro, em 1972. A pena de águia que trazia consigo era passada a um xamã ou a um neopagão, um budista ou um judeu ortodoxo. As histórias que ele contava sobre jornadas, mitos e despertares místicos pareciam a Maynard narrativas a respeito de pessoas não tão diferentes dele.

Durante o anoitecer, ele ajudava a pegar galhos para alimentar a fogueira, então se sentava em meio a um círculo de tambores, cantigas e mais histórias. Faíscas carmesins pairavam no céu que escurecia e a lua minguante cintilava pálida acima dos carvalhos e tulipeiros.

E, na alvorada do Quatro de Julho, as histórias chegaram ao fim. Sete mil pessoas caminharam em silêncio dos acampamentos à "Pradaria Principal". Usando roupas tie-dye, sáris, jeans desbotados e couro preto, formavam círculos dentro de círculos e davam as mãos. A meditação silenciosa prosseguiu até o meio-dia; a respiração da multidão era uma só. O sol ia alto no céu e um "aum" coletivo

---

* Medicine Story, também conhecido como Manitonquat, foi membro da Assonet Band, uma tribo do povo wampanoag. Porém sua ligação com o grupo indígena não é reconhecida a nível estadual ou federal. A tribo Assonet também é amplamente criticada por não exigir comprovação de ascendência indígena por parte de seus integrantes. Medicine Story afirmava ser um guia espiritual indígena, mas, como acontece com os outros membros da Assonet Band, não há prova de que ele tenha, de fato, pertencido ao povo wampanoag. [NT]

ergueu-se sobre a relva e as flores do campo, ecoou pelo vale e culminou em gritos de alegria quando os jovens deixaram a "Vila Infante" e rumaram ao centro do círculo, onde dançaram sob o sol.

> Quando milhares de pessoas se reúnem em círculo para uma oração silenciosa de três horas, bom, é uma coisa poderosa. Pense em tudo que a gente poderia fazer se ficasse quieto e concordasse em alguma coisa. Imagine se 30 mil pessoas marchassem por Washington sem dizer uma palavra e então alguém se apresentasse e dissesse: "É isso que queremos que seja feito".
> Quando a gente abre a boca, estraga tudo e só reforça nossas intenções. Mas, se a gente fica quieto, sente a energia que visualiza. Mas a gente não sente isso até calar a boca.
> Todas aquelas pessoas de mãos dadas ficaram em silêncio por horas. E mesmo naquele momento maravilhoso, percebi que estava chapado, vestindo apenas uma tanga e sandálias.

Maynard voltou para casa e encontrou Grand Rapids imersa na rotina de sempre. Donas de casa vinham dos subúrbios para conferir a moda verão na loja de departamento Herpolsheimer's, crianças faziam manobras de skate no anfiteatro e funcionários de escritório marchavam em direção aos seus cubículos pela manhã. Afinal, o Rainbow Gathering não havia mudado o mundo. No entanto, Maynard voltou revigorado por aqueles quatro dias de consciência elevada em meio ao canto dos pássaros e ao sol, pelas refeições da culinária hare krishna e pela multidão esperançosa que se reunira com o propósito claro de celebrar sua história coletiva. Ele sabia que jamais encontraria as palavras certas para explicar o que viveu a Laurie ou aos companheiros de banda, mas, por alguma razão, isso não importava. A experiência tinha sido dele, era algo de que se lembraria e que mais tarde o inspiraria, e percebeu que isso também fazia parte da narrativa.

Naquele seu estado exaltado tampouco importava que, enquanto estivera fora, Bill houvesse começado reformas significativas na casa, exigindo que seus inquilinos se mudassem para outro lugar. Os colegas de quarto de Maynard, acostumados à sua impetuosidade, presumiram que o passeio pela Carolina do Norte não fosse só uma visita, e sim uma mudança permanente. Mas ele retornou e percebeu que eles haviam ido embora, assim como a maioria das suas coisas — vendidas, jogadas fora ou levadas pelos colegas de apartamento.

Em um canto do quarto, encontrava-se o que restava de seus pertences: algumas peças de roupa, blocos de desenho e um punhado de canetas Sheaffer, um baú preto e a gaiola de Harpo. Maynard abriu o trinco. Harpo, um pouco mais magro, talvez devido a quatro dias de negligência, saiu voando, empoleirou-se no ombro dele e pegou a semente que Maynard estendeu.

Maynard e Ramiro instalaram o aparelho de som na sala de estar do apartamento que alugaram naquele outono. Eles encheram as estantes de álbuns, os Led Zeppelin e Foghat de Ramiro; e os Cocteau Twins, Depeche Mode e Ministry de Maynard.

Nos cantos da sala havia gaiolas suspensas para Harpo, seus filhotes e a coleção de tentilhões que compunham o aviário de Maynard. Eles voavam em direção aos vasos de figueira, então voltavam aos ninhos, onde filhotes famintos demandavam alimento. Os pássaros confiavam apenas em Maynard e se acomodavam na palma de sua mão para jantar painço e sementes de grama.

Na maioria das noites, Laurie se reunia a eles em discussões acaloradas sobre as tendências do punk, ideais anarquistas e as teorias de Joseph Campbell e Carl Jung que Maynard e Ramiro estudavam na aula de história. O que consideravam mais fascinante era o conceito de sincronicidade, uma teoria que achavam que poderia ter algo a ver com as estranhas coincidências e infortúnios que pareciam associados a "Kashmir", do Led Zeppelin.

"Nós percebemos que toda vez que a música tocava", comenta Ramiro, "algo importante sempre acontecia. Acho que a música só nos tornava cientes de coisas que, de outra maneira, não teríamos notado. Mas também gostávamos da ideia de que se tratava de algum tipo de conexão mística."

Conversavam também sobre os méritos da sobriedade: "'Nada em excesso', era um ditado comum entre todos nós", recorda Laurie. "Nós vimos outras pessoas ao nosso redor se afundando em raiva, álcool ou drogas e resolvemos ter cuidado para não fazer o mesmo."

Era pela noite de cinema que o grupo mais esperava. Depois de terminar os trabalhos da faculdade, Maynard e Ramiro alugavam *Veludo Azul* ou *Repo Man: A Onda Punk* na locadora próxima. Muitas vezes, convidavam Bill, o proprietário, para acrescentar uma dimensão geracional às conversas cinematográficas.

Invejavam a capacidade do senhorio de definir os próprios horários, relaxar ao fim do dia e aproveitar os frutos de seu trabalho e outra sessão de *Problemas Femininos*.

Maynard passava o aspirador no chão e Harpo, apavorado devido ao barulho, empoleirava-se na relativa segurança de seu ombro. Enquanto limpava, Maynard imaginava letras e melodias e a ideia insana de que até mesmo o humor poderia ser incorporado ao seu estilo.

O pouco espaço para ensaiar no novo apartamento — e a falta de motivação dos companheiros de banda — acabou causando o fim da C.A.D. e das obrigações como agente, contador, representante comercial e animador do grupo. Sem as restrições relativas aos desejos e habilidades da banda, ele deu asas à imaginação. Incorporou mantras orientais à sua música, além de ritmos africanos do Dead Can Dance e elementos industriais inspirados no Swans.

Esvaziou o baú e o arrastou para o meio da sala, criando assim uma caixa acústica improvisada. Acima dele, Maynard suspendeu um pedaço de tela de aço e, soltando-o em intervalos regulares, gravou o som no Tascam. Depois, usando técnicas de delay e looping, inseriu seu canto minimalista na gravação: "*Anahata, not hit. Anahata, not struck*".

Ele e Ramiro haviam aprendido a palavra na aula de história do professor McCaffrey, o misterioso termo sânscrito que significa "inatingido", associado, na tradição da ioga, ao chacra do coração. "*Anahata*", o único som que era não produzido por uma coisa batendo em outra; "*Anahata*", o murmúrio criativo do universo, o silêncio que contém o antecedente de todas as coisas; "*Anahata*", uma quietude que ecoa, elevando-se acima dos prados da Carolina do Norte.

Ramiro contrabalanceava a crescente atração de Maynard por misticismo. Ele o levava às confraternizações em família nos feriados e, aos domingos, convidava-o para compartilhar as tortilhas de sua mãe em uma mesa de jantar repleta de risos e conversas vívidas.

Certa tarde, ao voltar para casa depois de cumprir as tarefas do dia, depararam-se com a porta dos fundos arrombada. Tudo havia sumido: a televisão, o aparelho de rádio, as câmeras, o gravador de quatro canais e o sistema de som estéreo — e, com ele, o álbum *Physical Graffiti* do Led Zeppelin, que incluía "Kashmir".

---

* "*Anahata*, sem golpe. *Anahata*, sem ataque." [NT]

"Não tínhamos mais como acompanhar a mídia", lembra Ramiro. "Em retrospecto, é provável que essa tenha sido a melhor coisa que já nos aconteceu. Porque começamos a ler."

Sem televisão ou aparelho de som para ocupar o tempo livre, eles se voltaram aos poucos livros que tinham: obras de culinária, um volume de ilustrações coloridas de Da Vinci, *The Portable Jung* e os exemplares que liam na disciplina de história, *Mitos Para Viver* e *O Herói de Mil Faces*, de Joseph Campbell, os únicos que não tinham sido revendidos para a livraria estudantil no fim do semestre.

Ramiro havia passado a se digladiar com os princípios de sua criação católica, e as memórias que Maynard tinha das igrejas de Ohio fizeram-no abandonar por completo qualquer forma de religião organizada. Mas o aspecto espiritual persistia, eles visitavam tarólogos e estudavam cultos antigos e nova era, já duvidando que existisse qualquer coisa como um caminho espiritual. Foi em Campbell que encontraram um guia gentil.

Costumavam passar várias horas discutindo (e discordando) das visões de Campbell sobre diversos sistemas de crença, mas encontraram um ponto comum nas teorias mais práticas. O objetivo derradeiro, insistia Campbell, não seria descobrir o sentido da vida, e sim a experiência de viver, saber ouvir o próprio coração e seguir sem medo a própria paixão.

> Li Joseph Campbell a partir de uma perspectiva tipo "foda-se o cristianismo". Estava interessado de verdade no que ele tinha a dizer, porque eu adorava a ideia de desvalidar os fundamentalistas. Foi um ponto de ruptura interessante para mim, principalmente depois de ter convivido com toda aquela merda quando criança e de ter visto as pessoas tomarem decisões baseadas no que me parecia ilógico.
>
> Mas Campbell era alguém capaz de realmente falar os fatos sobre mitologia e arquétipos e de desconstruir as visões dogmáticas da religião de uma forma que eu conseguisse compreender e admirar. O professor McCaffrey realmente nos incentivava a enxergar além do óbvio e a ver o que conectava culturas e povos distintos, em vez do que nos separava.

Só depois de demonstrar domínio dos conhecimentos básicos era que os alunos da Kendall podiam fazer experimentos e acrescentar expressão pessoal aos trabalhos.

Geralmente, Maynard ignorava a preocupação dos professores com elementos clássicos. Em vez de se concentrar em pontos de fuga, sombreamento e espaço negativo, preferia ornar seus trabalhos a partir de perspectivas mais criativas e trabalhar além dos limites tradicionais, no intuito de descobrir abordagens e interpretações próprias.

Mais tarde, Ramiro se lembraria de ter passado uma semana inteira trabalhando em um autorretrato, uma tarefa passada pela professora Sandra Stark. Segundo ela, o projeto deveria apresentar elementos específicos: orientação horizontal e a presença de um espelho dentro da moldura, e toda a peça deveria ser feita em grafite. Na noite anterior ao prazo de entrega, Maynard organizou a mesa de desenho e o carvão. Ele foi capaz de incorporar a maioria dos elementos exigidos, mas se afastou das instruções só o bastante para produzir um retrato que refletia inequivocamente seu estilo único.

Durante a crítica, na aula, Stark chamou atenção para os elementos que Maynard não havia feito segundo as diretrizes dela. No entanto, até a professora admitiu que a peça tinha qualidade.

"Maynard sempre teve aquele lado rebelde", comenta Ramiro. "Nesse caso, foi parte por procrastinação, porque ele estava ocupado com a música, mas também parte 'não vou fazer bem do seu jeito.'"

A professora de desenho, Deb Rockman, compreendia o dilema de Maynard. "Os estudos de retrato que Maynard fez para a minha aula eram excelentes, mas ele estava extremamente dividido a respeito de que área seguir", lembra ela. "Eu reconhecia seu talento, mas percebia que ele tinha dificuldades para decidir se deveria se concentrar na arte ou na música. Por certo, não tentei influenciá-lo de forma alguma. Apenas o escutava."

Naquela primavera, Maynard se transferiu para a Universidade Estadual Grand Valley, alguns quilômetros a oeste de Grand Rapids. A universidade oferecia um curso de gravura, um programa menos tradicional que lhe permitiria desafiar os limites convencionais da arte. "Eu apreciava o processo de usar pedaços de cobre para gravar uma imagem no papel", comenta ele. "E isso, incluindo todas as coisas que eu poderia fazer errado."

Entretanto, o entusiasmo durou pouco. Dirigindo para casa tarde da noite, voltando do Top of the Rock, considerou que a arte deveria unir o prático e o puramente artístico, uma combinação que a nova faculdade não enfatizava mais do que a antiga:

> Se eu fosse trabalhar com arte, queria fazer um tipo de arte funcional. Se tivesse continuado no exército, é provável que tivesse me tornado o cara que diria: "Não, não, essa mochila está toda errada. Vou projetá-la de forma mais ergonômica, assim, quando você estender o braço para trás, tudo o que precisar vai estar ao alcance da mão, sem que precise pensar muito".
> Eu teria projetado veículos ou equipamentos que fossem utilitários.

Ele pensava sobre como o senhorio era capaz de equilibrar trabalho e lazer, e como considerava o trabalho manual um momento de diversão, praticado depois do expediente. Talvez uma noite na companhia dele fosse exatamente o que Maynard precisasse para reavaliar suas prioridades.

Ao se aproximar da casa de Bill, trocou a fita cassete no toca-fitas. Ao longo da estrada, os grilos cantavam na grama, e a música deles era um tipo de refrão que lembrava um cântico, algo que preenchia o silêncio no som do Kraftwerk.

Maynard disse a si mesmo que ficar na faculdade não seria o fim do mundo. Ele poderia, se necessário, conformar-se com o status quo, permanecer na bolha segura de Grand Rapids e ter uma carreira projetando cadeiras de escritório ergonômicas e armários fáceis de abrir. Ou poderia tirar um tempo para reorganizar as ideias, a fim de sair da espiral descendente de decepção acadêmica e insegurança financeira.

O tempo no exército certamente não o havia preparado para o malabarismo econômico necessário para viver por conta própria. Os militares tinham fornecido roupas, uma cama para dormir à noite e um despertador todas as manhãs. Se gastasse o soldo nos lançamentos da Violent Femmes e do REM, o vale-refeição ainda garantia a comida até o dia do pagamento. Desde que voltara à vida civil, tendo apenas uma compreensão rudimentar de orçamentos, juros e multas por atraso, Maynard tinha usado os cartões de crédito para bancar shows não remunerados da C.A.D., comprar equipamentos de gravação e o Chevrolet Sprint, acumulando contas que não tinha condições de pagar.

Ele precisava do carro para ir e voltar do campus da Grand Valley, mas o banco não levava isso em consideração. Certa tarde, quando voltou ao apartamento, descobriu que o Sprint havia sumido.

Maynard com frequência fora extirpado de suas coisas. Ele sabia identificar o que era essencial, as coisas que precisava levar consigo e as que poderia deixar para trás. E Boston não era tão longe, poderia chegar em pouco tempo. A cadeira dobrável na sala de estar de Kjiirt seria confortável até que encontrasse um apartamento.

> Em teoria, a energia do universo tende a alguma direção. A gente tem um objetivo, mas a atração e a repulsão dos opostos é o que leva a gente até lá. Grand Rapids era o Jardim do Éden, um lugar onde os aluguéis eram baratos, a família estava por perto e a maioria das pessoas não tinha motivo para ir embora, pois era muito fácil fazer uma vida ali.
>
> No Jardim, tudo era aconchegante. Uma escola de pensamento diz que atingimos nosso objetivo quando temos tudo o que precisamos e não há distrações nos impelindo a outras coisas. Se a gente mantém afastados todo o conflito e toda a escuridão, a vida se torna perfeita. Mas também tem outra escola de pensamento, que diz o seguinte: não fique, saia do Jardim. Mergulhe no caos absoluto, nos conflitos, se force a conquistar algo. Em essência, Lúcifer, ou a serpente, seria, na verdade, uma insurreição necessária, algo que nos impele a perseguir nosso objetivo.

"Não achava que ele fosse mesmo embora", lembra Ramiro. "Mas, então, de repente, um dia ele se foi."

SARAH JENSEN UNIÃO PERFEITA DE ELEMENTOS CONTRÁRIOS MJ KEENAN

6

Os bairros característicos de Boston ainda se mostravam intactos naquele verão de 1988. A homogeneização e a gentrificação causadas pelo fim do controle do valor dos aluguéis ainda era um futuro distante, e mesmo um artista com grandes dificuldades financeiras poderia pagar com facilidade um apartamento em North End ou um quarto espaçoso em um prédio de três andares em Somerville.

Maynard chegou no início de agosto, no auge de uma terrível onda de calor. As casas geminadas marrons e as ruas de paralelepípedos permaneciam insuportavelmente quentes durante toda a noite; os trilhos do trem se distorciam em perigosos objetos incandescentes, e as crianças mergulhavam no frescor bem--vindo da lagoa Frog, no parque Common.

Mike e Jan ficaram perplexos com a mudança. Pensaram que, até que enfim, ele encontrara sua vocação na Kendall. Os dois já tinham ido a Grand Rapids para assistir a um show da C.A.D. e admirar seus desenhos, e interpretaram a partida repentina como se ele estivesse abandonando sua arte e negando os próprios talentos.

"A faculdade de artes parecia desconectada da realidade", comenta Maynard. "Eu não via a possibilidade de criar arte e ganhar alguma coisa com isso." O que ele mais queria era compor música, criar pinturas e esculturas, mas se deu conta de que não fazia muito sentido viver correndo ensandecido da aula para o ensaio, do ensaio para os shows, mergulhando cada vez mais naquela espiral de rendimentos decrescentes. "Fui para Boston em busca de estrutura", explica.

A mudança representava uma chance de deixar os planos de lado por um tempo e de descobrir uma maneira de alterar a própria história. Ele sabia que era hora de se afastar daquele caminho predeterminado, de estabelecer uma rotina que permitisse a ocorrência de acasos sincrônicos, os quais poderiam determinar sua nova trilha. E, tendo Kjiirt para compartilhar aquela experiência, a busca poderia se provar até mais fácil.

A cadeira dobrável azul na sala de Kjiirt era confortável o bastante, mas certamente inadequada a longo prazo. Depois de algumas noites de sono inquieto, Maynard estava pronto para procurar um lugar só para ele. Quando um apartamento ficou vago em Somerville, eles fizeram as malas. Levaram só uma tarde para transportar os poucos pertences para a casa na porção sul de Winter Hill, um bairro de famílias jovens e estudantes da Universidade Tufts, repleto de árvores altas e frondosas e dispersos casarões do século XIX. Maynard subiu a escada da frente carregando o baú, deixou-o no quarto e saiu para decifrar o esquema de trânsito e explorar a cidade.

Damiel e Cassiel contemplaram uma Berlim em preto e branco. Maynard se acomodou em meio ao gélido ar-condicionado do cinema Nickelodeon e os observou realizarem as tarefas silenciosas dos anjos da guarda: confortar o inquieto passageiro do metrô, encorajar o poeta frustrado e consolar o moribundo que jazia ao meio-fio. Desde as primeiras e suaves panorâmicas aéreas da cidade, Maynard tinha se perdido na narração rítmica, no anseio agonizante dos anjos, no poema visual que era *Asas do Desejo*.

Sem fôlego, olhou para o mundo tal qual os anjos, essas criaturas atemporais e fora do próprio tempo, que a tudo observavam e testemunhavam sem pressuposições. Ele os assistia pegar cadernos e documentar para a eternidade a menor gota de chuva em um guarda-chuva perdido da multidão, registrando a história da humanidade mesmo enquanto ela se desenrolava sem parar. Maynard compartilhava o anseio de Damiel enquanto ele extraía da rocha seu espírito, e ansiava por sentir a frieza e as bordas afiadas dela. E, quando Damiel descobriu uma passagem para o mundo humano, um mundo de sabores e cores, de agitados bares punk, de amor e, por fim, de solidão, Maynard se alegrou.

> Por ser filho único, ouvi meu monólogo interior durante toda a minha vida. De repente, estava assistindo a personagens na tela fazendo essencialmente a mesma coisa. Eles ficavam logo à vontade para compartilhar seus pensamentos com esse anjo, sem se dar conta de que vinham conversando com ele desde sempre. Não importava o que estivessem passando, alguém sempre estava lá — independentemente de poderem vê-lo ou não — para oferecer apoio imparcial, para ouvir sua história. Tudo parecia tão familiar.
>
> Compreendi o comprometimento daquele ser eterno quando ele mergulhou na polaridade da existência. Pela primeira vez, ele estava vivendo dentro dos meandros do tempo, algo precioso, mas efêmero. Cada escolha feita neste mundo de tempo traria benefícios — e consequências.

As luzes se acenderam e as portas do cinema se abriram, deixando entrar a onda úmida da tarde de Boston. Maynard vislumbrou a Universidade de Boston do outro lado da rua, os telhados se destacando contra o céu sem nuvens. As calçadas reluziam, quentes sob seus passos, e o cheiro do escapamento dos carros parados no meio-fio o atingia. Ainda sentia o sabor forte de sal e manteiga na língua; sobressaltou-se com a buzina de um táxi e ouviu um riff do Led Zeppelin vertendo de uma janela aberta não muito distante dali.

Ele sabia que, ao longe, havia bares punks ao longo de toda a Lansdowne Street. Mais além, via cordeiros inteiros pendurados nas vitrines dos açougues de North End e, ainda mais além, localizavam-se as praias salinas de Rockport e de Manchester-by-the-Sea. Ali, ele era anônimo, livre para vagar em receptiva incerteza, para ser quem quer que decidisse ser — ou até mesmo ninguém.

Uma aura de expectativa e esperança permeava a cidade. Por muito tempo, as manchetes sobre agitação global, tomada de reféns e combates armados haviam acondicionado muitos a uma indiferença apática, mas o momento era propício a reagir, a uma busca coletiva por consciência elevada e por uma vida mais autêntica. A série da PBS que estreara naquele verão introduzira as teorias de Joseph Campbell sobre arquétipos universais e o poder do mito na vida das pessoas mais pragmáticas. Artistas, poetas e seguidores da nova era haviam embarcado nas próprias jornadas do herói, convencidos de que seguir o pensamento oriental e consumir grãos integrais e fibras naturais encorajaria um movimento pendular em direção à paz, ao amor e à compreensão.

Boston vibrava com uma energia contagiante. A princípio, Maynard achou as ruas confusas; elas tinham uma lógica muito diferente do padrão de grade do Meio-Oeste, o qual determinara por anos a direção em que ele seguia. Mas, ali, todas as praças, rotatórias e travessas convergiam em cafés animados ou se abriam para surpresas repentinas: um mural na passagem estreita sob o viaduto, o saxofonista solitário banhado pelo luar no desfiladeiro de concreto do City Hall Plaza.

Ele perambulava em meio àquela multidão obstinada, que saía da aula de ioga e rumava à seção de suplementos herbais no mercado orgânico e a cursos que prometiam lhes ensinar habilidades psíquicas. Ele cruzou por romanis contemporâneos, que usavam saias leves e cintilantes que ondulavam ao passar sobre saídas de vapor e tinham ametistas e cornalinas amarradas ao redor do pescoço, presas em correntes de prata. Ele parou diante da vitrine da livraria Seven Stars. Havia incensos em exibição, baralhos de tarô e figuras em latão de deusas hindus, suas inúmeras armas confrontando múltiplas forças malignas.

Por mais cético que fosse a respeito da capacidade do hierofante e do enforcado de prever seu futuro, Maynard firmou uma espécie de Aposta de Pascal com o gnóstico:* mesmo que a magia fosse uma farsa, ele não perderia nada se acreditasse. E, se uma pepita de alexandrita no bolso pudesse mesmo intensificar sua criatividade, então confiaria em seus poderes.

"Em algum nível, sei que tudo isso é provavelmente besteira", admitiria ele mais tarde. "Mas decidi entrar naquilo porque me oferecia a noção de que tudo era possível. Se você é um artista e não acredita em algum tipo de magia, sua arte é provavelmente uma merda."

Colecionadores contavam com uma loja em Union Square para conseguir molduras artesanais e fundos de quadros sem ácido para proteger suas belas pinturas e fotografias. Uma curta viagem matinal de ônibus por Somerville levava Maynard à Stanhope Framers, seu primeiro emprego em tempo integral. Uma névoa doce de pó de carvalho e cerejeira pairava sobre a carpintaria, onde os colegas de trabalho cortavam e finalizavam molduras personalizadas, que deixavam em sua mesa de trabalho.

---

* A Aposta de Pascal diz respeito ao argumento filosófico de que seria de interesse racional agir como se Deus existisse, uma vez que evitar as infinitas punições do inferno, se consideradas como uma probabilidade real, superam qualquer vantagem compensatória a agir de outra forma. [NT]

Ele determinava se a peça tinha um alinhamento adequado e fixava uma armação leve na parte de trás da estrutura. Também ajustava o vidro e limpava todos os riscos e manchas antes de embrulhar as gravuras de Monet, Sargent e György Kepes e despachá-las para as residências e galerias de Boston.

> Dava para ver o artístico e o utilitário colidindo ali mesmo, em Stanhope Framers. Eu tinha de ajustar os ângulos, seguir uma estrutura e empacotá-la. Nosso trabalho era acomodar e oferecer estrutura a tudo o que saía da cabeça desses artistas loucos.

O trabalho acabou sendo mais difícil do que o esperado, mas o salário fixo oferecia a oportunidade de quitar algumas dívidas. Além disso, ele percebeu que uma semana de trabalho honesto era um preço pequeno a pagar se significasse mais tempo livre para se dedicar ao plano que ele e Kjiirt haviam traçado, e o plano era não ter qualquer plano. Eles pretendiam viver focados apenas nas experiências, com a atenção sempre voltada às possibilidades, os sentidos sintonizados na energia invisível que crepitava no ar do verão.

Às cinco horas, Maynard guardava o pé de cabra e o grampeador nas prateleiras acima de sua mesa e estendia sobre ela uma folha de papel branco novinha. De manhã, tudo recomeçava: o trabalho concentrado e focado de ajustar e polir com precisão, e a batalha contra imperceptíveis marcas de dedos e os menores grãos presos entre a imagem e o vidro. Por mais que tentasse, algumas manchas e poeira sempre permaneciam. Maynard era bom naquilo, mas uma loja de luxo como Stanhope exigia extrema atenção aos detalhes, algo que ele tinha consciência de que carecia.

Então topou com o panfleto que anunciava uma vaga em um pet shop. Ele já havia visto filhotes de gambá crescendo em uma banheira sob os cuidados de Mike, e reconhecido o vínculo que o pai tinha com os pássaros selvagens que se alimentavam em seu boné. Criara Harpo que, de filhote indefeso, tinha se tornado um pássaro saudável e feliz. Assim, reuniu seu conselho interno para pesar os prós e os contras de uma mudança de carreira.

"Minha felicidade não estava em limpar vidros com amônia e álcool", recorda. "Ela jazia com pássaros e animais. Me senti atraído pela ideia de trabalhar em um pet shop, onde tudo ao meu redor estava respirando, voando, rastejando, vivendo e morrendo."

A Boston Pet Center, uma loja privada na área de Lechmere, em East Cambridge, era especializada em peixes de água salgada — radiantes parus, peixes-palhaço e peixes da família Pseudochromidae. Em um canto, atrás de uma porta de vidro, encontrava-se o aviário, onde tentilhões e calopsitas voavam do poleiro ao ninho, e papagaios usavam aqueles olhos em formato de contas para acompanhar os clientes que se aproximavam para admirar sua plumagem.

Maynard tinha a função de pegar a vassoura e o esfregão para manter o lugar arrumado, e logo reconheceu as personalidades individuais dos pássaros. Ele tranquilizava os mais ousados, cujos gritos altos, ele bem sabia, não passavam de uma forma de compensar o medo que sentiam. Interagia com os tímidos até que tivessem coragem o bastante para pousar em seu ombro assim que entrasse na sala. Fez amizade com Bobo, a arara-azul da loja, que logo se apegou a ele e jamais se recusava a se apresentar para os clientes, descendo com confiança do poleiro em direção às mãos estendidas de Maynard.

"Maynard me ligava tarde da noite e me contava sobre o trabalho", recorda Deb Rockman. "Conversávamos sobre música e o que ele andava fazendo em Boston, mas o que mais me lembro daquele período é que ele curtia mesmo aqueles pássaros."

Ele de fato encontrara sua paixão no aviário. Além disso, no Boston Pet, Maynard descobriu habilidades que nunca soubera que tinha. Certa tarde, ele observava um colega de trabalho, ajoelhado no corredor, organizando um mostruário de brinquedos para cachorros: ele colocou as caixas e embalagens nas prateleiras, reproduzindo o mesmo padrão sem graça já feito por inúmeros estoquistas que o antecederam. Maynard jamais organizara uma vitrine de varejo, mas lhe parecia que as bolas com guizo e os macacos de pelúcia poderiam ser posicionados de maneira mais atraente. "Sabe, se a gente organizasse isso de um jeito diferente, talvez por formato ou agrupando os produtos semelhantes, ficaria mais lógico", sugeriu ele. O colega o fitou, ressentido por receber instruções de um novato, e respondeu com a própria sugestão: que Maynard pegasse o esfregão e fosse limpar a merda dos pássaros, que era o que ele tinha sido contratado para fazer.

Maynard não notara a gerente da loja, Debra Alton, atrás de uma gôndola, fora de vista. Mas ela ouvira a conversa. "Ela se aproximou de mim e disse: 'Sério, como você organizaria?'", lembra ele.

Alton o convidou para fazer um teste e organizar um mostruário de sementes de periquito e ossos de siba. De maneira intuitiva, ele rearranjou os produtos de acordo com tamanho, forma e cor, deixando espaço suficiente entre eles para que os clientes pudessem retirá-los com facilidade dos ganchos. Alton sorriu.

"Eu trabalhei com gerenciamento de varejo durante toda a minha carreira", explica ela. "Não há nada de criativo ou inteligente em suprimentos para animais de estimação, mas Maynard era capaz de pegar uma pilha de coisas e transformá-la em um belo mostruário."

Maynard se lembrou das aulas de perspectiva na turma de desenho do sr. Ingraham, dos castelos e fortalezas que construíra no porão de Ravenna, da arte do álbum da C.A.D. e dos trabalhos da Kendall — sucessos aleatórios que agora pareciam ter sido apenas uma preparação para aquele momento, naquela tarde, naquele pet shop em Lechmere Square. "Aquilo era mais diversão do que trabalho", comenta. "Era como uma escultura viva, em movimento, na forma de um pet shop."

Não demorou muito para que Alton o nomeasse gerente de merchandising, responsável pela equipe de reposição e pelo mostruário. Quando a loja recebeu novas linhas de petiscos para gatos e acessórios de aquários, Maynard assumiu a tarefa de redefinir os corredores. Em novembro, quando os ossos de couro em formato de bengalinhas e as meias de Natal para animais de estimação chegaram, ele organizou vitrines alegres para destacar os produtos sazonais. "Eles realmente reconheceram que eu era capaz de fazer contribuições valiosas", ressalta ele. "Eles me deram uma chance e eu não decepcionei. Aproveitei a oportunidade, fiz o melhor possível e pensei: 'Aqui vamos nós'."

Maynard analisou a disposição da loja de maneira crítica e sugeriu que os sacos de ração para cães e gatos fossem movidos da entrada para os fundos. A proposta foi recebida com resistência. Os colegas o lembraram de que os sacos eram pesados e que, caso os trocassem de lugar, os clientes precisariam carregar aqueles pesados treze quilos por todo o corredor até a saída.

Porém, os clientes não se importaram. A caminho do único produto que pretendiam comprar, passavam por plantas artificiais para aquário, etiquetas de identificação e produtos para eliminar bolas de pelo, o que os fazia encher por impulso os carrinhos de compras com mais produtos caros, acreditando que Tippy precisava mesmo daquela coleira rosa brilhante e que Puff merecia mais um ratinho novo com erva-gateira. "Eu inventei as promoções de roer e levar", ressalta Maynard.

Apesar de toda aquela retórica sobre harmonia universal e irmandade humana, Boston continuava sendo uma cidadezinha provinciana onde fronteiras invisíveis mantinham afastados os indesejáveis. Os estereótipos sobre os quais Maynard ouvira falar antes de vir para o leste acabaram se provando verdadeiros: a lendária postura ianque de autoconfiança inabalável e privacidade cautelosa prevaleciam naquele lugar, onde recém-chegados eram objetos de desconfiança até que se estabelecessem — um processo misterioso que poderia muito bem levar gerações.

> Viver em Boston era como voltar a Scottville, a uma cidade onde todo mundo sabia que você não era dali e, portanto, tinha que provar o seu valor. Kjiirt e eu íamos tomar cerveja no Shays, em Harvard Square. Era um barzinho legal, e eu queria poder me sentir em casa ali, mas isso não aconteceu. Metade da minha experiência em Boston foi assim. Ninguém queria ser receptivo de verdade.

Sempre prontos para as novidades da música, Maynard e Kjiirt bateram cabeça e entraram no *mosh* dos shows no Axis e no Avalon, em Lansdowne Street, e também quando bandas de hardcore apareciam no Channel, em Fort Point.

Eles assistiram aos holofotes refulgindo sobre os Ramones e Devo, bateram cabeça com metaleiros e dançaram com góticos na frente do palco, fazendo os passos de "Jerkin' Back 'N' Forth" que haviam aperfeiçoado no Johnny's. O piso de madeira estremecia sob os pulos e colisões, e os alto-falantes oscilavam perigosamente. A multidão se movia em sincronia ao compasso da batida e, quando as coisas pareciam prestes a sair de controle, ele e Kjiirt se afastavam para o canto mais longínquo da pista, bem a tempo de evitar serem dispersados por seguranças temendo pelo bem-estar dos clientes.

Maynard abordava os membros das bandas durante o intervalo dos shows e indagava-os a respeito de riffs inovadores e progressão harmônica. Desacostumados a questionamentos sérios da parte dos fãs, eles, diante daquela capacidade natural de socialização típica do Meio-Oeste, fingiam que não o ouviam. "Ele tentava conversar com as bandas, mas ninguém nunca parecia formular uma frase coerente", lembra Kjiirt. "Nós éramos os únicos que conversavam com esses caras em todo o lugar."

O silêncio deles não mitigava a euforia de Maynard depois de uma noite em um show. Na hora que o bar fechava, ele e Kjiirt desviavam dos que haviam exagerado e desmaiado no estacionamento e partiam em uma caminhada de seis quilômetros rumo a Somerville. O metrô havia fechado há horas, mas, extáticos pelas experiências da noite, atravessavam a Harvard Bridge, imaginando como seria tocar sob os holofotes coloridos do palco do Axis.

"Nenhum de nós tinha a mínima ideia do que queria fazer de verdade", admite Kjiirt. "Sentíamos que Boston era um ponto de transição e sabíamos que não íamos viver naquela cidade conservadora da Nova Inglaterra para sempre."

Maynard percebeu que seria impossível conquistar os frígidos habitantes de Boston. Ele era próximo de poucos em quem podia confiar, os poucos que, assim como ele, haviam migrado de outros lugares: Ian e Elias, recém-chegados do Brasil; as vizinhas de Somerville, Tina e Liz, cuja afabilidade e sinceridade separavam-nas do espírito do povo de Boston; o morador de rua, que poderia ter vindo de qualquer lugar, e que sempre tinha um comentário gentil quando Maynard passava pelo pequeno parque em Harvard Square; e, como já era de se esperar, Kjiirt e sua irmã.

Maynard e Kjiirt subiam a escada estreita que levava ao apartamento de Sarah, no quinto andar, e entravam na cozinha aquecida pelo aroma de peru assado ou pernil de cordeiro do restaurante DiPaolo & Rossi, que ficava na esquina. Apesar de pequeno, o apartamento de North End sempre tinha espaço para mais um, para outro desgarrado do Meio-Oeste cuja situação financeira ou dinâmica familiar os impedia de ir para casa nas festas de fim de ano. Logo de cara, suas raízes em comum os tornaram uma família que se reunia para celebrações as quais Maynard era não só convidado, mas aguardado.

Eles dispunham cadeiras desiguais em torno da mesa dobrável na sala de estar, punham a mesa e organizavam as taças para a degustação dos vinhos Gewürztraminer e Malbec que Kjiirt selecionava para acompanhar cada prato. Maynard costumava contribuir com uma travessa de aperitivos, azeitonas maduras, presunto apimentado e queijo palito — o qual trançava para a ocasião. Ele também poderia trazer um convidado — alguém que estivesse namorando, mas nunca a mesma pessoa do Dia de Ação de Graças, do Natal e da Páscoa.

Maynard, Kjiirt e os outros permaneciam nessas celebrações pelo máximo de tempo que fosse educado ficar. E, naquele apartamento sem aquecimento no coração de uma cidade impessoal, suas risadas ecoavam manhã adentro — naquele lar onde uma vela queimava e ninguém estava sozinho.

O refúgio de Maynard era o Neighborhood, um aconchegante restaurante em Union Square administrado pelos simpáticos irmãos Borges: Mario, mestre da culinária portuguesa, e Sheila, a garçonete geniosa de cabelos volumosos e que costumava usar tops.

Ele e Kjiirt se sentavam à mesa habitual, nos fundos do restaurante, observando os pratos abarrotados de ovos, linguiça, batatas fritas, waffles, doces folhados e tigelas de mingau com receita especial da casa.

> Alguns lugares têm ressonância; o Neighborhood era um deles. Eu chegava e Mario dizia: "Sheila, o seu amigo Myron está aqui. Gaylord? Qual o nome dele? O cara". Ele não conseguia lembrar meu nome, mas sabia que eu ia pedir omelete de frutos do mar.
>
> A gente acaba sendo atraído por lugares assim. Mario e Sheila eram minha família em Boston. Eu podia contar com eles.

E ele podia contar com Sheila de imediato, porque ela logo apagava o cigarro e o atendia: "Judy Patootie, vem aqui e me traz um café agora mesmo!".

"Essa cidade não é fácil", admitiu Sheila em uma entrevista de 2013. "É fria pra caramba. Ninguém fala com a gente." Recém-chegada de New Jersey, Sheila teve de lidar com o próprio status de forasteira. "Muitas das pessoas que eu atendia eram universitários esnobes e endinheirados de classe alta que me tratavam que nem merda", lembra. "Aquilo me magoava. Quando Maynard e Kjiirt apareceram, eles equilibraram as coisas."

Eles se demoravam apreciando o café e o pão quentinho, recém-saído do forno, abriam o *Boston Globe* nas páginas dos quadrinhos e liam a tirinha do dia do *Zippy the Pinhead*, esquecendo por um momento o caráter pretensioso da cidade.

"Maynard era reservado", conta Sheila. "Ele não falava muito, mas era um cara engraçado, astuto, perspicaz e muito receptivo. Deve ter passado por um período de abstinência de Michigan e agora estava fora da própria zona de conforto. Eu também estava fora da minha, mas apoiávamos um ao outro e conseguimos superar aqueles anos."

Maynard se lembrava muito bem dos ventos gélidos que sopravam do lago Michigan, das nevascas intensas que bloqueavam a rota dos ônibus escolares, dos cachecóis, das botas pesadas e das luvas grossas que tinha de usar enquanto limpava a neve da entrada da garagem de Mike. Ainda assim, nada poderia tê-lo preparado para o implacável inverno de Boston. Os pedestres caminhavam sem firmeza pelas calçadas cobertas de neve, enfileirados, enquanto outros tremiam de frio esperando os trens atrasados por conta das tempestades. Dias em que a chuva caía morna eram bem-vindos, mas duravam pouco e deixavam poças fundas de neve barrenta nas sarjetas — poças que congelavam durante a noite, tornando-se traiçoeiras e escorregadias. O ciclo de frio intenso, neve, chuva e degelo pode durar até abril, deixando as ruas repletas de montanhas de gelo escuro produzido pelos escapamentos, cravejado de bitucas de cigarro amareladas e copos amassados do Dunkin' Donuts.

Durante algum tempo, Maynard e Kjiirt enfrentaram os ventos penetrantes que açoitavam a Harvard Bridge em nome das saídas noturnas em direção a Lansdowne Street. Mas, depois de semanas de frio e neve, nem mesmo a possibilidade de descobrir uma nova banda punk era suficiente para tirá-los de casa.

"Boston tem os invernos mais desgraçados do mundo", recorda Maynard. "É tão frio, úmido e miserável que a gente começa a ler livros sobre assassinos em série."

E justo quando ele havia perdido a esperança de que a primavera chegasse, um chuvoso abril deu lugar a um maio ensolarado, aquecido pela brisa perfumada por lilases e pela visão das flores rosadas contra as fachadas escuras das casas geminadas de Marlborough Street. Os músicos folk retornaram a seus típicos lugares sob os carvalhos verdejantes do parque, e Sheila e Mario dispuseram mesas com guarda-sóis no pátio, sob o caramanchão.

Mudar de apartamento propiciaria novas vistas das janelas, que se abririam a praças inexploradas, oferecendo incalculáveis possibilidades e desdobramentos. O pequeno apartamento de Kjiirt em Cherry Street tinha espaço o suficiente para guardar sua bicicleta, então Maynard alugou um quarto em um prédio compartilhado de três andares, apenas a algumas quadras de distância, em Pearson Street.

"Quando ele veio ver o lugar, pensei: 'Quem é esse esquisitão?'", admite Steele Newman. "Se alguém tivesse me dito que ele havia estudado na Escola Preparatória de West Point, eu teria dito: 'O que você anda fumando?'" Mas Steele e os colegas de quarto, todos recém-formados, fazendo malabarismos com as contas de luz e o financiamento estudantil, ignoraram as roupas de couro e o imenso moicano de Maynard em troca do cheque do aluguel.

Ele guardou o mixer de áudio no fundo do armário, então passou a estabelecer um complexo habitat para os mandarins, peixes, salamandras e lagartos que tinha trazido do pet shop. No quarto, organizou vasos de plantas, gaiolas e um aquário, e instalou uma porta de tela para que os pássaros pudessem voar com segurança. "Se a gente considerar cada um deles, aqueles pássaros tinham um espaço do caralho pra voar", recorda.

> Eu precisava de algum tipo de tranquilidade ao meu redor. Boston tem uma boa quantidade de parques, mas para ir até eles a gente tem que atravessar o caos do trânsito e toda aquela agitação. Sentia que minha casa era uma república. Precisava criar um oásis onde pudesse fechar a porta e me desligar de tudo. Transformei o meu quarto numa versão do nosso jardim de Michigan.

Maynard se percebeu um estranho em Pearson Street. Todas as manhãs, Steele, Todd e Peter vestiam ternos e gravatas da loja de departamento Filene's Basement, trajes condizentes com seus cargos iniciais em empresas de investimento e de relações públicas no centro da cidade. Até mesmo John Pashalakis, cujas roupas de ficar em casa se limitavam a uma seleção de shorts jeans em vários estágios de desgaste, seguia as regras e se apresentava ao trabalho na hora — e devidamente vestido — na Store 24 que administrava.

Porém, era o aviário de Maynard, assim como os horários não convencionais e o hábito de observar tudo em silêncio, como se estivesse registrando impressões para algum uso futuro, o que os outros consideravam mais desconcertante.

Ele se levantava tarde da manhã, servia-se preguiçosamente de uma tigela de cereal Cheerios e não tinha pressa alguma em acompanhar os outros no caminho apressado para o escritório. "Nós pensávamos: 'De que planeta esse cara veio?'", conta Steele. "'Por que ele não faz o que esperam que a gente faça? Será que não vai procurar um emprego em tempo integral?'"

Era só durante as festas em Pearson Street que a sagacidade de Maynard era valorizada. As festanças estrondosas, quase semanais, tornaram-se lendárias no bairro. Eram regadas a barris de Budweiser e tinham um fluxo constante de convidados durante a noite inteira. O som da dança e das risadas ecoava pelo pátio e, lá dentro, dedicavam-se a enrolar papel de seda e a abrir discos de vinil. "Era uma casa selvagem", admite Steele. "Só nos importávamos com o quão bombástica seria nossa próxima festa." A polícia de Somerville aparecia com tanta regularidade, atendendo a reclamações de barulho, que eles deixavam um bule de café e uma variedade de canecas perto da porta especialmente para os policiais.

Sendo um anfitrião cordial, no decorrer da noite, Maynard reabastecia, fazendo arranjos artísticos com as travessas de biscoito para cachorro espalhadas pelo apartamento e as tigelas de peixinhos secos, do tipo que os clientes compravam no pet shop para seus cadozes e peixes-cirurgiões. "Era quando mais interagíamos com Maynard", diz Steele. "Quando era hora da festa e a gente se soltava, todo mundo já alegrinho da bebida, a gente pensava: 'Que senso de humor do caralho que esse cara tem!'"

Intolerante à fumaça azul que pairava pela sala, Maynard se afastava com seu drink White Russian e ficava assistindo aos demais que, cheios de larica, enchiam as mãos com as guloseimas saborosas e pouco ortodoxas da festa.

Os colegas de apartamento podiam ter questionado os horários incomuns, mas era isso que Maynard considerava a principal vantagem do trabalho. Os tarólogos de Grand Rapids o haviam aconselhado diversas vezes a prestar mais atenção aos seus talentos ignorados, e, com frequência, também haviam comentado sobre sua voz interior e o instigado a ouvi-la.

> Muitos dos cartomantes a que Ramiro e eu fomos me disseram a mesma coisa, que era como se estivesse olhando para uma parede ou uma janela, para algo parecido com uma vitrine de filhotes para adoção, mas a luz não estava acesa.

> Eu só tinha que acender a luz para ver o que precisava fazer. Eles falavam em "arranjos" e "apresentação" e disseram que ainda poderia levar um tempo para descobrir, mas que havia algo que eu estava destinado a fazer.

No Boston Pet, ele podia canalizar sua sensibilidade artística, incorporar os princípios do design e do feng shui e garantir que a disposição da loja correspondesse, de fato, à função. "Fizemos uma coisa que nunca tínhamos feito antes", explicou Alton, em uma entrevista de 2015. "Criamos uma equipe noturna de merchandising, e Maynard ficou encarregado da equipe de recepção."

O novo horário o deixou com o dia livre para aproveitar o sol de que tanto sentira falta durante o inverno. Contudo, apesar da paixão pelos tentilhões e araras no aviário da loja, Maynard sentia uma pontada de desgosto. Era óbvio que não tinha estudado, observado e preenchido cadernos inteiros com ilustrações arquitetônicas só para passar a vida organizando erva-gateira e suéteres para cachorros.

De manhã cedo, no verão, ele chegou à North Station bem na hora em que os passageiros estavam voltando à cidade, vindos de Concord, Salem e Newburyport. Ele segurou a gaiola de Harpo debaixo do braço e abriu caminho em meio à multidão de secretárias e CEOs, seus rostos congelados em carrancas eternas enquanto marchavam em sintonia em direção aos escritórios.

O trem de Rockport passou devagar pelas estações ferroviárias e comércios nos arredores de Boston, depois ganhou velocidade e singrou as florestas e sapais de North Shore. Da janela embaçada, Maynard observou os píeres repletos de lagosteiros içando armadilhas sobre as amuradas, as marinas onde os mastros refulgiam ao sol, os cordames ressoando ao vento. E, além das colinas e zonas úmidas de Beverly Farms, o trem parou na asseada estação de Manchester-by-the-Sea, a poucos metros da trilha arborizada que levava a Singing Beach.

A praia era cercada por afloramentos rochosos, que se estendiam até a água, formando uma barreira natural em formato de lua crescente. A areia de sílica silvava sob os pés descalços de Maynard e a fragrância de algas pairava pungente no ar salgado. Ele abriu a porta da gaiola. Harpo alçou voo, pousou em seu ombro, mirou-o com aquele olho escuro de contas, cintilante e questionador, então voou e desapareceu sobre as ondas e a areia.

Maynard se acomodou em uma enseada isolada, abriu um pacote de Twizzlers e fitou a água: o verde e o azul se tornavam mais profundos quanto mais longe olhava. Ondas salinas se chocavam contra as rochas próximas e, ao longe, um veleiro flutuava lentamente em direção ao porto de Manchester.

Não era como se nunca tivesse visto o oceano. Já passara horas na costa de Jersey, treinando corrida ao lado de Sarah Llaguno, passando por multidões de turistas em Asbury Park. Ele se lembrava da algazarra estridente que reverberava do Circus Fun House, da música honky-tonk[*] que ouvia no caminho e da roda-gigante que produzia uma silhueta exagerada contra o céu.

Mas a costa de Jersey era diferente — não era, de maneira alguma, um oceano como o que via então. Ali, o céu se estendia em um azul ininterrupto acima das ondas que se acumulavam, distantes da orla, quebrando e então retrocedendo lentamente sobre a areia branca. Quase vazia em uma manhã de dia útil, Singing Beach era o cenário tranquilo de que ele precisava, um lugar repleto de bolachas-da-praia e conchas de caramujo-lua, trilhas bifurcadas das pegadas de gaivotas e libélulas fulgentes em meio à gramínea da praia.

Como jamais aprendera a nadar, Maynard se deitou nas águas rasas, deixando de lado as preocupações sobre o futuro. Fechou os olhos e vislumbrou o jogo de cores sob suas pálpebras. Permaneceu imerso na água fresca por um bom tempo, sintonizando-se com o ritmo do mar, com o silêncio, rompido apenas pelo grasnar agudo das gaivotas e das biguás que singravam os céus.

Por fim, abriu os olhos e contemplou o céu sem nuvens. Viu Harpo, apenas um pontinho, aproximando-se cada vez mais, voando, direto e decidido, de volta à gaiola.

Maynard fez uma pausa na caminhada de volta à estação e ajoelhou-se ao lado de uma piscina natural. Colônias de mexilhões azuis lançavam seus sedosos fios de bisso e ancoravam-se nas rochas escorregadias, protegendo-se contra a agitação das ondas. A água, as algas e a espuma formavam uma paisagem verdejante que reluzia sob o sol forte.

*   *   *

[*] Honky-tonk diz respeito a um tipo de bar e, ao mesmo tempo, a um tipo de variante musical do country, muito comum entre a classe trabalhadora do sul e sudoeste dos Estados Unidos. [NT]

Energizado, Maynard voltou para Boston a tempo do turno da noite e lavou o sal e a areia do pescoço na pia dos fundos do pet shop. Quando os horários de trabalho coincidiam, ele e Kjiirt se encontravam para comer *samosa* e *korma* em um dos restaurantes indianos da Central Square, depois se apressavam para tomar um sorvete de manga antes dos shows no Cantab, na mesma rua.

Os dois eram recebidos com sorrisos e amenidades pelos clientes regulares daquele enfumaçado e sombrio bar de jazz. O anfitrião, Little Joe Cook, sempre abria as noites com o mesmo bordão: "Sejam todos bem-vindos ao show, seus hambúrgueres e cheeseburguers!". Não importava a origem, a multidão se aglomerava na pista de dança, fazendo passos inventivos e deliciando-se com a música de Nancy PhD, James Brown Jr. e Jose Jose — pessoas que, durante o dia, eram psicólogos e contadores, mas, à noite, mascaravam suas identidades diurnas e se transformavam em arrebatadores artistas de música funk. Todavia, a relação que Maynard tinha com eles era um tipo compartimentalizado de companheirismo, algo que já havia aprendido a esperar das pessoas. E os limites intransponíveis que existiam entre eles jamais permitiram a abertura de caminhos que conduzissem a uma amizade mais profunda.

Maynard e Kjiirt cantarolavam "Lady from the Beauty Shop", de Little Joe, enquanto rumavam ao metrô, com o riso que vinha do Cantab cada vez mais distante e a lua alaranjada pairando, cheia e pungente, acima da Harvard Bridge.

Era apenas no terraço do apartamento de Kjiirt, em Cherry Street, que tais limites se dissolviam. Os churrascos de fim de semana atraíam a irmã dele, que vinha de North End, Elias, do apartamento de baixo, Jane e Ian, Hope e Lorri, e Harold, seu colega de trabalho na adega Martignetti's. Era, com certeza, um grupo peculiar, mas também seleto, capaz de oferecer a sensação de proximidade pela qual Maynard tanto ansiava.

Enquanto Kjiirt cuidava do torresmo de pato na grelha, os demais compartilhavam novidades sobre os poemas que escreviam, o conjunto de aquarela que pretendiam comprar na próxima segunda-feira ou o colar que planejavam fazer com vidro marinho e conchas. Trocavam conselhos como se estivessem certos de que um dia seus sonhos poderiam se tornar realidade e, passadas algumas horas na companhia de pessoas que pensavam da mesma forma, chegavam a quase acreditar que era possível.

Suas histórias eram pequenos capítulos de algo maior: a narrativa conjunta de amigos em um terraço ensolarado de Somerville, compartilhando risadas e desejos, o Prudential Building e o Hancock Tower erguendo-se nebulosos ao fundo, e Public Enemy esbravejando no toca-fitas de Kjiirt.

> Eu não tinha referência para esse tipo de coisa. Era um ambiente íntimo com boa comida, vinho e gente bacana. Alguma coisa me tocou profundamente durante as reuniões naquele terraço. Era só cozinhar e comer, mas era tão poderoso. Era como voltar para casa.

Maynard provou com disposição os vinhos Shiraz e Valpolicella que Kjiirt havia escolhido para acompanhar as refeições. Ele não tinha confiança o bastante para comentar sobre complexidade, *terroir* ou acidez, mas, quando Kjiirt e Harold analisaram um Bordeaux *premier cru* particularmente singular, ele se recostou no parapeito e escutou os dois.

Maynard e Kjiirt haviam planejado uma aventura para fevereiro, uma vez que passar mais uma noite no apartamento coberto de neve se tornara impensável. Ao voltar tarde para casa pela Lansdowne Street, tentaram se proteger da tempestade e relembraram as histórias de resiliência que Boots Newkirk contara durante as aulas de história norte-americana. Os *voyageurs*,* assim como os cavaleiros da Pony Express,** haviam sobrevivido a climas mais extremos do que aquele, e tais pioneiros intrépidos não possuíam sequer mapas precisos para guiá-los. No meio do caminho para Somerville, parabenizaram um ao outro pela determinação e capacidade de avançar através da neve inclemente e da lama traiçoeira. Então se deram conta de que seis quilômetros

---

* Comerciantes franco-canadenses que transportavam peles por meio de canoas durante o período em que as colônias travavam comércio com os povos indígenas, durante os séculos XVIII e XIX. [NT]
** A Pony Express oferecia um serviço de correio expresso, entregando correspondências a cavalo. Os cavaleiros cruzavam os territórios selvagens dos Estados Unidos através de uma rota que ligava as cidades de St. Joseph, no Missouri, e Sacramento, na Califórnia. Fundada em 1860, o serviço funcionou por apenas um ano, até 1861, sendo substituído por linhas de telégrafo. [NT]

não eram, de fato, uma distância tão longa — não tão longe quanto Michigan, por assim dizer. Ora, se eram capazes de atravessar Boston a pé durante uma tempestade de neve, uma viagem a Scottville sob um céu claro de verão seria moleza.

Kjiirt deu início a um regime de treinamento assim que se mudou para Cherry Street. Ele pedalava todas as manhãs até Walden Pond, tonificando os músculos e ganhando resistência, preparando-se para dez dias na estrada.

Para não ficar para trás, Maynard decidiu parar de usar qualquer tipo de transporte motorizado. Se, em uma bela manhã, partisse de Massachusetts, dando um passo de cada vez, sabia que não levaria tanto tempo assim para chegar a Scottville, que ficava a apenas 1,3 mil quilômetros dali. Ele percorria essa distância a cada sete meses durante as caminhadas diárias de ida e volta da escola — até mais do que isso, se contasse os quilômetros do cross-country. Daria uma vantagem a si mesmo: partiria alguns dias antes que Kjiirt começasse a pedalar e o encontraria em Scottville em meados de agosto.

Se os dois queriam mesmo fazer essa jornada, o ano de 1989 parecia ser o momento certo. Naquele verão, haviam começado a notar cada vez mais sincronicidades, coincidências que chamavam de "momentos Kashmir", alinhamentos curiosos que os conduziam a um estado de consciência elevado. O pai de Kjiirt fez 75 anos naquele ano, Mike logo faria 50, e os dois tinham comemorado 25 na primavera. Talvez os padrões que reconheciam não passassem de ilusões, coisas menos significativas do que o formato das nuvens ou os rostos sorridentes que vislumbravam em meio às rosas do papel de parede da sala da vovó Gridley. Todavia, viajar para casa por conta própria para honrar tais marcos poderia muito bem tanger as energias que jaziam nas profundezas da simetria matemática que determinava um quarto de século.

E outro aniversário acrescentava novas dimensões à precisão geométrica. O ano marcava o centenário de Scottville: cem anos desde a emancipação, quando uma aposta de cara ou coroa entre o madeireiro Hiram Scott e o banqueiro Charles Blain decidiu o nome da cidade.

No final de julho, Maynard e os amigos se reuniram para brindar sua partida com longnecks de Budweiser no Cantab. Naquela noite, ele colocou o nome na lista de inscrição do palco aberto. Pôs as mãos nos bolsos do macacão e subiu no pequeno palco. Fazia muito tempo que não cantava em público, mas só foram necessários alguns versos de "King of the Road" para que a velha confiança voltasse e, com ela, o desejo familiar de que a música continuasse até muito depois de o bar fechar.

Os amigos contemplaram uns aos outros em um silêncio atônito, então examinaram as expressões do resto da plateia, que se inclinava em expectativa na direção do palco quando Maynard começou o bis com "Margaritaville". Kjiirt conhecia os talentos do amigo, claro, mas Ian, Jane, Sarah e Elias ficaram surpresos diante daquele tenor forte e consistente, do controle, das nuances criativas. "Eu não sabia nada sobre as bandas de Maynard em Grand Rapids", comenta Steele. "Nunca o tinha ouvido cantar no apartamento e não fazia ideia de que se interessava por música."

Maynard deixou seus pássaros e peixes sob o cuidado dos amigos e, não muito tempo depois, foi para South Station acompanhado por Sarah, sua comissão de despedida de uma única pessoa. Na mochila, carregava apenas o necessário: uma abundância de meias extras, o talão de cheques de viagem da American Express, um mapa rodoviário, um walkman, uma barraca e um saco de dormir. Apenas alguns madrugadores estavam no terminal Peter Pan, de passagens em mãos, esperando o primeiro ônibus da manhã para Pittsfield, a parada mais a oeste de Massachusetts.

Pouco antes de embarcar, Sarah colocou na mão de Maynard um grosso livro brochura. A capa era uma colagem colorida de uma topiaria angular, um arco-íris e conchas espiraladas de náutilo; o título era um bloco brilhante, em letras maiúsculas, em um estilo eduardiano cheio de floreios. "Pega", disse ela. "Só abre depois de começar a andar."

Quando chegou a Pittsfield, o sol estava alto no céu e o dia, ameno, ideal para uma caminhada, que não começaria conforme planejara, percebeu ele com um pânico súbito. Disseram-lhe que os pedestres tinham sido impedidos de entrar na rota que ele havia escolhido: a interestadual, que marcara com uma grossa linha verde no mapa do guia de viagens. Ele percorreu com o dedo a estreita linha vermelha que indicava a rodovia secundária, que seguia em paralelo. O tráfego seria tranquilo lá; os moradores dirigiam sedãs tamanho família e caminhonetes, sem pressa para chegar a Albany, Syracuse ou Buffalo. O desvio poderia significar mais tempo na estrada, mas talvez pudesse ser um caminho mais agradável. Então, ajustou as alças da mochila e atravessou a fronteira.

Diante dele havia todo o estado de Nova York, Ontário, o sul de Michigan e Scottville; a viagem poderia ser feita em catorze horas de carro, mas ele levaria duas semanas, passando por incontáveis arbustos de chicória azul embalados pelo vento e noites a céu aberto depois de dias sob o sol. O mapa mostrava um trecho comprido e reto bem à frente. Confiante no caminho, tirou os olhos da estrada, abriu *Little, Big** e começou a ler:

> *Certo dia de junho, datado de 19, um jovem ia a pé, do norte da grande Cidade, a um município ou lugar chamado Edgewood, sobre o qual tinha ouvido falar, embora jamais conhecido. Seu nome era Smoky Barnable e ia a Edgewood para se casar. O fato de que ia andando e não cavalgando era uma das condições impostas para que fosse aceito no lugar.*

A cadência do livro fez com que se envolvesse na história de John Crowley do mesmo modo que seus passos o levavam adiante pelo acostamento de cascalho. Edgewood ou Scottville, os destinos se confundiam conforme a história de Smoky se sobrepunha à dele. Era como se Crowley tivesse descrito a mesma estrada que Maynard percorria, os mesmos bosques de bordo pelos quais passava, os campos repletos de insetos, o aroma acentuado de piloselas e cenoura selvagem à beira da rodovia. Ele andava e andava, animado pela sensação de que outros haviam caminhado por aquela trilha antes dele.

Naquela noite, Maynard suspeitou que a empreitada pudesse ser mais cansativa do que o esperado. Tinha câimbra nas pernas quando parava para descansar, e os pés formigavam no ponto onde amarrava os cadarços. Havia deixado 32 quilômetros para trás, mas ainda havia outros 1.255 a serem percorridos. Ele temia ter assumido um desafio para o qual, no fim das contas, talvez não estivesse preparado.

Um desafio, sim, mas não um fardo. Seu pai explicara a diferença nos reverberantes corredores da escola enquanto o time de luta olímpica dava voltas e mais voltas de aquecimento ao redor da quadra. Aquele percurso poderia ser

---

* Romance de fantasia escrito por John Crowley, publicado pela primeira vez em 1981. O romance narra a história de Smoky Barnable, um jovem que viaja a um lugar desconhecido que não figura em nenhum mapa, chamado Edgewood, para se casar com Daily Alice, conforme profetizado. [NT]

mais longo que o que fazia com a equipe de cross-country, mas as regras eram as mesmas: ele deveria correr rápido quando o caminho se tornava nítido e fácil, e adotar um ritmo leve em subidas ou quando ficasse cansado.

Ele jurou que iria caminhar, e era o pretendia fazer. Ficou de olho no relógio, determinado a percorrer a maior parte do caminho a pé e não de carona com estranhos amigáveis. No fim das contas, acabou não pegando mais do que meia dúzia de caronas, e só quando o clima ou o cansaço sobrepujavam a necessidade de atender à única condição que tinha imposto a si mesmo.

> Logo me dei conta de que o tipo de pessoa que provavelmente ia encostar e me dar carona seria um fodido do caralho. Mesmo que não me matassem, iam me deixar extremamente desconfortável, porque era bem provável que fossem uns esquisitões. Tinham que ser, se estavam dispostos a parar e dar carona a um estranho. Não era como se fizessem isso porque tinham o coração de ouro. Por mais que eu até quisesse interagir com estranhos, tinha que estar 100% alerta.
>
> Uma vez, um cara me deu carona e a coisa ficou estranha logo que entrei no carro. Ele parecia o motorista de *Repo Man: A Onda Punk*, com aqueles óculos escuros e alienígenas no porta-malas. Aquilo não só fez com que meu sentido-aranha apitasse, mas que soasse como um alarme de incêndio.
>
> Ele queria porque queria parar e comer uma torta. "Torta? Não, não. Tô tranquilo". Percebi alguns motéis ao longo da estrada, e foi aí que dei o fora. Eu disse: "Beleza, é só me deixar nesse motel". Logo que ele me deixou e foi embora, voltei para outro motel, quase um quilômetro mais atrás, e fiquei por lá; não queria que ele me encontrasse.
>
> Eu nunca dizia a ninguém que dormia numa barraca, porque não tinha uma porta entre mim e a porra desses "doentes por torta" fracos da cabeça.

"A viagem não era sobre sobrevivência, resistência ou encontrar comida", explica Maynard. "O objetivo era caminhar o máximo que eu pudesse. Essa era a parte divertida. Era sobre sair da minha zona de conforto."

Ele logo compreendeu o ritmo da estrada, as colinas distantes pontilhadas por celeiros vermelhos e vacas malhadas, as placas do Optimist e do Lions Club indicando que havia mais uma cidadezinha arrumada logo à frente. Depois, surgiram aglomerados de motéis de um andar, o Sleepy Hollow, o Bird's Nest e tantos chamados Starlite que chegou a perder a conta — eram portais no caminho daqui para ali, onde estranhos faziam uma pausa durante a noite e então, pela manhã, seguiam para onde quer que estivessem indo.

Sempre que a estrada se estendia, reta e comprida diante dele, Maynard lia. Durante tempestades breves e repentinas, esperava nos antigos restaurantes que se replicavam ao longo da rota 20, os Jack's, Leo's e Burger World com outdoors desbotados ostentando uma xícara de café sem fundo e uma torta de limão caseira. Empoleirado em uma banqueta, comia sem pressa um rocambole de carne e arroz-doce, com *Little, Big* aberto no balcão de fórmica ao lado do prato.

"Conforme eu lia, pensava que o livro só podia ser uma metáfora para a minha caminhada de Massachusetts até Michigan", afirma. "Mas, em outro nível, sabia que era sobre minha jornada em direção a algo maior."

O livro certamente era diferente de qualquer outro que tivesse lido antes. Era uma história sobre mundos dentro de mundos, e o enredo tinha muitas camadas, assim como a casa em que Smoky vivia, com suas escadas, corredores e pórticos que se ramificavam e circulavam em uma progressão infinita de formas ascendentes. A história mudava de direção como um riacho de trutas, bifurcando-se em caminhos paralelos, tangentes e vinhetas. No final, retomava o curso e espiralava em padrões de repetição sempre crescentes.

Ele consultava com frequência a árvore genealógica impressa ao lado da folha de rosto, esforçando-se para acompanhar as gerações de personagens ao passo que lia sobre seus caminhos e contribuições — por mais singelas que fossem — para o desfecho da história.

Ao cair da noite, Maynard armava a barraca próxima da rodovia e conferia o mapa. O trajeto, que começara em Pittsfield, se ainda não chegara ao fim, ficava visivelmente mais curto. Satisfeito, deitava-se sobre a vegetação até que ficasse escuro demais para ler. Ele sabia que, ao sul, Kjiirt fazia uma jornada paralela ao longo dos rios da Pensilvânia e através dos agitados centros industriais de Ohio.

Maynard fitava a lua; sabia que Kjiirt também a via. A cada noite, ela se tornava mais redonda no céu de verão. Os grilos cantavam na grama alta, e seu canto se assemelhava ao refrão de um cântico que preenchia os silêncios entre Swans e Joni Mitchell. Então, caía no sono, completamente exausto.

Sonhava com espirais e curvas, padrões como os que tinha criado muito tempo atrás com o espirógrafo. Os arcos, raios e loops aparentemente aleatórios eram, no entanto, determinados pelas leis invisíveis da geometria, imbuídas nos anéis, engrenagens e modelos do brinquedo de plástico.

Conforme planejado, eles se encontraram em Darr Road, os cronogramas bem coordenados mesmo naquela época anterior ao GPS e aos smartphones. Os jardins de Mike estavam exuberantes em agosto, repletos de abelhas e libélulas, e, entre esculturas vivas e hemerocales, Maynard e Kjiirt compartilharam as respectivas aventuras. Suas histórias coincidiram em um transbordamento de palavras e risos, até que Jan os chamou para tomar café da manhã.

Pouco antes do meio-dia, completaram a etapa final da jornada. Maynard andou ao lado de Kjiirt, que pedalava, pela ponte do rio Pere Marquette, entre ruas nomeadas cem anos antes — Elm, Main e Crowley —, depois pelos trilhos da ferrovia, passando pelo celeiro à beira do estacionamento.

Chegaram ao Scottville Café bronzeados, radiantes e sorridentes. Um pequeno grupo de familiares e amigos, e também um repórter um tanto confuso enviado pelo *Ludington Daily News*, esperava por eles.

O comitê de boas-vindas se revelou estranhamente silencioso, como se não soubesse quais perguntas fazer a respeito daquela jornada incomum. A maioria deles não conseguia compreender a razão de caminhar quase cem quilômetros de Grand Rapids, quanto mais de Massachusetts, ou por que Ian, Jane e a irmã de Kjiirt haviam viajado de Boston até ali — de avião e de carro, algo mais convencional — para comemorar a façanha.

Maynard sabia que eles estariam mais interessados em ouvir anedotas a respeito das figuras excêntricas com quem pegara carona, contratempos que tivera, e onde diabos dormira quando chovia. Por um lado, estava ansioso para compartilhar a maravilhosa independência e liberdade que sentira ao longo da estrada, a genuína e acentuada confiança na própria intuição, quilômetro após quilômetro. No entanto, a menos que tivessem feito o mesmo que ele — que houvessem contemplado o mar de estrelas nos campos de uma cidadezinha qualquer, observado por semanas a curva da Terra girar no horizonte em sua direção conforme caminhava, sem saber exatamente aonde seus passos o levariam —, jamais compreenderiam ao certo.

"Deixei de lado a necessidade de traduzir essas experiências para as pessoas", recorda ele. "No fim das contas, Kjiirt e eu fizemos aquilo por nós mesmos."

A fotógrafa do *Ludington Daily News* tirou uma foto enquanto o prefeito de Scottville os presenteava cerimoniosamente com camisetas comemorativas do centenário da cidade. Por ossos do ofício, o repórter perguntou o que inspirara a jornada. "Acho que foi na noite que descobrimos que eles colocam recheio de morango nos Twinkies", respondeu Kjiirt, recorrendo ao seu humor e sarcasmo típicos. "Decidimos que, se é mesmo possível melhorar o que já é perfeito, então podemos fazer qualquer coisa."*

Maynard e Kjiirt haviam definido um objetivo e ele fora alcançado. O segredo de seu sucesso era simples assim. Quando o repórter se dirigiu para Maynard, ele disse: "Fiz isso porque sou capaz de andar e tenho pés para caminhar".**

> Se você é capaz de ver, falar e ouvir, de se mover e caminhar; se é capaz de agarrar as coisas e não tira proveito disso é porque, provavelmente, nunca viu alguém perder essa capacidade. Vi pessoas que não são capazes de fazer essas coisas — ou que já foram, mas se tornaram incapazes, e isso incutiu em mim um senso de responsabilidade de usar meus talentos em vez de reprimi-los.

Ele retornaria a Boston com a crença renovada de que seu caminho se revelaria para ele, do mesmo jeito que se revelara ao longo da estrada para Michigan. Mas não antes de se aconchegar em sua velha cama na casa de Mike, deixando a janela aberta para entrar os sons familiares dos pássaros noturnos e pererecas da mata lá fora, e terminar de ler *Little, Big*.

No fim das contas, era uma história de esperança, apesar do desfecho desolador. A jornada de Maynard o havia transformado de tantas maneiras que ele ainda não conseguia expressar e, quer percebesse ou não, *Little, Big*, também. Os personagens faziam sua parte na trama, depois desapareciam no capítulo seguinte em direção a colinas distantes ou apartamentos residenciais, assim como os fazendeiros, caminhoneiros e cozinheiros que tinham aparecido durante sua caminhada e interpretavam seus papéis conforme o dia se desenrolava.

---

* "Former Residents Return" [Antigos residentes retornam]. *Ludington Daily News*, Ludington, 14 ago. 1989. Area News, p. 2. [NA]
** Ibid.

Tinham passado pela vida de Maynard de maneira tão breve quanto ele pela deles, e não tinha como saber qual conversa jogada fora ou aceno sobre o balcão do restaurante eles se lembrariam para sempre.

A estrada que Smoky percorrera no início do livro se tornara, no último capítulo, um caminho sinuoso que levava, de maneira inevitável, a outra curva na estrada, então a outra, da mesma forma que a rodovia de Nova York se abrira para Maynard em cada curva sombreada. Ele se lembrava de olhar para a vastidão da galáxia à noite e de se sentir seguro, crucial, em vez de insignificante. Tão crucial quanto qualquer arcano menor nas cartas de tarô que se espalharam por *Little, Big*, cada uma alterando a leitura e adicionando uma nova dimensão à história.

Ele e Kjiirt carregariam aquela experiência consigo de volta a Boston, conservariam a consciência elevada na qual haviam confiado durante a longa jornada e manteriam um olhar atento às oportunidades e desafios que certamente os aguardavam por lá.

"Foi assim que passamos aquele verão", comenta Kjiirt mais tarde. "Entre trabalho, praia, idas ao Cantab, churrascos no meu terraço e a viagem a Michigan; nós íamos dormir tarde da noite e madrugávamos todos os dias. Parecíamos ter tangido uma estranha confluência de energia: a crença de que tudo era possível. O que é que poderia nos atrapalhar?"

Maynard voltou à casa da Pearson Street e encontrou seus pássaros e peixes do mesmo jeito que os havia deixado. Ele mostrou a matéria do *Ludington Daily News* aos colegas. "Não me surpreendeu que ele tivesse ido até o fim", lembra Steele. "Foi só mais um exemplo do jeito peculiar de Maynard."

A liberdade e a euforia que haviam experimentado na estrada os tornaram impacientes com os amigos. A falta de espontaneidade os incomodava, assim como a aceitação complacente das rotinas diárias, que deixavam pouca energia para qualquer coisa além de se jogar no sofá depois do trabalho para assistir a outro filme alugado.

"A jornada até Michigan tinha plantado a sementinha do 'beleza, isso me fez bem. Vamos mais longe'", recorda Maynard. "Não era o caso da grama do vizinho ser mais verde. Era mais, tipo, como é que vou aplicar as coisas que aprendi em um lugar como Boston? Com certeza eu não ia praticar nada daquilo no metrô."

"Esse era o lado sombrio de vivermos apenas em nome da experiência", explica Kjiirt em uma entrevista de 2013. "Se o grande plano não está na mira e nada acontece por meses, começamos a nos desprezar. A gente se vê no meio do oceano e não há nada para fazer a não ser virar amigo da água-viva. As experiências que recebemos são aquelas com as quais temos de conviver."

As cartas nas mãos de Maynard — que talvez ele mesmo tivesse comprado em um surto de fé — eram uma sequência de romances que não levavam a lugar nenhum, amizades cautelosas e um trabalho que se tornava mais repetitivo a cada dia, além de pouco gratificante.

> Eu estava comprometido com o Boston Pet, mas comecei a refletir para o que aquilo me preparava. Kjiirt e eu tínhamos aprendido algumas coisas a respeito de nós mesmos. Porém, percebemos que, caso continuássemos naquela rotina, acabaríamos andando em círculos. A gente desfrutava a vida, se embriagava daquele êxtase, mas parecia que devia haver um próximo nível para tudo aquilo.

Seu único relacionamento que valeu a pena foi com Gloria, que também era do Meio-Oeste e tinha vindo de Libertyville, no Illinois. Sua inteligência e calidez o ajudaram a, por vezes, esquecer a solidão e a imagem dos penosos trabalhadores de Ravenna, cujos sonhos jaziam abandonados sob o céu sombrio de Ohio.

No final de setembro, Maynard pegou um trem para o norte, através das florestas vermelhas de outono, até Rockport, uma cidade na península de Cape Ann, agora vazia dos turistas que vinham no verão. Passou por vitrines cintilantes repletas de joias de vidro marinho e esculturas de metal brilhosas, como as que ele fizera, não muito tempo atrás, na Kendall. No centro da cidade, virou a esquina e viu uma casa de telhas avermelhadas, afastada da calçada, e um cartaz preto e branco suspenso acima da porta: "Leituras psíquicas. Passantes são bem-vindos". Ele entrou.

Uma mulher de aparência melancólica estava sentada à sombra, diante de uma mesa pequena coberta por um tecido vermelho-vivo; espirais de incenso subiam de um incensário de latão próximo ao cotovelo dela. Ela fez sinal para que Maynard se sentasse do outro lado da mesa e organizou as cartas gastas em um padrão: o mago, o enforcado, copas e ouros; a lemniscata jazia ao lado. Ela analisou as cartas por um momento, então fitou Maynard e disse que, em breve, ele se mudaria. Los Angeles ou Chicago, sim, era isso. Uma das duas cidades era o seu destino, ainda que ela não soubesse dizer qual. Nem mesmo as cartas eram capazes de adivinhar o que ele encontraria lá.

> Eu acredito em magia. Bom, não em cristais mágicos nem que alguém possa tirar uma foto da sua aura com a cor das suas emoções. Não acredito em nada disso, mas entendo o apego que algumas pessoas sentem pelo horóscopo. Temos que reconhecer a influência da lua nas marés e como essa energia tão massiva poderia deixar um padrão residual na gente no dia em que nascemos, afinal somos seres eletromagnéticos.
>
> Se esse efeito persiste, se a forma como somos criados acaba amplificando ou silenciando a natureza, isso, já não sei. Acho que nem somos capazes de entender essas coisas.
>
> Mas o poder das cartas de tarô remonta ao contador de histórias. Não era que aquela cartomante em Rockport fosse algum tipo de guia espiritual. Ela fez uma leitura fria sobre uma pessoa que nunca tinha visto antes e, se eu refletisse a respeito do que ela dissera, talvez isso me ajudasse a esclarecer as coisas.
>
> A gente não vai a médiuns e cartomantes para ver um fantasma milagroso falando do além e dizendo o que temos que fazer. A gente busca clareza, quase como um tipo de meditação. As respostas estão dentro de nós e, se não ficarmos no caminho, somos capazes de ouvi-las. A gente responde as nossas próprias perguntas.

Mas a análise dela fora tão vaga e decepcionante quanto todas as outras. Maynard deixou a casinha vermelha balançando a cabeça, não mais esclarecido do que quando entrara. Por certo, seu futuro não estava em Los Angeles ou Chicago. Ele não tinha vínculos com nenhuma daquelas cidades, nenhum motivo para se mudar para o outro lado do continente e, com certeza, não estava disposto a trocar a neve e o frio de Boston pelo inverno ainda mais intolerável dos lagos do norte.

* * *

O inverno chegou rápido e resoluto. Novembro trouxe chuvas e as temperaturas caíram à casa dos -6°C. Maynard vagou com Kjiirt rumo a Central Square, as ruas e calçadas cobertas de gelo. Ele saltou sobre uma poça profunda na sarjeta, na direção do meio-fio, mas escorregou e caiu com força no concreto molhado. Levantou-se, cambaleante, sabendo que era apenas o começo. Levaria meses até que pudesse voltar a passear pela areia de Singing Beach; que pudesse voltar a ver, do terraço de Kjiirt, o horizonte de Boston fulgurante de calor. Olhou irritado para o rasgo largo no jeans, como se aquilo simbolizasse tudo o que a vida havia se tornado. A água fria da chuva escorria do seu cabelo comprido e sob a gola da jaqueta de couro preta.

Às vezes, quando entrava no aviário do Boston Pet, imaginava os papagaios tagarelando em meio a frutas-do-conde e manguezais, a plumagem vívida camuflada entre flores de maracujá e orquídeas. Ele sabia que os pássaros já tinham sido animais selvagens, que foram arrancados da luz do sol e da umidade abençoada da Amazônia e levados para lá, para viver naquela cidade fria e cinzenta, a qual suspeitava que considerassem tão odiosa quanto ele.

Uma colega de trabalho disse a ele que, em outros lugares, criadores mais humanitários criavam araras, cacatuas e jandaias cuidando das aves com carinho desde filhotes. Ela contou que alguns amigos em Los Angeles criavam papagaios em um clima tão quente e ensolarado quanto a floresta tropical nativa dos animais e que os pássaros cresciam confiantes e habituados aos humanos.

Ela também disse outra coisa. Recentemente, esses colegas haviam dado início a uma extensa reformulação em suas lojas, um projeto a longo prazo que exigia a mesma experiência e visão que ele aplicara no Boston Pet. Será que ele estaria interessado em voar até Los Angeles para conferir a loja e, quem sabe, se candidatar ao emprego?

Maynard decidiu que não custava nada fazer uma entrevista de emprego. Na pior das hipóteses, alguns dias sob o sol da Califórnia levantariam seu ânimo. E Gloria tinha certeza de que seus antigos colegas de escola, Tom e Jack, teriam espaço para ele no apartamento próximo ao bairro de Sunset Strip.

A ética profissional e o histórico de Maynard no Boston Pet conquistaram o gerente de projeto. Ele afirmou que estaria mais do que feliz em lhe oferecer uma vaga, que, claro, dependia do desempenho demonstrado durante um período de experiência de seis meses, que começaria assim que Maynard desejasse.

Com o contrato de trabalho em mãos e dois dias livres na sua visita à Califórnia, Maynard desfrutou da companhia dos anfitriões e dos amigos deles, artistas apaixonados dispostos a viver em um estúdio atarracado em prol de atingir seus objetivos. Conversaram noite adentro sobre os planos que Tom tinha para sua nova banda, Lock Up, sobre os roteiros que Jack pretendia escrever, sobre as ambições e os desejos que certamente seriam realizados por aqueles migrantes de Libertyville, pessoas que tinham vindo ao Oeste para seguir os próprios sonhos: Andy e Vicki, Joel, um aspirante a marionetista, e Adam Jones, um guitarrista que falava sobre, um dia, formar a própria banda.

A decisão não seria tomada de maneira tão arbitrária quanto em um jogo de cara ou coroa. Se havia uma influência em particular que fizera Maynard partir de Boston, era John Crowley — ou, melhor dizendo, *Little, Big*, o livro que tinha lido durante a jornada rumo a Scottville, o qual consultara em busca de orientação tantas vezes quanto procurara o mxapa do guia de viagens.

Maynard iria para a Califórnia, exatamente como a cartomante dissera. Estava um pouco inseguro, assim como estivera tantas vezes ao longo da estrada para Michigan, mas, da mesma forma, confiava no destino. O tempo que passara no Boston Pet poderia levá-lo a trabalhar com os criadores de pássaros, ou poderia dar em nada. Mas não importava. As amizades que tinha feito na Nova Inglaterra certamente perdurariam e marcariam seu caminho como migalhas de pão, caso precisasse refazer seus passos de volta para casa.

Maynard partiu sem fazer alarde, sem sequer se despedir, sentindo mais fé do que confiança na própria decisão. Devolveu os peixes e tentilhões ao pet shop e alugou um caminhão de mudança para levar suas coisas, suas salamandras, lagartos e uma grande quantidade de grilos e alface, caso tivessem fome no caminho. Colocou a gaiola de Harpo no assento do passageiro, dirigiu por Cambridge até a Soldiers Field Road e tomou o viaduto da entrada da rodovia Mass Pike, rumo ao oeste.

SARAH JENSEN UNIÃO PERFEITA DE ELEMENTOS CONTRÁRIOS MJ KEENAN

7

Havia estrelas de festão penduradas nos postes por toda a Sunset Boulevard, refulgindo ao sol, e trenós e renas de plástico em gramados verdejantes, como se tivessem sido abandonados no meio da jornada devido a um repentino degelo.

Maynard organizou seus pertences em um apartamento de esquina no último andar do Havenhurst, um prédio de 1925 composto por uma miscelânea de estilos arquitetônicos. As colunas salomônicas e o florão ornamentado pareciam ter sido adicionados posteriormente, como um adendo decorativo ao prédio solene de pedra branca. As janelas permitiam a entrada de uma brisa suave e dos sons do tráfego, vindos de Hollywood Boulevard. As portas francesas se abriam para uma pequena sacada com vista para as palmeiras e os telhados vermelhos da Whitley Avenue.

Decidiu que uma daquelas paredes compridas daria um painel perfeito para exibir as recordações do Kiss — pôsteres, fotografias e canhotos de ingressos que havia acumulado ao longo dos anos. Teria bastante tempo para organizar a colagem mais tarde; agora, estava ansioso para devolver o caminhão de mudança e explorar o seu novo bairro.

Antes de qualquer coisa, fez uma visita ao apartamento de Tom e Jack, onde deixou uma garrafa magnum de champanhe Mumm na porta em agradecimento pela recente hospitalidade e, também, para anunciar que havia chegado. "A gente era jovem e parecia uma coisa extravagante e notavelmente adulta de se fazer", comenta Jack, lembrando-se do presente. "Era como se alguém do nosso grupo estivesse agindo como um adulto de verdade."

A tarde estava quente como se fosse junho. As ruas, lotadas de turistas e nativos, fervilhavam com a energia que Maynard havia sentido falta em Boston. Ele passou pelo Whisky a Go Go, pelo Palace e pelo Palladium, bares fechados e silenciosos durante o dia, mas cujas marquises prometiam luz, som e música durante a noite. Havia folhetos espalhados pelas calçadas, todos coloridos e impressos até as bordas com ilustrações e fotografias granuladas, anunciando shows de punk, metal e grunge de bandas como Dickies, Helmet e L7. Parou para ler quadros de avisos inundados de cartazes, uns por cima dos outros em três ou quatro camadas, panfletos antigos de shows de Jane's Addiction, Soundgarden e Pixies grampeados junto aos anúncios das próximas apresentações: Celebrity Skin, Hole e Imperial Butt Wizards, cuja performance, ele descobriria mais tarde, às vezes incluía colocar fogo no palco.

Ele descobriu que as garçonetes de Los Angeles não eram, de fato, garçonetes. Cozinheiros e caixas bancários fantasiavam que seriam os vocalistas da próxima banda de hair metal. Motoristas de ônibus turísticos tinham aspirações maiores do que levar turistas curiosos para ver a casa das estrelas em Hollywood. Eles organizavam seus turnos de trabalho para ter tempo de ir a ensaios, audições, shows e provas de figurino, sempre apressados para aulas de guitarra e de canto no Method Studios, incansáveis e determinados a se tornarem os melhores em uma cidade que só tinha os melhores.

Maynard abordou seus deveres no pet shop com o mesmo comprometimento e ética inquestionáveis que aprendera, por necessidade, em Scottville. "Em Michigan, a gente não removia a neve para malhar os bíceps. A gente fazia isso porque precisava tirar o carro para trabalhar", explica. "E puxava peso e treinava porque queria vencer na luta e nas corridas. Trabalhar duro para atingir nossas metas ou terminar o trabalho sempre me pareceu uma coisa natural, algo do instinto humano."

O supervisor o informou de que concluir o projeto na Petland demandaria três ou quatro dias desmontando prateleiras, pontas de gôndolas e reorganizando corredores em cada uma das lojas da rede em toda a região. Porém, fazer o trabalho com eficiência total demandaria ainda mais tempo. Os estoquistas e caixas tinham de ser treinados para tirar proveito da nova disposição, e cabia a Maynard ensinar a eles os segredos do *upsell* e as promoções de roer e levar que havia aplicado com tanto sucesso no Boston Pet.

* * *

O cãozinho schipperke preto inclinou a cabeça, os olhos escuros seguindo cada movimento que Maynard fazia, empurrando um palete de ração de cachorro para o fundo da loja. Maynard parou diante do canil iluminado do filhote. Sabia que levaria tempo para formar uma família postiça como a que tinha constituído em Boston. Enquanto isso, o dedicado e curioso Zippy teria de ser companhia suficiente.

E havia muito a ser descoberto naquela cidade de excessos e possibilidades. A solidão era a última coisa na mente de Maynard. Seu presente de Natal para si mesmo fora um ingresso VIP para o show de Devo, no dia de Natal, em um clube subindo a rua e, uma semana depois, pegou um voo curto até a costa para assistir ao show dos B-52s na San Francisco's Civic Auditorium. Na noite seguinte, acompanhado por Kathy Larsen, uma amiga de longa data, passou o Ano-Novo de 1990 no show do Psychedelic Furs, em Berkeley, da turnê *East of Eden*.

No final das contas, não demorou para que encontrasse seu nicho social. Em virtude do relacionamento com Gloria, os migrantes de Libertyville — os anfitriões Tom Morello e Jack Olsen, assim como seus colegas de classe que estavam perseguindo as próprias paixões em Los Angeles — acolheram Maynard em seu grupo. A amizade foi imediata, mas quase não aconteceu.

> Gloria ligou para eles e explicou que eu estava indo fazer uma entrevista de emprego na cidade e precisava de um lugar para ficar. Tom ouviu a mensagem na secretária eletrônica e deixou um bilhete para Jack. Ele escreveu: "Diga não a ela". Mas Jack nunca chegou a ver o bilhete.

"Quando Maynard apareceu na nossa porta", recorda Jack, "Tom e eu trocamos um olhar do tipo 'Quem é esse cara?'."

A comunidade era bastante unida e proporcionava uma espécie de pilar psicológico enquanto seus membros lutavam para conquistar seu espaço no mundo do entretenimento. As reuniões descontraídas ajudavam a diminuir as dúvidas a respeito de suas carreiras: Jack se questionava se o emprego inicial de analista de roteiros era o primeiro passo para se tornar um escritor; Tom se perguntava em que nova empreitada musical deveria embarcar diante da iminente dissolução da Lock Up; Adam Jones ruminava se estudar na Escola de Maquiagem de Hollywood traria sucesso.

"O grupo era um bom alicerce em meio à insegurança de trilhar nossos caminhos em empreendimentos criativos", afirma Tom. "Era bom ter todos esses amigos da 'terrinha', do mesmo jeito que os imigrantes faziam assim que chegavam aos Estados Unidos. Ficamos mesmo encantados com Maynard. Ele parecia um cara bem bacana do Meio-Oeste. Foi uma adição bem-vinda."

Assim como Maynard, os expatriados de Libertyville eram perspicazes e talentosos, haviam se destacado no teatro no ensino médio e encontrado inspiração no heavy metal. Além disso, sua vivacidade e senso de humor típicos do Meio-Oeste se equiparavam aos dele. Nas tardes de sábado, Maynard ia com eles ao parque jogar futebol americano e, apesar das habilidades medíocres, tornara-se membro do time noturno de boliche.

> Quando a gente chega em Los Angeles, é tudo muito romântico, mas também arrebatador. Parece que todo mundo tem algum contato importante, tentando superar uns aos outros com todas as coisas legais que andam fazendo.
>
> O grupo de Libertyville aliviou o peso da mudança. Tantas pessoas tentam sugar o sangue da gente naquela cidade, e acabei encontrando um pessoal sem segundas intenções. Eu não dava a mínima para o quão bem eles tocavam guitarra e ninguém se importava com o queixo bem definido de Jack. A gente só estava jogando boliche.

Não demorou para que Maynard se tornasse uma presença constante nos churrascos de fim de semana, que chegavam a receber em média a visita de 25 ex-alunos de Libertyville. Eles levavam salada de batata e fardos de cerveja para a piscina de Tom e Jack ou para o loft de Adam, onde contavam sobre as audições da semana, as ofertas de emprego e relembravam as aventuras do ensino médio e a Electric Sheep, a banda de garagem que Tom e Adam tinham formado durante o segundo ano. Mostraram a Maynard uma canção que tinham composto em Libertyville, uma música boba de acampamento chamada "Country Boner", escrita por Tom, Adam e pelo vocalista da Electric Sheep, Chris George.

Eles ficaram tão impressionados com as realizações de Maynard quanto ele com as deles e apreciaram com entusiasmo as fotos polaroides de seus Habitrails,* compartilhadas ao redor da mesa de piquenique. "Ele era a pessoa mais

---

* Uma marca de gaiolas para hamsters, feitas de plástico translúcido, cujas peças, que compreendem tubos, esferas e outras formas, podem ser organizadas em qualquer formato, semelhante a um brinquedo de montar. [NT]

bem-sucedida que conhecíamos", diz Tom. "Tinha uma carreira, um carro da empresa e se orgulhava bastante daquele trabalho."

"Esse é o cara que pode entrar em uma Petland e decidir onde tudo deve ser colocado", repetia Jack. "Olhando para trás, pode até parecer estranho, mas, na época, parecia um emprego de verdade pra nós."

Tom estava comprometido em um dia conquistar um lugar de verdade no rock contemporâneo. Por isso, mantinha-se atento ao pulsar da cena musical de Los Angeles, aprendendo tudo o que podia sobre inovações e tendências da indústria. "Eu ia a shows seis ou sete noites por semana", explica. "Naquela época, a gente ia aos shows dos amigos e das pessoas que não conhecia. Eu respirava rock."

Maynard se provara um companheiro mais do que disposto a acompanhar Tom na eufórica jornada de bar em bar, exultante por explorar ao lado do amigo as múltiplas e variadas casas espalhadas pela cidade: Club with No Name, English Acid, Raji's, que ficava sob o antigo Hotel Hastings, e o Coconut Teaszer, cujo piso era coberto de serragem e havia cachorro-quente grelhado de cortesia aos domingos. Durante os intervalos dos shows, músicos consagrados se misturavam a aspirantes desconhecidos, profissionais de A&R e a groupies entusiasmadas em uma atmosfera convidativa e espirituosa que encorajava uma disputa saudável entre os artistas.

"Uma noite, a gente conheceu Gene Simmons no Club Lingerie", relembra Tom. "Ele tinha o costume de assistir aos shows nos bares, e Maynard contou para ele, todo entusiasmado, como um fã mesmo, sobre seu painel abarrotado de colecionáveis do Kiss."

"Aquele foi o começo da melhor parte da minha vida — mesmo que tenha durado só um minuto", comenta Maynard. Perseverança e reviravoltas inesperadas o tinham conduzido inexoravelmente àquele momento. Ele tinha um trabalho invejável e satisfatório, um círculo repentino de amigos que o apoiavam e a lanchonete próxima ao apartamento de Tom e Jack, que o acolhera como um cliente regular no café da manhã. Além disso, a apenas algumas quadras de casa, havia uma cena musical vibrante em que encontros casuais com ídolos de longa data eram uma coisa natural.

Durante a noite, saía pelas portas francesas e apoiava-se na varanda. Zippy fungava a brisa morna e Maynard tomava chá, contemplando a cidade cintilante, onde as luzes refulgiam além de Wilshire Boulevard até Culver City.

A despeito do histórico de Maynard em Boston, seus superiores na Petland não conseguiam enxergar o valor de suas estratégias de venda, muito menos compreender como implementá-las. Do ponto de vista deles, Maynard não fazia nada além de trocar produtos de um corredor para outro, algo que consideravam relativamente inútil e que não justificava o salário alto. Duas semanas antes do período de experiência terminar, eles pediram as chaves da caminhonete da empresa e entregaram-lhe seu último contracheque. "Todo mundo tem momentos de dúvida e pensa: 'O que diabos vai acontecer agora?'", explica Maynard. "Daí a gente descobre."

Ele ainda tinha seis meses de aluguel para pagar e nenhuma perspectiva de emprego, o que o fez entrar em pânico. Nunca tivera uma carreira específica e, sem um diploma universitário, era improvável que recebesse outra oferta de emprego.

Todos os dias de manhã cedo, Maynard e Zippy caminhavam até o ponto de ônibus na esquina e percorriam oito quilômetros até o apartamento de Adam, no Valley. O quintal imenso propiciava ao cãozinho cheio de energia espaço suficiente para brincar e explorar enquanto Maynard entrecruzava a cidade à procura de trabalho, com os bolsos abarrotados de fichas de ônibus e um mapa do metrô. Tocava campainhas e batia em inúmeras portas pela Sunset, ao longo de Santa Monica Boulevard até Culver City, seguindo becos sem saída listados na seção de classificados do *Los Angeles Times*. Depois de um dia de entrevistas particularmente desencorajador, ele voltou para a casa de Adam à noite e descobriu que Zippy tinha cavado um túnel por baixo da cerca e escapado.

> Subi a rua, tentando descobrir para onde Zippy teria ido. Perguntei a algumas pessoas se tinham visto um cachorro, e elas disseram: "Vi, ele foi por ali".
>
> Segui na direção indicada por elas e vi uns caras trabalhando numa construção. Também perguntei a eles: "Vocês viram um cachorrinho preto?".
>
> Então, uma viatura policial parou ao meu lado. Fui na direção da oficial Cara de Bunda e disse: "Estou procurando um cãozin...".
>
> "Mãos no carro."

"O quê? Só estou procurando um cãozin…"

"Claro que está."

"É verdade, é só perguntar pra essas pessoas. Meu cachorro fugiu de um quintal bem aqui em Willowcrest."

"Aham, você está procurando por drogas."

"Não estou procurando drogas. Estou procurando o meu cachorro."

Acontece que eu tinha levado uma multa de estacionamento da caminhonete do pet shop e nem sabia, então me prenderam e me levaram para a delegacia. Eles me algemaram em um banco, me levaram para uma cela e me deixaram trancado a noite toda por causa de um mandado de merda que eu nem sabia que existia.

Adam e o amigo dele, Sean, apareceram e pagaram a fiança. Eles esperaram por horas. Às três da manhã, perguntaram: "Então, podemos levar nosso amigo embora?".

Um cara saiu dos fundos e disse: "Ah, claro, seu amigo foi processado já faz umas três horas".

Agora eu tinha que devolver o valor da fiança para Adam e não tinha dinheiro. E não tinha mais chance de encontrar Zippy.

O caminho que havia se tornado tão claro depois de ler *Little, Big*, agora, parecia intransponível, sombrio e bifurcado em nada além de becos sem saída. O livro de John Crowley ecoava sua crença mais profunda: a certeza de que dar um passo de cada vez o conduziria na direção de seus desejos mais profundos. Mas, como a experiência vivida no topo da montanha, a euforia se esvaía perante as exigências e decepções da vida cotidiana.

Se Maynard tivesse lido *Little, Big* com um olhar mais analítico, teria notado, no último capítulo, a sugestão que Crowley fizera a respeito daquela inevitável sensação de perda. "Um dos sentimentos inerentes a essas pessoas modernas e sofisticadas é que, de alguma forma, elas perderam a capacidade de interagir com um mundo mágico", comenta Crowley em uma entrevista de 2014. "Só encontramos vestígios disso em canções, em histórias e na poesia. Mas sempre acabamos decepcionados, porque não somos capazes de entrar *de verdade* nesse mundo. E vivenciar essa magia através de filmes e livros é ainda pior do que jamais tê-la provado, porque somos exilados quando o livro acaba.

Existe um trecho nos agradecimentos sobre isso, no final de *Little, Big*, e se o livro afetou Maynard tanto assim, é porque ele deve ter sentido essa tristeza de ser exilado de um mundo de magia.

Os sentimentos de Maynard eram, na verdade, mais profundos do que isso. "Eu estava pirando pra caralho", afirma. "Tinha perdido meu cachorro, meu apartamento, meu emprego e meu carro, tudo no espaço de três meses. Passei de ter um dinheirinho extra para não ter nada."

Sim, a história de Maynard tinha chegado ao final. No entanto, ele tinha o poder — na verdade, o dever, percebeu — de alterá-lo. Poderia voltar a Boston, claro; seria recebido de volta no Boston Pet de braços abertos. "Não fiquei nem um pouco feliz quando ele se mudou para a Califórnia", comenta Debra Alton. "Esse foi o fim da equipe noturna e daquele lindo merchandising."

Mas ainda não era a hora de dar um passo para trás. Já no primeiro ano do ensino médio, Maynard prometera a si mesmo que aproveitaria todas as oportunidades para escrever, desenhar e cantar. Sua paixão pela arte e a compreensão de sua aplicação prática eram, com certeza, toda a magia de que precisava.

As produtoras de Hollywood dependiam de atores desempregados, músicos temporários e recém-chegados a Los Angeles para realizar o trabalho braçal que trazia seus filmes e comerciais à vida. Para isso, essas pessoas recebiam um salário-mínimo. Era necessário ter visão artística para ter sucesso, mesmo que não passasse de um emprego temporário, e também era preciso ter a capacidade de improvisar cenários e adereços a fim de auxiliar o departamento de arte com o figurino dos clipes do Boyz II Men e trailers de filmes. "E, que Deus me ajude, um clipe da Cinderella", recorda Maynard, referindo-se à banda de hair metal.

Ele aprendeu depressa as manhas do novo ofício, truques não tão diferentes de juntar pedaços de madeira na oficina de Mike para construir um suporte para seu aparelho de som. Engenhoso como sempre, produzia coisas fantásticas usando os materiais mais mundanos. Descobriu que, se estivessem bem pregados ao chão do estúdio, aqueles painéis baratos da seção de descontos da Home Depot passariam facilmente pela cara madeira de carvalho sob os flashes estroboscópicos de um vídeo de dança.

Uma filmagem poderia levar do amanhecer ao entardecer, durante 16 horas ou mais, pois a gravação poderia ser interrompida múltiplas vezes se o diretor percebesse que alguma parte do cenário precisava ser refeita ou que algum acessório estava faltando. O trabalho de Maynard era criar glamour e opulência a partir de madeira, pregos, fita adesiva e um intenso trabalho braçal.

> Em um projeto, eles precisavam de chicotes para um clipe de R&B. A cena se passava em um beco molhado depois da chuva, e havia vapor saindo das tampas dos bueiros. Os dançarinos tinham que fazer uma performance estilo Michael Jackson, todos vestidos de couro preto e brandindo chicotes. Só que alguém se esqueceu de comprá-los.
> Ia levar um bocado de tempo pra sair e encontrar uns que fossem de verdade, e tempo era dinheiro. Então, entrei na lixeira, catei algumas coisas compridas e semiflexíveis, e depois enrolei com fita isolante. Com toda a ação e as luzes, ninguém ia notar o que era aquilo de verdade.

O cronograma imprevisível poderia se desenrolar em dois longos dias de trabalho, quatro no máximo, seguidos de uma semana esperando o telefone tocar. Quando finalmente recebia a ligação, Maynard tinha de acordar cedo e acabava perdendo uma hora preciosa na tortuosa rota do ônibus a caminho dos estúdios.

Em pouco tempo, o trajeto se tornou tedioso — e caro, devido ao mísero salário. Ele estava vivendo quase de favor no apartamento de Adam, o que teria de servir até que pudesse se manter. Dormir no chão não era tão ruim porque, naquele apartamento, podia passar uns minutinhos a mais no saco de dormir pela manhã, antes de descer a rua e pegar carona com um colega cenógrafo.

Naquela época, Adam trabalhava produzindo efeitos especiais para filmes, e passar algum tempo com ele era uma pausa bem-vinda nas exaustivas horas no estúdio. Maynard ficava ansioso para saber quais planos ele tinha para a nova banda, Mother, e sobre as técnicas de stop motion que estava aprendendo. Adam ouvia fascinado as fitas cassete que Maynard colocava no som. Eram bandas que nunca tinha ouvido falar: TexA.N.S. e C.A.D., e as letras eram sobre mordomos maníacos e a dúvida sobre se "devemos mesmo fazer isso?".

Nas manhãs, Maynard tateava atrás das almofadas das poltronas de Adam, procurando por moedas que precisavam durar até o dia do pagamento. Então, ao nascer do sol, partia para o estúdio.

"Foi uma época amarga", recorda. "Eu trabalhava quinze horas por dia e, ainda assim, não tinha dinheiro. O pagamento não era estável e não era muito, uns 100 dólares por dia. E eram dias longos, mas pelo menos eu sabia que ia ter comida na mesa."

No pouco tempo em que Maynard morou em Los Angeles, a cena musical da cidade passou por uma mudança drástica. A Sunset Boulevard não era mais soterrada por panfletos, e os cartazes desgastados ainda afixados do lado de fora dos clubes só anunciavam apresentações muito antigas.

Ao fim dos anos 1980, a cena grunge de Seattle suscitou o surgimento de dezenas de bandas de garagem por todo o país. Bandas underground, de heavy metal e grupos alternativos que, com uma pequena ajuda de amigos dispostos a dividir tempo de estúdio, estabeleceram toda uma indústria de gravadoras independentes, mesmo tendo pouco dinheiro. Toda semana, havia o lançamento de inúmeros álbuns independentes, EPs, vinis e cassetes que transbordavam das prateleiras da Music Plus e da Tower Records, com uma miscelânea de sons experimentais, letras e subgêneros capazes de satisfazer até o público mais exigente.

Não demorou para que gravadoras de renome, como A&M e Geffen, reconhecessem a mina de ouro que estava ao seu alcance. Elas tinham os recursos e a infraestrutura para promover e comercializar um punhado de álbuns que com certeza venderiam milhões e encheriam seus bolsos, o que pagaria por anúncios, espaço para apresentações e tempo no rádio. Eles se envolveram em disputas frenéticas visando contratar as bandas mais promissoras: um punhado de grupos de rap, bandas alternativas e de rock que eram garantia de vender mais do que todo o resto. Em meados de 1990, o modelo da indústria da música, antes voltado ao consumidor, tinha virado de cabeça para baixo.

O público que comprava discos era tão autônomo quanto as bandas, mas o novo modelo direcionava seus gostos e carteiras aos favoritos da indústria. Os independentes se viam frente a frente com bandas como Soundgarden, Alice in Chains e Nirvana e, sem meios para competir, caíram ainda mais na obscuridade.

Apenas alguns clubes estavam dispostos a contratar bandas subpromovidas — shows que nunca chegariam perto de encher a casa; bares como Whisky a Go Go, Rainbow, Gaslight, Al's Bar e Central, onde bandas desconhecidas ainda eram bem-vindas e garantiam uma primeira apresentação ao público.

Em diversas noites, Maynard e Tom podiam ser encontrados em um ou outro bar, apoiando a Mother, os amigos músicos de Tom, e as bandas que se recusavam a participar do jogo corporativo. Eles seguiam do Club with No Name para o Raji's, depois subiam as ruas iluminadas pela lua em direção ao pub onde a Green Jellö ia tocar, a peculiar banda de rock cômico formada em Buffalo alguns anos antes.

Amigos de jaqueta de couro podiam seguir caminhos separados no meio da noite e se encontrar mais tarde em outro clube do outro lado da cidade. A comitiva ficava cada vez maior e mais barulhenta a cada parada: Adam e Sean, Joe, Curt e Kyra, e ainda Caroline, que conhecia bem os membros da Green Jellö. E Maynard, que se sentava nas sombras, bebendo um coquetel White Russian, observava a mudança de cena e se perguntava o tempo todo onde ele poderia se encaixar.

O prédio branco atarracado na Hollywood Boulevard era conhecido por ter sido, durante as primeiras épocas da indústria cinematográfica, o estúdio de Cecil B. DeMille, e agora continuava a tradição de inovação criativa, servindo como base da Green Jellö.

Quando apresentou Maynard aos membros da banda, Caroline comentou que o fundador do grupo, Bill Manspeaker, vivia lá. E o baterista, Danny Carey, tinha um loft nos arredores. O bairro parecia um microcosmo da própria Hollywood, um lugar vibrante, enérgico e dedicado à criatividade desenfreada. Embora o espaço já fosse a casa de Manspeaker, sua esposa e velhos amigos de Buffalo, eles tinham um quarto vago e poderiam alugá-lo para Maynard, caso ele quisesse se mudar.

O último andar do edifício era ocupado pelo enorme loft, que contava com alguns quartos modestos repartidos nas laterais. A cabine de projeção de DeMille havia sido convertida em uma cozinha, e uma janela ainda se abria para a área de convivência, onde sua equipe tinha, tantas vezes, se reunido para assistir *Os Dez Mandamentos* ou *Cleópatra* depois um dia de filmagem.

Ter mais um colega de quarto dificilmente atrapalharia a vida no loft. O espaço era repleto de almofadas, resgatadas do lixo deixado nas calçadas de Hollywood; quadrados e retângulos de espuma que ganhariam vida nova assim que Bill as transformasse nas máscaras e macacões dos personagens da Green Jellö: Cowgod,

Rock 'n' Roll Pumpkin e Shitman. Tarde da noite, o loft ressoava o som dos jogos de fliperama — campainhas, sinos e bipes metálicos de *Space Invaders* e *Operation Wolf* — um contraponto ao Ministry que Bill botava para tocar enquanto se inclinava sobre a mesa de trabalho e costurava os trajes bizarros da banda.

Nos fins de semana, o loft se tornava o ponto das festas. Amigos e amigos de amigos iam e vinham, às vezes até às quatro da manhã, para fazer *mosh* com as bandas mais recentes de Los Angeles, que se apresentavam em uma extremidade da sala, para grande desgosto dos vizinhos do outro lado da parede compartilhada.

"Construí o loft para que as pessoas pudessem vir aqui e fazer o que quisessem", comenta Manspeaker em uma entrevista de 2014. "E ali estava Maynard. Ele era meio quieto, tímido e carrancudo. Acho que aquele loft foi uma porta de entrada para ele. De repente, ele fazia parte desse lugar onde era normal ser estranho."

Se às vezes precisava de uma pausa do pandemônio, Maynard atravessava o estacionamento e ia ao prédio de Danny, o velho celeiro de DeMille, onde, sob o carpete, vestígios de comedouros ainda podiam ser vistos no chão de concreto. Danny transformara o lugar em um apartamento compacto com uma sala de ensaio adjacente, onde a Green Jellö explorava ideias para apresentações. Nas noites em que não tocava com Carole King, Wild Blue Yonder ou Pigmy Love Circus, ele montava a bateria e trabalhava em novas performances com a banda. E Maynard as ouvia, deliciando-se com os personagens, os figurinos, as músicas e as máscaras.

Mesmo em meio ao caos e à comoção do loft, Maynard conseguiu recriar seu oásis, um refúgio em meio às idas e vindas e às pilhas de papel machê, potes de cola e rolos de tecido de Bill. Ele construiu uma plataforma de dormir contra uma parede do quarto; embaixo dela, havia espaço para vasos de plantas, onde ficavam os ninhos de Harpo e dos tentilhões, além de aquários abastecidos com lagartixas e camaleões — um elaborado ecossistema de cachoeiras, samambaias e luminosos peixes-dourados.

Em uma chapa de compensado de 1,21x2,43 metros de comprimento, construiu barragens e vales moldados com cimento sobre uma estrutura de arame e pintou em tons suaves de verde e marrom. A água escorria do reservatório no topo da colina mais alta até o tanque de peixes e, por meio de um sistema de bombas e mangueiras, circulava novamente colina acima, gorgolejando suavemente.

Tarde da noite, ouvindo os sons fracos do fliperama por trás da porta, Maynard olhava do beliche para os animais cochilando, os minúsculos pássaros cinzentos acomodados nos ninhos, os peixes deslizando lentamente entre as plantas aquáticas. Embalado pela cachoeira borbulhante e pelo chilrear suave do seu zoológico, ele caía no sono, imaginando dunas de areia e estrelas, neve em alguma ponte distante e histórias compartilhadas em torno de uma fogueira.

Nas noites de sexta e sábado, as ruas abaixo das janelas de Maynard ecoavam gritos e gargalhadas estridentes, buzinas de carro e a aceleração inútil de motores turbinados. Aquelas eram as noites em que os jovens suburbanos desciam à cidade para cruzar os bulevares, para ver e serem vistos. Ao longo da Hollywood e da Sunset, o tráfego jazia estagnado em um engarrafamento que se estendia da Western até o La Brea. Os aparelhos de som dos carros tocavam uma mistura cacofônica de Pogues, Motörhead e Alarm.

> Em mais de uma ocasião, subi no telhado e assisti às mulheres irem de carro em carro e darem socos na cara umas das outras. Acho que elas tinham reconhecido suas rivais nos carros de trás, ou alguma garota tinha olhado para o namorado da outra do jeito errado. Vai saber...
> Elas saíam de um carro e entravam em outro. Abriam as portas, agarravam um chumaço de cabelo e socavam a cara de outra garota.
> Observando isso, comecei a me perguntar quão extenso meu átrio tinha de ser e quão grossas precisava construir minhas paredes.

O fluxo de clientes no Regal Liquors, que ficava ao lado, só aumentava o caos e a atmosfera tensa. Mendigos e outras criaturas errantes vagavam a noite inteira em direção à loja para trocar as migalhas que ganhavam de esmola, pegavam emprestado ou roubavam por destilados de morango sem marca ou minigarrafas variadas, depois reivindicavam as varandas e becos próximos e se estabeleciam por lá.

"Nossa vizinhança era uma zona de guerra", recorda Danny. "A gente tinha que afastar vagabundos, babacas, criminosos e todas as pessoas que iam ao estacionamento e dormiam na nossa porta, mijando e cagando por todo lado. Mas éramos muitos, e a união faz a força." A manha de Maynard, aprimorada nos bairros *anti-punk* de Grand Rapids, era de boa serventia. "Ele tinha boas habilidades de sobrevivência e sabia como se livrar dessas pessoas", comenta Danny. "Nós nos unimos desde o início e tirávamos o melhor proveito de uma situação ruim."

Certa vez, Maynard percebeu uma atividade particularmente perturbadora no estacionamento, então gritou da janela do quarto para Danny, e os dois se encontraram do lado de fora, com tacos de beisebol nas mãos. "A gente fez o cara juntar o próprio cocô, porque eu que não ia limpar aquilo", explica Danny. "Foi triste de assistir."

Quando viera para Los Angeles, Maynard sabia que essa escolha traria benefícios e consequências, mas nem as palmeiras ondulantes, tardes amenas e o fato de viver no centro de uma cena musical vibrante compensavam a sensação de desespero. O que fora prometido se transformara em algo sombrio, uma terra de ninguém, cheia de insegurança e que exigia cautela.

O trabalho como cenógrafo era satisfatório o suficiente — fruto de sua inteligência e capacidade de improviso quando o departamento de arte entrou em pânico devido à falta de adereços. No meio da filmagem do vídeo de "Into the Great Wide Open", de Tom Petty, descobriram que faltava um microfone, e lá foi Maynard ao resgate. "Correr até a SIR para comprar ou alugar um levaria duas horas", explica. "Falei para eles esperarem, que eu daria um jeito naquilo. Um pedaço de fita adesiva e um rolo de papel higiênico vazio foram o suficiente para criar um microfone de aparência realista para Johnny Depp segurar durante a cena da boate."

Mas raciocínio rápido e criatividade não pagavam as contas, nem contando com as moedas que ele encontrava espalhadas na calçada do Regal's nas manhãs de domingo. Tinha visto panfletos espalhados pela cidade anunciando vagas de figurantes em filmes e programas de televisão, e agora começava a lê-los atentamente. Descobriu que atores sem falas poderiam ganhar uns 50 dólares por dia e que, se sua aparência fosse particularmente única, poderiam pagar ainda mais. Talvez o cabelo longo e ondulado, o corpo rijo e a jaqueta cravejada fossem incomuns o suficiente para lhe render um papel ou dois.

Ele percebeu que Jack Olsen poderia servir como uma espécie de mentor, um profissional da indústria cinematográfica com um entendimento privilegiado, então Maynard marcou um almoço para discutir sua possível entrada no show business. "Ali estava um cara pensando em trabalhar como figurante conversando com um cara que ganhava a vida lendo roteiros", conta Jack. "Não tinha como estarmos mais perto da base definitiva da pirâmide do entretenimento, mas procedemos com muita seriedade. Maynard sempre teve uma espécie de foco adulto."

Jack disse a ele que trabalhar como figurante parecia um trabalho ainda menos estável do que trabalhar como cenógrafo. Mas Maynard estava determinado a pegar todos os bicos que pudesse para sobreviver. Assim, passava as noites ligando para os números impressos nos canhotos que destacara dos panfletos. Deixou inúmeras mensagens de voz que desapareceram no éter da AT&T. De vez em quando, procurava um recrutador só para ser informado de que os papéis haviam sido escalados dias antes. Lá pela primavera, tinha aparecido em apenas duas ou três cenas de filmes banais, esquecidos quase antes do lançamento, com papéis indistintos e sem créditos.

Claramente, encontrar trabalho no cinema exigiria mais do que uma jaqueta com tachinhas e jeans justos. Maynard já havia colocado seus planos em prática antes, os revisado, passo a passo, até a conclusão, e certamente poderia fazer o mesmo agora. "Lá estava eu em Hollywood, então pensei que poderia aproveitar as aulas e workshops e aprender alguma merda", lembra. "Depois que gastava meu salário, eu mal conseguia alimentar os animais, mas planejei tudo. Se conseguisse um número X de trabalhos de cenógrafo, poderia pagar o aluguel, comprar comida e fazer algumas aulas de atuação."

À noite, o bloco 6100 da Hollywood Boulevard era dominado pelo Raji's, o clube enfumaçado e lotado onde usuários chapados se reuniam com as drag queens que acabavam de voltar dos bares nas proximidades. Os frequentadores de shows se aglomeravam nas sombras atrás do clube, distribuindo baseados e convencendo os simpáticos seguranças a permitirem que voltassem para dentro a tempo de ver o fim do show da Nymphs ou da Thelonious Monster.

Mas, durante o dia, o quarteirão era sereno, destino de atores dedicados e pessoas ingênuas que sonhavam em se tornar, assim como Brando, De Niro e Candice Bergen, ex-alunos da Academia Stella Adler de Atuação e Teatro. Uma das muitas escolas desse tipo em toda a cidade, a academia atendia o fluxo constante de esperançosos atores cuja fé ilimitada nos cursos e workshops mantinham vivos os seus sonhos de estrelato.

Maynard percorria as três quadras que separavam o loft das aulas de estudo de cena, análise de personagem e técnicas de voz, movimento e visualização de que precisava para trazer um realismo convincente aos seus papéis. "Não importa qual seja a sua cena", comenta ele, "tem que ser sobre sua mãe sendo atropelada por um caminhão. A gente torna a coisa real fazendo um investimento emocional, buscando na memória algo que coloca aquela 'expressão' em seus olhos."

Até o dia em que as aulas de atuação começassem a render alguma coisa, Maynard racionou a comida dos animais, reabastecendo-a quando o próximo salário chegasse e, enquanto isso, monitorava de perto o que restava. "Um dia", conta Danny, "ele ficou sem grilos, então dei uma carona para ele ir até o pet shop mais próximo para pegar baldes cheios deles e soltar no quarto. Assim que pulou no meu BMW surrado, ele expressou seu interesse em formar uma banda." Atordoado, Danny olhou do volante na direção de Maynard, o cenógrafo com o curioso zoológico, o defensor do bairro dado a empunhar um taco de beisebol.

Danny havia passado muitas noites livres no loft da Green Jellö, desafiando Bill para uma rodada de *Space Invaders* e compartilhando histórias com Maynard sobre suas conquistas na luta olímpica durante o ensino médio e treinos de atletismo ao longo das estradas enlameadas do Meio-Oeste. Maynard havia contado sobre a Escola Preparatória de West Point e a loja de molduras em Boston, mas, até então, nunca havia insinuado possuir talentos musicais ou um interesse em se apresentar.

"Então ele colocou uma fita no toca-fitas e me mostrou algumas de suas canções favoritas", destaca Danny. "Coisas industriais dos anos 1980 e Nirvana, que ninguém realmente conhecia ainda. E eu fiquei, tipo, 'Bom, isso parece legal.'"

Apesar de ter ficado intrigado com as músicas da fita de Maynard, Danny ignorou a sugestão de uma colaboração musical. Entre a Green Jellö e seus outros trampos, ele não tinha tempo — ou intenção — de sequer considerar se envolver em outra banda.

Mas Maynard estava inquieto. Participar de algum projeto poderia ser uma solução parcial para as ansiedades financeiras e a angústia de conseguir emprego. Um mergulho de cabeça no mundo punk seria, no mínimo, uma distração, e, no máximo, um passo para recuperar um pouco de autoconfiança.

* * *

"Ele era o cara das salsichas", recorda Jack. "Costumávamos brincar que seu trabalho de meio período era como artista — jogando cachorros-quentes para a multidão."

Maynard já havia se tornado uma figura conhecida no itinerante festim musical de Los Angeles, misturando-se de clube em clube com amigos de amigos e público muitas vezes composto apenas por membros da próxima banda a tocar: Green Jellö, Lock Up ou Electric Love Hogs, ou as onipresentes bandas raivosas competindo para se tornar os próximos Red Hot Chili Peppers. "Eram caras do funk metal, do tipo *bonkybonky snap-snap*", explica Maynard.

Em pouco tempo, os fãs da Love Hogs passaram a esperar tão ansiosamente pelas travessuras de Maynard quanto pela própria banda. Ele carregava um pacote com doze salsichas até o English Acid, o clube underground em West Pico, e enfiava um avental branco pela cabeça com as palavras "Salsichas do Satanás" impressas na frente. Das sombras, à esquerda do palco, usando uma touca de chef, ele aquecia as salsichas no micro-ondas, depois as cobria meticulosamente com ketchup e mostarda e embrulhava os cachorros-quentes com segurança em saquinhos. Em meio a guitarras enfurecidas e borrões de baquetas, os Love Hogs rosnavam as letras, batiam cabeça e saltavam pelo palco. Enquanto isso, Maynard, com um aparelho soprador de folhas do Home Depot, lançava os cachorros-quentes para a multidão encantada.

Seu papel, embora complementar, era revigorante, tão inebriante quanto os velhos tempos de dublagem dos Jackson no porão em Ohio. Formar uma banda parecia cada vez mais improvável em uma cidade onde novos talentos surgiam da noite para o dia e desapareciam com a mesma rapidez. Sugerir que se juntasse à banda de Adam estava fora de cogitação. A formação de vocalistas e músicos da Mother estava completa. Mas Maynard percebeu que, se desejasse testar sua coragem musical, a oportunidade estava ao seu alcance.

"A Green Jellö parecia perfeita para mim", lembra ele. "Bill tinha uma política de portas abertas, ou seja, eu podia entrar e sair quando quisesse. Eu estava, tipo, beleza, se quiser me envolver nisso, esse pode ser o caminho."

O elenco rotativo de personagens da Green Jellö era uma variedade de fantasias e máscaras em constante mudança, um grupo cujo trabalho era provocar, divertir e contar histórias.

Como parte da trupe de personalidades mutáveis, Maynard poderia explorar qual seria o seu lugar no mundo do entretenimento e desenvolver uma presença de palco ao retratar ídolos do rock, personagens de histórias infantis e um caipira bigodudo de cabelos brancos que chamava de Billy Bob.

Desde o início, Manspeaker tinha apelidado a Green Jellö de "A Pior Banda do Mundo", cujo único propósito era ser ridicularizada. "Quem estava na banda era incentivado a fazer aquilo que a professora dizia que era ridículo ou que a mãe proibia de fazer", explica. Vocalistas e músicos sérios se juntavam à trupe pela chance de relaxar, esquecer por um momento as restrições da profissão, experimentar, explorar e cometer todos os erros que quisessem.

"A gente não precisava ter medo de ser ruim, porque já estava avisando que era ruim", disse Manspeaker a respeito dos membros da banda. "Éramos os melhores em ser os piores. A Green Jellö era sobre isso."

Treze de abril de 1991 foi quando a Green Jellö fez o maior show da sua carreira. "Parecia que tinha umas mil pessoas lá", relembra Danny. "Foi um show muito divertido. A energia punk definitivamente estava no ar."

A noite no ginásio da Hollywood High foi tão eclética quanto eletrizante. Uma banda mais convencional se apresentaria no baile de formatura da escola em apenas algumas semanas, mas o show de abril foi a antítese de vestidos pastel e buquês de flores. Punks e *moshers* lotaram o ginásio. Aplausos e gritos reverberaram pelo pé-direito alto quando o grupo de abertura, a banda de punk Dickies, entrou no palco.

Uma queda de energia interrompeu a apresentação, e o público começou a sair do auditório, decepcionado. Mas as luzes voltaram a tempo do segundo ato um tanto incongruente. Tiny Tim dedilhou o ukulele e deu um sorriso largo durante músicas que eram sua marca registrada, "Tiptoe Through the Tulips" e "America".

A próxima a tocar foi a banda principal, a Celebrity Skin, um modelo de segunda mão do glam rock. Um palhaço maníaco, saído de uma caixa de surpresas, anunciou a entrada da banda com o tema da noite, "Under the Big Top".

Então, foi a vez da Green Jellö. Guitarristas e vocalistas encheram o palco, suas fantasias e máscaras atulhando o pequeno espaço. As longas pernas de aranha feitas de látex presas às costas de Danny Longlegs balançavam a cada batida, e os pratos brilhavam sob os holofotes. Como mestre de cerimônias, Maynard anunciava os artistas à medida que eles se transformavam de um personagem para outro, em um programa de variedades que chamavam de "A história do rock 'n' roll segundo a Green Jellö".

"A premissa era essa versão ruim da história do rock 'n' roll", comenta Manspeaker. "Começamos no início dos tempos, passamos pelos dias atuais e, quando chegamos ao futuro, a ideia era que tudo que os anos 1990 teriam a oferecer seria a Green Jellö — e isso era horrível."

A crônica começou com a interpretação impecável e imperativa que Maynard fez de Ted Nugent, sua voz forte e segura se elevando em "The Great White Buffalo". De tanga e peruca, ele contou a história lírica de mitologias e magia, do folclore indígena e da destruição do homem branco, da salvação final.

Ele se transformou de Nugent em Johnny Rotten e tocou uma versão eletrizante de "Anarchy in the U.K." que deixou o público de joelhos. Verso após verso, a intensidade aumentava e seu rosnado se adensava. Do mesmo jeito que havia praticado nos workshops da Stella Adler, ele lembrou — e lembrou de novo: invernos intermináveis em Boston, uma rua chuvosa em Grand Rapids, uma barra de ferro enfiada na manga, as moedas que catava pelas calçadas sujas, as luzes vermelhas contra as cercas de madeira. As letras dos Sex Pistols se tornaram suas, o grito de raiva, a amarga determinação de enfim ter o que queria, o desejo há muito reprimido de destruir.

"Maynard é esse cara tímido e quieto que, às vezes, é meio carrancudo. Então, a gente deu a ele um microfone e ele se transformou na porra do Johnny Rotten", recorda Manspeaker.

A música se desdobrou na adaptação da Green Jellö, "Anarchy in Bedrock", e o elenco se uniu sob o desejo lírico não de aniquilar, mas de se tornar Fred Flintstone. Os estridentes "yabba-dabba-doos" ecoaram pelo ginásio. Bill e Gary Helsinger, versões skinhead de Fred e Barney Rubble, perseguiram um ao outro para cima e para baixo pelos corredores, quebrando a quarta parede e atraindo o público ansioso para a apresentação.

Se o futuro do rock 'n' roll fosse mesmo a Green Jellö e só a Green Jellö, não era o público da Hollywood High que ia discutir. A penúltima música, "Obey the Cowgod", foi uma extravagância que agradou a audiência: usando uma cabeça bovina enorme e com olhos vermelhos cintilantes, Manspeaker desfilava pelo palco exigindo submissão.

Durante o encerramento, as luzes se acenderam. Então o público se levantou e gritou em uníssono. O palco tinha sido montado de acordo com a mais nova música da banda, "Three Little Pigs", e exibia casas em miniatura feitas de palha, madeira e tijolo. Porquinhos fazendo *mosh* acompanhavam o Lobo Mau na releitura que a letra fazia do antigo conto de fadas, suas línguas compridas de látex penduradas em cabeças enormes. No final frenético, o Lobo Mau de Manspeaker emergiu entre os porquinhos, em desafio ao falsete de Maynard: "Nem em nome dos pelos do meu *chinny-chin-chin*!". Então o palco explodiu em címbalos chocantes, zumbidos de guitarras e falsos tiros de metralhadora apontados para o Lobo Mau.

Interpretar um porquinho ou Ted Nugent de peruca satisfez os impulsos dramáticos de Maynard e forneceu uma distração agradável dos longos dias construindo cenários. O envolvimento com a banda de Manspeaker garantiu a ele entrada em um mundo musical mais amplo de ensaios, parcerias criativas e a chance de observar as bandas que dividiam a programação da noite com a Green Jellö pelos bares de Los Angeles.

À noite, depois que os clubes fechavam, Tom Morello costumava acompanhá-lo de volta ao loft, onde discutiam os compassos inovadores de Devo e as raízes no blues do Led Zeppelin. No toca-fitas, ouviam canções que estavam um passo além do mainstream, a música obscura e inovadora que Maynard sempre tinha apreciado mais. "Lembro que ele me mostrou um álbum do Swans, algo bem fora da minha zona de conforto", recorda Tom. Maynard discorreu sobre a progressão harmônica minimalista da banda, o efeito emocional dos vocais agressivos, a interpretação primal do heavy metal, e Tom ouviu com atenção.

Agora que a Lock Up havia oficialmente se dissolvido, Tom passou a concentrar suas energias em preparar o terreno para criar uma banda que planejava chamar de "Rage Against the Machine", um grupo que ultrapassaria os limites do metal e desafiaria a complacência política. Convencido de que a Rage seria melhor do que as bandas inexperientes que ele e Maynard viam no Coconut

Teaszer e no Raji's, começou a aprender tudo o que podia para evitar os erros que haviam condenado a Lock Up. "Maynard me ensinou a afinação drop D", comenta Morello.

Os dois se sentaram no banco de praça que completava a decoração do aviário. Maynard pegou a Fender Telecaster de Tom e afinou o mi grave em ré, que era o que criava o som de Seattle, a ressonância pesada que dera a bandas como Soundgarden, Nirvana e Pearl Jam sua qualidade sonora característica.

Tom recrutou os melhores entre os melhores para montar a nova banda: o músico experiente Tim Commerford no baixo e vocais de apoio, e o baterista da Greta, Brad Wilk, que contribuiria com suas vastas habilidades de percussão. Ele só precisava achar um vocalista adequado para completar a banda. Àquela altura, havia assistido a muitas apresentações da Green Jellö e ouvido as fitas cassetes da C.A.D., e respeitava os talentos vocais de Maynard tanto quanto a sua capacidade de analisar arranjos complexos. "Corria à boca miúda que iríamos trabalhar juntos", relembra Tom. "Brad e eu estávamos tocando com Maynard e Zach de la Rocha. Gostávamos muito de tocar com os dois, e Brad e eu fizemos uma longa ligação para discutir quem deveríamos convidar para a banda."

No fim das contas, o rapper de la Rocha se revelou o parceiro mais lógico. Sua banda de hardcore, Inside Out, ganhara muitos seguidores na cena underground, e esse sucesso ajudaria a validar a Rage. Seria apenas uma questão de tempo, disse Tom a si mesmo, até que sua banda chamasse a atenção das gravadoras que se digladiavam para contratar os artistas sérios e marcantes.

Até Bill Manspeaker, cuja performance incluía animais cômicos e uma motocicleta passando pelo palco — e pouco talento aparente, exceto pelo baterista, Danny — chegou em casa uma noite anunciando que assinara um contrato para produzir videoclipes de 11 músicas da Green Jellö com uma afiliada da BMG, a Zoo Entertainment.

"Quando os vi se apresentarem, eles subiram no palco com coisas que tinham pegado do lixo, como a espuma com que fizeram essas fantasias", lembrou o fundador da Zoo, Lou Maglia, em uma entrevista de 2014. "Eu pensei: 'É, eles são péssimos, mas tem alguma coisa legal rolando aqui.'"

* * *

O papel mínimo que Maynard tinha na Green Jellö dificilmente renderia um contrato de gravação, e ele não escrevia nada de novo desde a época em que vivera em Grand Rapids. Nenhum guitarrista ou baterista estava disposto a tocar as músicas da C.A.D., e ele não tinha nenhum plano de negócios ou manifesto artístico. Mas Maynard tinha uma coisa que faltava na maioria das outras bandas.

De sua mesa nas sombras, na parte de trás do Club with No Name ou do English Acid, ele lançava um olhar amargo aos artistas que saltitavam pelo palco. "Eu ficava no fundo da sala vendo aquelas bandas e criticando tudo o que faziam", lembra. "Eles claramente *queriam* estar lá em cima. Mas não *precisavam* estar lá."

> Aquelas bandas estavam lá só para se pavonear, ser populares, entrar no clube sem pagar, ou para transar, para chamar a atenção dos caras do A&R que talvez estivessem na plateia, ou seja lá o que quer que estivessem tentando fazer. Usavam chapéus estúpidos, pulando num pé só de um lado pro outro e não contavam nenhuma história. E nem tocavam muito bem. A cena toda não era mais que insípida.

Maynard sabia que, se um dia ocupasse seu lugar sob os holofotes, sua performance envolveria mais do que aqueles movimentos superficiais. Ele tinha histórias para contar — décadas delas — e uma necessidade angustiante de contá-las. Era dotado do impulso instintivo de transformar dor e solidão em riffs e acordes, da necessidade de traduzir medos, decepções e frustrações em palavras e rimas até que a tristeza e a raiva se dissipassem em um som que pulsasse no ritmo de sua alma.

"Mesmo que as pessoas não soubessem qual era objetivo delas ou o que estavam tentando fazer, se fossem autênticas, eu conseguia sentir", explica Maynard. "Quando Brando fazia uma cena, era pra valer. Quando Dee Dee Ramone subia no palco, também era, mesmo que fosse a milionésima vez que fazia isso. Eu não via isso em Los Angeles."

A frustração de Maynard só aumentou quando ele percebeu que havia se tornado um clichê terrível, apenas mais um cansado hipster de Los Angeles vivendo de forma precária e criticando a postura sem alma de bandas cujo senso de trabalho em equipe era tão desafinado quanto suas guitarras de segunda mão.

"Mais cedo ou mais tarde, as pessoas ficaram cansadas de me ouvir sendo um babaca reclamão", lembra. "E, por fim, começaram a dizer: 'Bem, se você acha que pode fazer melhor, por que não faz?'"

SARAH JENSEN UNIÃO PERFEITA DE ELEMENTOS CONTRÁRIOS MJ KEENAN

8

"Imagine uma mesa com apenas uma perna." A classe de Boots Newkirk nunca sabia qual lição de vida ele tinha em mente quando começava a falar. Boots equilibrou o livro de história do segundo ano em pé e colocou o livro de notas deitado em cima. A vacilante construção desabou sobre a mesa e a turma explodiu em gargalhadas nervosas.

Naquele dia distante, a mensagem tinha sido sobre a importância dos amigos — ou, mais precisamente, sobre o absurdo de depender de um único melhor amigo, uma namorada, apenas uma pessoa querida cujo abandono inevitável resultaria no bater de portas dos armários e lágrimas.

Melhor construir uma comunidade de apoio, aconselhou Boots, uma estrutura mais complexa com componentes suficientes para suportar mudanças e incertezas. Ele ilustrou sua metáfora colocando dois livros, depois três, depois quatro em sua mesa, e, por fim, colocando o livro de notas sobre a base estável. Era uma questão de geometria básica, explicou, o axioma de que a estabilidade aumentava à medida que as formas progrediam indo do ponto à linha ao triângulo e ao quadrado, a noção de que a força de um todo dependia de um número suficiente de partes, cada uma no seu lugar, e uma tensão equilibrada entre elas.

De tempos em tempos, Maynard pensava em formar outra banda, mas nunca levava o capricho a sério. Ele assistiu à C.A.D. se dissolver quando os membros passaram a focar na popularidade e se afastaram dos detalhes que poderiam trazer sucesso: gastos conscientes, panfletos atrativos, compromisso com o avanço criativo e uma visão compartilhada do futuro da banda. Assim como os grupos de Los Angeles que criticava, a C.A.D. caiu no esquecimento devido ao próprio desequilíbrio.

Ele se lembrava de acordes de guitarra suficientes para escrever pelo menos algumas músicas novas até que encontrasse os companheiros de banda adequados. "Quando me desafiaram a cagar ou desocupar a moita, e a mostrar o que eu queria dizer com 'Você é ruim demais!', meu lado irlandês ficou tipo, beleza, vou te mostrar como fazer melhor. Mas não pra sempre. Vou te mostrar como se faz para que você mesmo possa fazer", conta Maynard.

O caos impulsivo da Green Jellö proporcionava um ambiente seguro para explorar sua arte, mas, se tivesse a própria banda, poderia se aprofundar mais nas próprias frustrações e raiva. As letras estavam prontas para serem escritas, letras que abordariam a insatisfação e o ressentimento que ferviam abaixo da superfície — e, talvez, incorporassem um pouco de humor ácido para apimentar as coisas e manter o interesse dos ouvintes.

Em muitas noites, Maynard se deitava sozinho na cama enquanto seu zoológico se acomodava nos ninhos. Ele observava a lua nascer no céu de Hollywood e remoía as decepções e mágoas que deveria ter deixado de lado há tempos: ele, no Fusca da mãe, e a casa de Indian Lake diminuindo à distância; seu caminhar atento, armado e cauteloso pelas ruas escuras de Grand Rapids; o desprezo da avó pela indumentária punk. Talvez ela estivesse certa o tempo todo. Se tivesse aceitado a vaga em West Point, não estaria se estrebuchando durante o final de semana só para comprar grilos para os iguanas. Um diploma de arte talvez tivesse garantido um emprego de supervisão no estúdio, assim como um salário mais alto e horários regulares.

Os caminhos errados tinham levado a um beco sem saída, à insatisfação, ao questionamento de todas as suas decisões e à pesada sensação de exílio da magia em que ele acreditava quando deixara Boston. Do jeito que estava, havia perdido quase um ano no estúdio, marcando passo.

Já havia andado bastante. Era a hora de correr.

> Na época, a frustração que senti foi com certeza o que fez esse projeto decolar. Eu tinha bons amigos em Boston, fora bem-sucedido trabalhando no pet shop e acreditava que estava no caminho certo. Então perdi tudo e precisava viver com

míseros 400 dólares por mês. Eu precisava destruir alguma coisa, extravasar minha raiva, minha frustração, e tinha que ser estrondoso o bastante para que as pessoas dissessem: "Que porra foi *essa?*". Precisava tirar aquilo de mim. Estava naquela encruzilhada que faz a gente se tornar um assassino em série ou uma estrela do rock.

E ele descobriu que enfrentar o desafio não seria um fardo, e sim uma alegria. A sensação familiar de realização voltou enquanto afinava o violão e criava um punhado de melodias e letras. Escrever em conjunto com Tom, enquanto ele trabalhava para estabelecer a própria banda, energizou e motivou os dois.

"Eu estava tocando com pessoas diferentes quando o Rage estava começando", comenta Tom. "Um dia, Brad Wilk, um baixista chamado Noah, Maynard e eu estávamos tocando e combinando riffs. Maynard estava desenvolvendo uma música totalmente nova chamada 'Part of Me'." Os dois tocaram em um vaivém, criando em turnos um contraponto e uma harmonia com a composição de Maynard e uma música que Tom chamou de "Killing in the Name".

"Logo de cara, ficou bem claro que as músicas se encaixavam", explica Maynard. "Na verdade, não criamos uma música, a gente só estava se divertindo." Mas descobrir juntos as sequências e intervalos onde a música deles se misturava foi encorajador. Era uma confirmação de que ele estava no caminho criativo certo.

Maynard sabia que adicionar músicos à formação acrescentaria níveis e dimensões à música. Ele compreendia a interação de guitarra, baixo e bateria, a gestalt* que um ato solo nunca poderia render, e começou a observar os músicos que passavam pelo loft e pelos clubes com um olhar mais perspicaz.

Durante meses, Adam insinuara que ele e Maynard deveriam colaborar: nos cafés à meia-noite no Canter's Deli, nas mesas de piquenique dos churrascos de Libertyville e nos fundos do Raji's. Ele tinha ouvido a fita cassete da C.A.D., assistido às apresentações da Green Jellö e passou a insistir ainda mais depois que a Mother fracassou. Mas Maynard permanecia resistente. "Eu não tinha visto do que Adam era capaz", recorda. "Sabia que ele era um maquiador de efeitos especiais de sucesso no Stan Winston Studio, mas não tinha certeza do que ele poderia fazer musicalmente."

---

* Gestalt, do alemão *Gestalt* [forma], é, de forma geral, a ideia de que, para se compreender as partes, é preciso, antes, compreender o todo. De acordo com a teoria, não se pode ter conhecimento do "todo" por meio de suas partes, uma vez que o todo é outro, e não a soma de suas partes. [NT]

Ele havia observado o processo lento e meticuloso de Adam ao formar a Mother — pelo menos, mais lento do que o de Maynard, que, uma vez que embarcava em um projeto, fosse um aviário ou uma caminhada de quase 1,3 mil quilômetros, trabalhava obsessivamente para atingir a perfeição. E ele não estava disposto a lidar com a mesma falta de comprometimento que vira nas bandas de Grand Rapids. A menos que os novos integrantes compartilhassem da sua fome de sucesso, sabia que o grupo ficaria junto por não mais do que uma ou duas festas no loft.

Mas Adam foi persistente e Maynard começou a levar o seu interesse a sério. "Não importava quem eu colocasse na sala", explica Maynard. "A banda teria uma vibração diferente com pessoas diferentes, então não fazia muita diferença naquele momento. Qualquer dúvida que eu tivesse sobre trabalhar com pessoas específicas era irrelevante. Eu tinha uma ideia e ia levá-la até o fim."

Coube a Maynard expressar sua visão — a pura simplicidade dos arranjos, a abordagem sônica minimalista, os arquétipos de dor e redenção subjacentes às letras, a emoção crua refletida na guitarra e no choque dos pratos. Uma vez que os outros concordassem com os pontos que deveriam estar bem definidos, as diferenças individuais se resolveriam. "A geometria daquela mesa que estávamos construindo era muito básica", explica Maynard. "Não era vitoriana. Eram quatro pernas com um tampo, uma estrutura bem simples. Se alguém fosse começar a fazer solos de guitarra e improvisar por toda parte, simplesmente não funcionaria."

Maynard pediu a Adam para improvisar uma estrutura musical básica e reconheceu imediatamente suas habilidades rítmicas, seu timing metódico que refletia o compromisso com o ofício, e não teve dúvidas de que estabeleceria uma base sólida para suas letras e fúria. Adam não era só mais alguém que fazia as coisas no improviso e sem cuidado.

Certa tarde, Adam levou um novo colega de trabalho do Stan Winston ao espaço de ensaio de Danny, um migrante de Spokane que passava os dias criando efeitos especiais até que o sonho de trabalhar com cinema pudesse se tornar realidade. As habilidades de Paul D'Amour na mesa de sinuca eram igualadas apenas à sua proficiência no baixo. Membro de várias bandas de Washington que nunca haviam decolado, ele estava ansioso para fazer um teste para qualquer novo grupo com o mínimo cheiro de sucesso.

Maynard se inclinou para frente quando Paul começou a tocar de forma agressiva, com um estilo que sabia que melhoraria a música em que estivera trabalhando naquela manhã. Paul era o candidato ideal para assumir o baixo, disse Maynard a Adam — pelo menos até que um músico em tempo integral aparecesse.

Encontrar um baterista adequado era outra questão. O loft da Green Jellö era um entra e sai de artistas e músicos, um terreno fértil de talentos disponíveis caso alguém estivesse montando uma banda para um show improvisado ou uma festa — a menos que precisasse de um baterista.

"Naquela época, em Hollywood", comenta Bill Manspeaker, "todo mundo queria ser vocalista ou guitarrista, e pronto. Depois, vinha baixista. Mas baterista? Esquece. Essa era a coisa mais difícil de encontrar."

Os bateristas que Maynard e Adam haviam encontrado não compareciam às audições ou, se o faziam, não conseguiam entender os planos de Maynard para a banda. Eles passavam pelo loft de Danny — pela máquina de pebolim, os troféus de basquete do colégio e sob o pterodáctilo inflável suspenso no teto — e nunca comentavam sobre a decoração. Essa apatia só reforçava o temor de Maynard de que o empreendimento tivesse o mesmo fim que os de Grand Rapids. Ele esperou, mas nenhum deles apareceu, e Maynard calculava a taxa de aluguel de Danny enquanto o espaço de ensaio não era utilizado.

"Eu me sentia meio mal quando os bateristas não apareciam", lembra Danny. "E como não estava mesmo fazendo nada, resolvi tocar com eles, já que minha bateria estava montada lá."

Com Adam, Paul e Danny a bordo, Maynard pôde respirar aliviado. Sua competência e experiência combinadas, com certeza, fariam a banda decolar. Com um pouco de sorte, eles continuariam interessados por tempo suficiente para ajudar a descobrir seu potencial, ou pelo menos a direção.

Antes que fizessem o primeiro show, Maynard começou a planejar os aspectos práticos daquela parceria. Ele avaliou o empreendimento da mesma forma que avaliara a disposição de um pet shop ou a gravação de um vídeo.

> Quando eu fazia parte da equipe de cross-country, no ensino médio, caminhava ou corria todo o percurso antes da corrida. Eu identificava colinas, armadilhas, poças de lama, bloqueios e oportunidades. Percorria a trilha sozinho, embora nunca a tivesse visto antes. E era isso que eu ia fazer agora.

Ele garantiria que as peças estivessem no lugar — orçamento, material, dedicação a uma missão em comum — e estabeleceria com precisão militar as regras que deveriam cumprir se quisessem ter sucesso.

Os ensaios seriam realizados cinco dias por semana, avisou, começando às 11h em ponto. "Eu não ia aceitar nenhuma desculpa", lembrou. "Nenhum 'tenho roupa suja pra lavar' ou 'tô bêbado demais'. Se eu fosse fazer aquilo, não queria ficar de brincadeira. Ou a gente fazia aquilo direito, ou não fazia."

A nova banda precisaria de novas músicas, claro, e havia melodias brutas a serem refinadas, além de metade das letras. Durante anos, Maynard tinha alimentado raiva e mágoa, fora incompreendido e tinha assistido a si mesmo regredir, impotente, diante da realização de um objetivo que jazia ao seu alcance. Tinha conteúdo o bastante para compor as músicas que deveriam ser escritas.

Mas as letras deviam ir além do pessoal se quisessem que a música ressoasse além das paredes do estúdio de Danny. "Para escrever com eficácia, a gente precisa escrever do ponto onde se está", explica Maynard. "A gente tinha que aproveitar essa emoção pura, mas também o cenário mais amplo, o Joseph Campbell de tudo isso."

Sua coleção de Campbell e Jung ocupava um lugar de destaque na estante e, nas raras noites em que o estacionamento se encontrava silencioso, ele se deitava no beliche e lia sobre os personagens que povoavam sonhos e lendas: reis, camponeses, gigantes, gnomos, os deuses que desciam à Terra na forma de serpentes e grandes pássaros. Ele percebeu que o sacerdote xintoísta, o bosquímano africano, os antigos indígenas pima, e Noé e seus filhos não eram diferentes do punk vestindo couro no *mosh pit* ou do hipster amargurado nas sombras do English Acid. No fim das contas, todos tinham de conciliar amor e sacrifício, morte e ressurreição, além de grandes dilúvios, reais ou alegóricos. O grande equalizador de tudo isso era a história que se repetia através do tempo e das fronteiras, enquanto cada um embarcava na mesma jornada do herói, enfrentava os mesmos perigos, sofria as mesmas mágoas no caminho à iluminação.

Os jovens de Los Angeles de 1991 podiam até não ter sido ameaçados por dragões, mas tinham os próprios monstros para matar e ansiavam por histórias que ressoassem seus medos, raiva e busca por cura. "Cada passo dessa jornada é uma história inteira por si só", comenta Maynard. "Cada cinco minutos de uma vida é uma história se a gente souber explorar o arquétipo que transcende o indivíduo e se conecta a todos." E ele sabia que a música era capaz disso, de destilar uma história em uma essência metafórica, de fornecer uma alegoria útil para estimular a compreensão e uma distância segura a partir da qual trabalhar os próprios dilemas.

Ele também sabia que deveria exorcizar as vozes críticas que ecoavam na sua memória, vozes da professora da terceira série, dos supervisores de mente fechada do pet shop, de velhos amigos ameaçados por seu moicano. Sua própria jornada através da música poderia, enfim, silenciá-los.

"E eu precisava gritar até explodir", admite Maynard. "A gente não pode só sair correndo pela rua quebrando tudo."

Conforme planejado, o quarteto se encontrava todas as manhãs no estúdio de Danny, as janelas fechadas contra a brisa de maio e os sons do trânsito na rua abaixo. Eles não perdiam tempo com conversa fiada. Tudo o que importava era a música, a chance de explorar a fundo o próprio descontentamento, a frustração com empregos sem futuro e o incômodo com os desabrigados à sua porta.

Maynard imaginou o som da nova banda surgindo na interseção de Born Without a Face e Joni Mitchell, e usou como base as antigas canções da C.A.D. Ele explicou a Adam, Paul e Danny que a música deveria partir dos compassos esperados de 2/4 e 4/4 e teria de quebrar os limites convencionais, assumir riscos harmônicos no caminho para revelar o estilo da banda.

Em uma manhã normal, Danny improvisava um arranjo enquanto Adam e Paul tocavam uma interpretação de forma livre. Então, eles pegavam o ritmo, infundiam a melodia com uma brutalidade repentina e depois uma vulnerabilidade equilibrada, até que a música culminasse na cadência robusta que formava a estrutura para as letras de Maynard.

"Senti que a banda era especial desde a primeira vez que nós quatro tocamos juntos", lembra Danny. "Os pelos dos meus braços se arrepiavam. Havia uma força que pude sentir logo de cara. Era a chama daqueles caras. Falei que não ia mais cobrar aluguel e que ia tocar com eles. Eu ia fazer isso por mim mesmo porque adorava tocar aquele tipo de música."

Dentro dos parâmetros que Maynard instituiu, o grupo, entretanto, descobriu a liberdade — uma liberdade criativa para experimentar à vontade dentro da desordem confusa de riffs de guitarra meio memorizados e versos em andamento, em uma verdadeira atmosfera punk de colaboração sem a contaminação do ego.

Não que a individualidade tenha sido comprometida em prol do coletivo; muito pelo contrário. Os membros da banda respeitavam as próprias capacidades. Ainda assim, sintonizados com cada nuance um do outro, usavam de forma instintiva aquela energia coletiva para finalizar as músicas, às vezes em apenas um dia — no máximo, uma semana. "Todo mundo estava realmente aberto a desapegar da sua ideia e deixá-la ser eviscerada, esquartejada e transformada em outra coisa", recorda Danny. "Era um processo saudável e muito inspirador, porque as possibilidades eram infinitas."

Os integrantes da C.A.D. nunca haviam compreendido bem a visão de Maynard, sua ênfase em reduzir a música a um mínimo sonoro. Mas Danny e os outros pareciam entender o conceito de forma intuitiva. Maynard tocou para Paul o riff *da-da, ch, da-da* que abria "Burn About Out", uma música da C.A.D., o tipo de som que Chris Ewald o incentivara a perseguir. Paul então irrompeu em uma potente onda sonora que circundava as letras de Maynard exatamente como ele sempre havia imaginado. Então Danny desceu a mão na bateria no intervalo exato em que Maynard sentiu a necessidade de graves profundos. Ele criou uma reverberação que estilhaçou a música em uma versão cubista da original, uma versão lenta e robusta que a reduziu a uma simplicidade primitiva.

E Maynard acrescentou o som mais primitivo de todos: um grito profundo e rasgado, a cadência sustentada que representava nascimento e novos começos.

> Éramos quatro pessoas que sabiam ouvir umas às outras e que faziam músicas baseadas em *músicas*, não em um chapéu. A gente não era tipo, "Chili Peppers e Nirvana são populares agora, então vamos usar roupas de flanela e o chapéu engraçado de *O Gatola da Cartola*". Que tal sem flanelas e sem chapéus do *Gatola da Cartola*?
>
> Livre-se de tudo o que é banal, não se preocupe com toda essa merda. Concentre-se no objetivo da história, nos sons e na energia que dão o recado. O grito primitivo era a chave para fazer a música soar sincera.
>
> Essa coisa precisava dar um soco na sua cara, então recuar e estender a mão pra te abraçar. Depois, socar sua cara de novo.

"Tinha mesmo um som diferente", disse Danny a respeito da música feita pela banda. "Mas eu não achava que tinha alguma possibilidade comercial."

Restava uma última peça do quebra-cabeça, um detalhe final para trazer o conceito à realidade. A banda precisava de um nome.

Tinha de ser cativante, novinho em folha, nada copiado ou capcioso, um nome intrigante que sugerisse uma história de fundo, um nome com o qual pudessem conviver por muito tempo caso a banda realmente tivesse sucesso.

Enquanto compunham riffs, improvisavam e anotavam as letras, um dos quatro costumava gritar espontaneamente uma palavra ou frase, um possível candidato a título, que, geralmente, era descartado tão depressa quanto era proposto. Nada parecia adequado, até que alguém, sem se levar a sério, sugeriu uma palavra que silenciou as guitarras e os pratos.

"Toolshed" parecia perfeitamente apropriado, um nome que lembrava o anexo sombrio aonde um tio ameaçador poderia levar um jovem para lhe dar uma surra — ou pior. Implicava o mistério e o terror dos temas que se entrelaçavam nas músicas emergentes, os temas recorrentes de violência e horror absolutos, a dor e as lágrimas necessárias para que a cura tivesse início.

Maynard sabia que, quando se tratava de um nome, menos era mais. O trabalho de merchandising no Boston Pet o ensinara até certo ponto. Lapidar aquele nome ofereceria a possibilidade de que múltiplos significados surgissem. Cortá-lo ao meio faria com que a palavra pudesse significar o que quisessem: o utensílio certo para um trabalho ou um seguidor cego e inquestionável. Poderia evocar a imagem de uma ferramenta cavando fundo para cutucar a ferida ou um passeio noturno pela Sunset Boulevard em um Corvette conversível. E se o nome tivesse duplo sentido, mal não ia fazer.

Maynard pronunciou a palavra em voz alta, sussurrou-a, traçou-a no caderno. Todos concordaram que era um bom nome para uma banda, um nome com apelo sonoro e visual: as vogais abertas alongadas, delimitadas por consoantes vigorosas. Um nome de uma sílaba que deixava margem para interpretação. Um nome difícil de esquecer. Um nome sólido. Tool.

* * *

"A Green Jellö acabou de assinar um contrato", anunciou Manspeaker. "Claro que temos que fazer uma festa." E é claro que a Tool ia tocar.

Se as festas anteriores no loft servissem de parâmetro, essa com certeza seria um evento imenso, completo, com gente espalhada pelo terraço e pelo estacionamento, e certamente incomodaria os vizinhos que administravam a empresa de design do outro lado da parede em comum.

Naquela noite amena de junho, músicos, escritores e aspirantes a pintores invadiram o atarracado prédio branco na Hollywood Boulevard, levando Heineken, Corona e SunChips e evitando os vagabundos que começaram a se reunir do lado de fora da Regal Liquors. Eles subiram para o loft, onde se juntaram aos colegas de trabalho de Adam e à galera de Libertyville, amigos de amigos de amigos e os porquinhos da Green Jellö vestidos com as roupas pretas e de couro que usavam fora do palco. Tom Morello chegou, e também os jovens punks tatuados que Manspeaker conhecera no Raji's e no Club with No Name, e Kevin Coogan, que apresentara Manspeaker à Zoo Entertainment.

Espuma e pedaços de manequins em vários estágios de desmembramento — matérias-primas para as fantasias da Green Jellö — tinham sido retirados de um canto para dar lugar à bateria de Danny e a um amplificador portátil. Quase cem convidados lotavam o loft, curiosos para saber o que essa nova banda tinha a oferecer.

Por fim, Maynard, Danny, Adam e Paul deixaram as bebidas de lado e tomaram seus lugares. Fazia muito tempo desde o show da C.A.D no Top of the Rock, muito tempo desde que Maynard tocara a própria música. Adam pegou sua Gibson Silverburst e Paul seu Rickenbacker, e quando Danny começou a introdução em staccato, a antiga confiança de Maynard retornou e, com ela, o ímpeto que o levara até ali.

Ele cantou sobre a intoxicação inebriante dos sonhos realizados, a decepção inevitável e a urgência de começar de novo em face aos opositores que ousaram lhe ditar pensamentos e palavras. Suas palavras eram dele agora, da sua banda, e ele cantou.

Os convidados olhavam uns para os outros, surpresos com a voz segura e uniforme de Maynard, o controle, as contorções atléticas e o agachamento ameaçador que pontuavam o grito rasgado e contínuo. A música da Tool se ergueu em uma onda de ritmos incomuns, depois baixou em um minimalismo silencioso e aumentou novamente, as baquetas de Danny em um borrão furioso e os acordes poderosos e arpejos retumbantes de Adam ecoando do teto alto até os bonecos de pelúcia de Fred e Barney suspensos nas vigas expostas que vibravam.

O clamor repentino fez com que os festeiros descessem do telhado. Eles ouviram, paralisados, as letras de Maynard sobre medo, sacrifício, sombras, promessas vazias e ameaças de violência — letras que suspeitavam significar mais do que aparentavam, como se os próprios medos fossem gritados sob o dossel das luzes cintilantes que pendiam entre os caibros.

Não demorou para que um relato do evento chegasse ao outro lado do continente. Na manhã seguinte, Tom telefonou para Jack Olsen, que havia se mudado há pouco tempo para Connecticut. Mais de duas décadas depois, Jack ainda se lembrava do tom de admiração na voz do amigo. "Tom ficou abalado com a apresentação", recorda. "O que eu ouvi foi a expressão 'nasceu já adulto a partir da cabeça de Zeus'." Eles haviam compartilhado cachorros-quentes com Maynard e Adam em muitos churrascos de Libertyville, jogado contra eles em incontáveis torneios noturnos de boliche, mas jamais tinham visto qualquer sinal daquela fúria criativa que a Tool havia exibido na noite anterior. "Adam e Maynard eram duas pessoas que não poderiam estar, ao que parecia, mais distantes do mundo do rock", recorda Jack. "Adam fazia maquiagem de efeitos especiais e Maynard... Maynard era algo que não conseguíamos identificar."

Mas, naquela noite no loft, Maynard e Adam, e Paul e Danny também, se uniram em uma força que desmentia seus comportamentos plácidos, uma força maior e mais complexa do que suas partes individuais. A apresentação de estreia da Tool tinha sido uma libertação coletiva de som e emoção, uma onda de energia contagiante que arrebatara os convidados da festa em palavras e ritmos, fascinante, aterrorizante e familiar, e tinha continuado, implacável, até a manhã.

Pouco antes do amanhecer, os convidados desciam a escada estreita até a rua, gritando palavras de aprovação por sobre os ombros, dando parabéns e pedindo que a Tool tocasse em uma festa privada na Central no fim daquele mês.

"Nunca fiquei tão surpreso na minha vida", relata Tom. "A Tool foi incrível desde o primeiro dia. Foi inacreditável."

"E aí tinha o Maynard, esse cara do tipo quietão que, de repente, estava falando alto e cantando essas músicas raivosas", recorda Bill Manspeaker sobre a apresentação no loft. "Esse cara insano de cabelo comprido gritando sobre atirar na porra da cabeça das pessoas."

Manspeaker tinha visto o vídeo do show da C.A.D. na televisão a cabo em 1987 e havia notado a performance dramática de Maynard, a maneira como se empertigava e balançava a cabeça em movimentos coreografados para imitar os do astro do rock idealizado. "A gente podia ver o músico dentro dele, mas ele estava interpretando o papel de músico", lembra. "E todo mundo se esforçou tanto naquele vídeo que chegou a ficar forçado. Então ele entrou para a Green Jellö, e a gente falou para ele: 'Não força tanto, tem que ser meio bobo. Seja você mesmo. Seja o que você quiser, cara.'" Por mais breve que tenha sido, a passagem de Maynard pela banda de Manspeaker o libertara para experimentar uma interpretação orgânica de som, palavras e temas.

"A primeira festa no loft foi decisiva", explica Maynard. "Eu poderia ser um ator na Green Jellö e desempenhar um papel. Poderia continuar fazendo essa coisa que era um caos completamente incrível, ou poderia aproveitar essa oportunidade para expressar, de fato, minhas próprias ideias. A Green Jellö era divertida, mas sempre seria a coisa do Bill, e eu seria só um artista no seu circo."

Ao pôr do sol, o Central era rançoso por causa do cheiro persistente de cerveja choca e cigarros. Danny lutou para encaixar a bateria no palco pequeno que se estendia ao longo da parede, e os outros se amontoaram ao lado dele. Havia cerca de cem convidados na festa de aniversário, e eles não tinham vindo para ouvir a banda. Estavam lá pela bebida grátis, para paparicar o aniversariante, para socializar o melhor que podiam acima do som da guitarra, da percussão e das letras sobre certo e errado e o desejo de dormir para sempre.

A Tool ainda soava um pouco inexperiente, mas a força daquela música era inegável. Seu som era muito surpreendente, intenso, pesado e insistente para ser ignorado. "A gente fez os ouvidos deles sangrarem", recorda Maynard.

A notícia da apresentação chegou ao pessoal que agendava os shows do Gaslight, o clube cavernoso atrás do Ivar Theatre, onde Maynard e Tom tinham assistido, não muito tempo antes, ao show da Dead, White and Blue e do Liquid Jesus. Poucas pessoas foram assistir ao show, o que não surpreendia em uma apresentação de início da noite de uma banda totalmente nova. Mas a Tool subiu ao palco agindo como profissionais experientes, sem se conter, e executando as músicas com a mesma confiança vigorosa que tinham demonstrado no loft e no Central. Alguns clientes levantaram os olhos das cervejas Budweiser, surpresos ao reconhecer que o vocalista era o lançador de cachorros-quentes do English Acid. E, no dia seguinte, contaram aos amigos sobre o show.

Não passava um dia sem que um músico, em alguma esquina de Los Angeles, colocasse apressadamente um folheto na mão de Maynard, um pedaço de papel que ele perdia ou jogava fora com a mesma rapidez. Os anúncios de um quarto de página estavam cobertos até as bordas por fotografias mal reproduzidas e cartuns amadores, retalhos insanos de uma miríade de bandas competindo por atenção em um fundo amarelo-claro ou roxo.

Mas os panfletos da Tool eram simples e elegantes com uma mensagem discreta. No centro de folhas carmesins ou brancas como a neve, Maynard dispunha uma palavra preta de uma polegada de largura: "Tool". Na parte inferior, em letras nítidas e claras, listava a data, o local e o custo da entrada.

> As pessoas reclamavam e diziam que eu estava desperdiçando papel. Eu mostrava a elas os outros panfletos e perguntava do que se tratavam. Claro que elas não sabiam, porque havia muita informação na página para que se lembrassem. Mas, do nosso, elas se lembravam.
>
> Um dia, eu estava distribuindo panfletos e Donita Sparks, do L7, e a baixista, Jennifer Finch, saíram de um dos clubes. Acho que era o English Acid. Elas pegaram um panfleto e disseram: "Isso é genial!". Ficaram, tipo, "Ah, cara, olha o que você acabou de fazer! Isso é incrível!". Eu curtia muito a fúria daquela banda. Elas eram como os Ramones para mim. De todas as pessoas que vi naquele dia, foi ótimo ser validado por elas.

Em algumas semanas, a Tool já tinha cinco shows no currículo, apresentações que atraíam um público cada vez maior aos bares de Los Angeles que ainda agendavam shows de desconhecidos. Meia dúzia de *punkettes* dedicadas se autodenominaram as primeiras groupies da banda e passaram a segui-los fielmente, do Gaslight ao Raji's ao Club Lingerie ao Al's Bar, no centro da cidade. "Foi uma surpresa para todos nós, tenho certeza", comenta Dany sobre a popularidade repentina da banda. "Tínhamos tantos amigos músicos tentando ser bem-sucedidos, mas sabíamos que possuíamos algo realmente especial nas mãos. Eu nem me importava se fazíamos sucesso ou não."

* * *

Maynard e os outros sabiam que ainda não era a hora de largar seus empregos. Os convites para tocar eram esporádicos e, na maioria das vezes, de última hora. Eles podiam ser chamados para se apresentar em uma noite de semana após um longo dia de trabalho, mas carregavam todo o equipamento pela cidade para se apresentar em uma posição que não pagava nada, ou seja, ocupavam os indesejáveis primeiro ou segundo lugares em uma programação de seis bandas. Proprietários de bares acreditavam que a exposição era remuneração suficiente, que um drinque por conta da casa era pagamento suficiente por 20 minutos no palco.

Imprimir camisetas e mais panfletos custava um dinheiro que os membros da banda não tinham. Mas Maynard já havia passado por isso antes e sabia que não seria necessário alugar um estúdio. No final de agosto, a banda convidou o amigo de Adam, Steve Hansgen, para se encontrar com eles no loft e levar o Fostex de quatro canais para gravar as músicas que haviam finalizado dois meses antes. Steve, o baixista da banda punk Minor Threat, convidou o grupo para conversar enquanto ele dava os retoques finais na fita no seu estúdio caseiro em North Hollywood.

> Foi um daqueles momentos em que a gente se apaixona por uma casa. Meu Deus, eu não fazia ideia de que havia algo assim em Los Angeles. Era um lar de verdade. Tinha um quintal e um jardim na frente com uma árvore enorme. Parecia uma casa de biscoito. Quase me animei a ir procurar o forno.

Adam esboçou uma logo impressionante para ilustrar o encarte preto e brilhoso da fita cassete, uma combinação de chave de boca e chave estrela que sugeria força e autoridade. O design também exibia uma certa insinuação amarga, uma pitada de humor para equilibrar a intensidade das seis faixas da fita autointitulada.

Negócios são negócios, insistia Maynard. Não haveria amostra grátis, mesmo para aqueles que se diziam representantes de gravadoras. "Se eles quisessem participar do que estávamos fazendo, podiam desembolsar seis dólares e ouvir a fita", explica. "Eu não precisava do contrato de gravação deles. Só precisava continuar fazendo aquilo."

O objetivo da maioria das novas bandas era conseguir um contrato de gravação, o pote de ouro no final do túnel que leva ao botequim. Maÿnard tinha visto muitas delas distribuírem fitas-demo como se fossem balas sendo jogadas de um carro alegórico em um desfile do Dia da Independência, esperando, contra todas as odes, que seu trabalho caísse nas mãos de um ansioso profissional de A&R.

"As prioridades deles estavam completamente fora da realidade", lembra Maynard. "O mais importante era focar na música, se certificar de que todas as peças estivessem no lugar, fazer as coisas do jeito certo e pelos motivos certos, e não se desviar do caminho."

Os profissionais de A&R que circulavam pelos clubes estavam, de fato, procurando pelo próximo Nirvana ou REM; a próxima banda que traria fortuna e reconhecimento à gravadora. Mas identificar a próxima grande novidade antes que ela existisse era desafiador, já que não tinham certeza de qual som, mensagem ou mesmo gênero estavam procurando. De uma coisa, tinham certeza: a banda que empolgasse o público seria aquela que justificaria o investimento.

No início de setembro, não havia dúvidas: o entusiasmo do público estava focado na Tool. Quando Maynard, Danny, Adam e Paul apareciam no cartaz, os pequenos clubes lotavam.

A Tool era a banda que oferecia exatamente o que procuravam: uma agressividade furiosa atenuada por humor sutil, letras ambíguas que exigiam atenção, musicalidade sólida e o choque de um ritmo inesperado. E, por fim, um *frontman* magro e maníaco, capaz de dar gritos penetrantes e dotado de um olhar implacável que lançava ao público fascinado.

Os clubes em que a Tool tocou naquele verão não eram os estádios lotados e reluzentes que povoam os sonhos dos astros do rock. Eram lugares apertados e escuros, e os cabos de microfone quebrados eram remendados com fita isolante desgastada. Uma pátina de sujeira cobria as cadeiras desparelhadas e as mesas instáveis. Em alguns, como o Gaslight, água escorria do banheiro masculino, no andar de cima, em direção ao palco. Ocupar um espaço na programação era um rito de passagem; era assim que bandas aspirantes ascendiam na hierarquia musical de Los Angeles. "Se a gente entrava às 18h, era um bosta", explica Bill Manspeaker. "Se entrava às 23h, significava que a gente era foda e logo ia estar tocando na Sunset Strip. Bandas que não eram boas o suficiente ainda tocavam em lugares como o Coconut Teaszer, os clubes no limite da moda."

> Um lutador tem que dar seu melhor no tatame. A gente não pode se preocupar se o oponente está em ótimas condições ou se o público está de mente aberta e pronto pra gostar do que estamos fazendo.
> Não importa se é um palco pequeno, se tem duas ou 200 pessoas na plateia, ou se está caindo mijo na nossa cabeça. A gente tem que se adaptar, se transformar de acordo com o espaço e comandá-lo.

Lou Maglia raramente se aventurava pelos clubes. Ele deixava que seus representantes aguentassem o cheiro de cigarro velho e o chão pegajoso de cerveja em busca de novos e promissores talentos. Mas, no início de setembro, decidiu se juntar a eles no Gazzarri's, um ícone do circuito em declínio de hair metal de Los Angeles. Naquela noite, o clube receberia o Dumpster, a banda mais badalada no radar da Zoo Entertainment, e Maglia achou muito bem-vinda a chance de ver por si mesmo o que a banda favorita do cenário underground poderia oferecer à sua gravadora.

Kevin Coogan e seus colegas de A&R, Anna Loynes e Matt Marshall, também esperavam ansiosos pela apresentação, embora reconhecidamente com um motivo oculto. O show da Dumpster terminaria com tempo de sobra para irem ao Coconut Teaszer assistir ao show da Tool, às 22h. Kevin contou tudo sobre a festa no loft aos colegas de trabalho. Quando tocou a fita-demo da Tool para Anna e Matt, eles concordaram que a banda estava destinada ao sucesso. E eles estavam determinados a serem a gravadora que iria representá-los.

Mas eles também tinham decidido lidar com a situação conforme ela se desenrolasse. "Por melhor que a Tool fosse, eu estava um pouco nervoso que o presidente os visse depois de ver a Dumpster", recorda Matt. "Achamos que se a Dumpster fizesse um show explosivo, talvez não fosse a melhor noite para que ele assistisse à Tool".

A noite, aliás, não foi das melhores para a Dumpster. A banda não estava familiarizada com o clube e, como o show começou cedo, atraiu apenas um público esparso. Para piorar as coisas, apenas alguns segundos após o início da apresentação, o baterista Kellii Scott pisou fundo no pedal, enterrando o batedor direto na pele do bumbo. O grupo seguiu em frente e fez o melhor que pôde, mas o vocalista Robert English se inclinou sobre o microfone e anunciou que o show havia acabado. "Depois de uma música, eles deixaram o palco", recorda Matt. "Foi uma insanidade completa!"

Mas a noite deles não precisava terminar, garantiu a equipe de Maglia. Uma nova banda estava tocando em um clube no fim da rua, uma banda com Danny Carey, da Green Jellö. "Eu não estava animado", admite Maglia em uma entrevista de 2014. "Mas a noite era uma criança, e o show da Dumpster já tinha ido por água abaixo mesmo. Então eu disse: 'Sim, vamos lá ver o que está acontecendo.'" E eles seguiram pelo crepúsculo amarelo de Los Angeles até o Coconut Teaszer, o clube no extremo leste da Sunset, onde as tendências começavam.

Um grupo pequeno, mas entusiasmado de seguidores da Tool formava um semicírculo diante do palco, a meia dúzia de garotas que os seguiam de clube em clube durante todo o verão. Adam e Paul começaram a introdução na guitarra e Maynard agarrou o microfone, se agachou e olhou de forma ameaçadora ao redor do lugar. O palco explodiu em energia bruta, nas letras sombrias de Maynard, na maneira como ele se movia pelo palco, no seu grito suspenso na escuridão enfumaçada.

"Tudo o que eu conseguia pensar era que Maynard era o Charles Manson musical", recorda Maglia. "Ele era assustador. Estava sem camisa e tinha uma grande tatuagem de escorpião que ia do pescoço até a bunda. Quando cantava, contraía o estômago como se fosse vomitar."

A banda havia sido avisada da possível presença de Maglia, mas eles se apresentaram naquela noite da mesma forma que faziam no ensaio ou em um show em um palco pequeno e encharcado de urina. Dominaram o espaço, tomaram-no para si, transbordando sua paixão, seu medo e sua necessidade em cada nuance, cada nota angustiada. "Era isso que fazíamos todas as noites", explica Maynard.

Era trabalho de Maglia imaginar. O Coconut Teaszer era apenas o Coconut Teaszer, a noite de Hollywood era uma noite como qualquer outra, mas ele visualizou a banda em locais maiores, iluminados, com sistemas de som de última geração e pontos coloridos seguindo as contorções de Maynard pelo palco, e sua visão já estava no tempo presente. "Meu primeiro pensamento foi: sim, ele é ótimo em um clube. É impressionante quando a gente está a um metro e meio dele, mas e em um estádio?", lembra. "Será que ele consegue assustar as pessoas como está me assustando aqui?"

Após o show, Maglia se virou para ir para sua casa em Beverly Hills, mas não antes de deixar Anna com instruções — instruções clássicas de Hollywood. "Diga a eles para virem ao meu escritório amanhã", comenta.

Maglia sorriu por cima da mesa ampla. A Zoo Entertainment, garantiu ele a Maynard, Danny, Adam e Paul, ofereceria o que outras gravadoras não ofereciam. Se decidissem assinar com ele — e Maglia esperava sinceramente que decidissem fazê-lo —, desfrutariam do controle criativo sobre seu trabalho e, como o selo dele era independente, sempre poderiam falar diretamente com Maglia, livres da cadeia de comando corporativa. Com certeza, alertou, eles logo entrariam na mira de outras gravadoras agora que a Zoo estava interessada.

Ele os avisou também sobre as táticas tentadoras que os representantes empregariam para desviar a atenção deles dos riscos: o futuro deslumbrante que ofereceriam, as lagostas da Nova Escócia, as garrafas de vinho de 400 dólares. E, depois que a banda tivesse ouvido tudo aquilo, afirmou que estaria esperando para quando estivessem prontos para conversar de novo.

De fato, assim que a notícia que a Zoo estava interessada na Tool se tornou de conhecimento público, representantes usando rabo de cavalo da Sony, Mercury, Atlantic, Interscope e Epic se debruçaram sobre o grupo e colocaram cartões de visita com alto-relevo em suas mãos. Eles organizaram reuniões de almoço no Sushi Nozawa, jantares no Marino Ristorante e no Palm, onde discutiram financiamento e promoção, pintando a imagem de um futuro com estádios iluminados e lotados e posições conquistadas na parada da Billboard 200.

> Foi emocionante, mas eu era cauteloso. Já tinha ouvido muitas histórias de terror de Hollywood, então fui precavido. Comecei imediatamente a procurar uma rota de fuga caso alguém tentasse me ferrar. Se eu fosse percorrer uma trilha de cross-country, como saberia que seria possível terminá-la sem que começassem a construir alguma coisa no caminho? Eu precisava fazer as perguntas certas para descobrir como eles poderiam me enganar e interromper o trabalho que eu precisava fazer.

Certamente, o filé-mignon era uma refeição sedutora depois de meses de macarrão instantâneo e da comida do restaurante tailandês do outro lado da rua. Mas a névoa fascinante lançada pelos profissionais de A&R não foi páreo para a longa prática que Maynard tinha em permanecer lúcido diante da retórica vazia. Ele havia aprendido há muito tempo a importância de pensar por si mesmo e, quando o sommelier trouxe outra garrafa de Montrachet Laguiche, safra de 1989, ele se recostou na banqueta estofada e ofereceu sua taça. "Tive um vislumbre do que era o poder e da rapidez que se poderia abusar dele", conta Maynard, lembrando-se dos rituais exagerados que faziam parte do flerte das gravadoras. "Então a gente brinca com a situação. Se a gente consegue fingir que eles estão usando orelhas de coelho enquanto come aquela comida cara, aquele se torna o momento mais emocionante da sua vida."

O que os aguardava eram negociações contratuais, discussões sobre a arte do encarte do álbum, direitos internacionais e royalties, a jornada que uma banda poderia ter a sorte de embarcar depois de meses e anos de shows e ensaios, mas uma que ele, Danny, Adam e Paul estavam começando depois de apenas sete shows em clubes de segunda categoria.

Uma tarde, no fim do outono, Maynard voltou para casa e recebeu uma mensagem de outra agente de clube, uma garota animada oferecendo mais um trabalho não remunerado. A Tool ia tocar em terceiro lugar em um evento com seis bandas, insistiu ela. Danny usaria a bateria do clube, claro, mas a participação daria a eles grande visibilidade, experiência e bebidas por conta da casa.

"Liguei de volta para ela", relembra Maynard. "E disse: 'Essa é a nossa proposta. A gente vai tocar em penúltimo e vai usar nossa própria bateria. E vocês vão nos pagar cem dólares. Ela retrucou: 'Quem você pensa que é?'"

"Então eu disse: 'Sou o cara pra quem você vai ligar de volta em breve, quando perceber que é *você* que precisa de nós.'"

Depois de discussões sobre marcas, porcentagens, opções, adiantamentos e cláusulas de exclusividade; após almoços servidos em carrinhos com forro de linho branco por chefs com chapéus do mesmo tecido, a banda voltou para Maglia.

Entre os diversos executivos de gravadoras que haviam conhecido, ele fora o que melhor entendera a mensagem e os métodos da Tool, e a importância de sua integridade criativa. "Não estou pedindo que me deem um orçamento para cada clipe", comenta ele. "Estou pedindo para vocês fazerem vídeos do jeito que quiserem, e eu pago por isso."

"Senti que as coisas que eu tinha feito durante toda a minha vida estavam enfim me levando a algum lugar", recorda Maynard. "Aquela era a minha chance de fazer as coisas direito. A gente não tem como continuar construindo mesas de duas pernas e reclamar que elas não ficam em pé."

O grupo percebeu que trabalhar com a subsidiária independente da BMG lhes ofereceria quase as mesmas liberdades que teriam se houvessem permanecido independentes. E, Maglia garantiu a eles, os esforços e o orçamento do Zoo seriam direcionados ao que mais importava: as apresentações ao vivo. "Nem todo mundo disse isso", conta Maynard. "O que ouvimos da maioria das gravadoras foi basicamente: 'Somos uma grande máquina e podemos forçar vocês goela abaixo das pessoas'."

Maglia garantiu à banda que, juntos, poderiam criar um acordo artisticamente satisfatório e financeiramente sólido.

"Foi um processo bastante democrático", comenta Danny a respeito das negociações. "Em todas as reuniões, nós quatro lutamos com unhas e dentes por nós mesmos, como mosqueteiros, o que foi muito bom para todos nós."

A Tool fora formada a partir de uma frustração amarga, explodira mesmo sem muita exposição na cena dos clubes da cidade, respondera sem questionar ao pedido de Maglia para se encontrar com eles. Assinar com a gravadora depois de apenas sete apresentações seria mais um voto de confiança. "Tínhamos a sensação de que tudo aquilo se encaixava", explica Maynard. "Mas a maior parte era só pura sorte e confiança. Você dá um tiro na lua e a felicidade te encontra."

Na véspera do Dia de Ação de Graças de 1991, o acordo foi finalizado, um negócio incomum, considerando que a Tool ainda não havia gravado um álbum. A Zoo produziria uma versão aprimorada da fita-demo da banda, um EP de seis faixas e, mais tarde, um álbum completo. Além disso, fiel à própria promessa, Maglia garantiria um apoio acima da média à turnê. O acordo concedeu à banda o controle criativo e um adiantamento para cobrir despesas e equipamentos até que o pagamento dos direitos autorais começasse a chegar. "A Tool foi a única banda que contratei que teve minha total confiança e apoio sempre que precisaram", lembra Maglia.

O negócio incluía mais uma cláusula, que não estava prevista no contrato, mas que os integrantes da banda consideravam tão importante quanto todas as outras. Maynard, Danny, Adam e Paul tinham passatempos e paixões descobertos muito antes de formarem a Tool e estavam determinados a manter suas vidas privadas assim. Quaisquer que fossem as demandas e responsabilidades que tinham acabado de assumir, prometeram um ao outro que livros e churrascos, magia e mitologia, amigos, família e tentilhões teriam prioridade.

> Eu não queria ser um animal em exibição. Precisava encontrar um freio para desacelerar os elementos daquela oportunidade e descobrir como processá-la emocionalmente. O que toda aquela atenção adicional faria comigo? O que isso faria ao meu corpo — meu corpo emocional, espiritual, mental, meu corpo físico? Eu tinha objetivos, e ser famoso não era um deles.

Com a papelada assinada, Maynard, Danny, Adam e Paul saíram do escritório da Zoo Entertainment para uma cidade que parecia se dilatar ao seu redor, como um palco montado para uma apresentação só deles.

A primeira parada foi no Palace, o vasto estabelecimento art déco no cruzamento da Hollywood com a Vine, já lotado com uma multidão ansiosa para dar início ao longo fim de semana de Ação de Graças. "Entramos como se fôssemos figurões, como se fôssemos os caras", conta Maynard. "Então, tratamos de encher a cara."

Eles percorreram o andar principal e a sacada, os gritos ecoando alto acima da música. Só se podia comemorar a primeira contratação uma vez, e era isso mesmo que iriam fazer até que, em um acesso de exuberância, uma bandeja foi virada e copos se estilhaçaram em cacos luminosos sob os holofotes. Foi quando os seguranças solicitaram que fossem farrear em outro lugar.

Eles viraram a esquina e se juntaram a uma multidão de hipsters no Frolic Room, o bar estreito e escuro onde trataram de alimentar a jukebox. Cantaram dos bancos vermelhos giratórios, ignorando a conta do bar, até que as lâmpadas do teto começaram a piscar, indicando a hora de fechar.

Cambalearam até a calçada, em uma desconexa dança da vitória, subindo a avenida até a Regal Liquors e ao refrigerador nos fundos da loja. "Voltamos ao loft aos gritos, loucos e livres", lembra Maynard. Esvaziaram as cervejas e jogaram as latinhas vazias pelo estacionamento. Então seus gritos, risadas e algazarra fizeram com que os vizinhos saíssem nas janelas e ameaçassem chamar a polícia.

Eles se dispersaram na noite de Hollywood; Danny foi para o loft, Paul para seu apartamento, e Maynard, Adam e Manspeaker pegaram um táxi dirigido por um motorista relutante. O apartamento de Adam, no Valley, seria um refúgio seguro até que o tumulto acabasse.

> Poderíamos ter sido íntegros e legais, mas escolhemos ser babacas porque éramos jovens e, de repente, tínhamos poder. Estávamos nos exibindo. Porque tudo que a gente cresce assistindo, bom, a gente assume que é assim que uma banda de rock deve ser.
>
> Não há desculpa para qualquer tipo de violência. Eu simplesmente não faço isso. Nossas ações não eram dirigidas a ninguém em particular. Mas andávamos tão abatidos e, finalmente, havia luz.

De manhã, no estupor da ressaca, procuraram um mercado aberto e voltaram ao apartamento de Adam com um café bem forte e um dos últimos perus da cidade. Maynard, Adam e Manspeaker — artistas recém-contratados com todos os motivos para aproveitar o feriado em grande estilo — passaram um Dia de Ação de Graças frio e ventoso procurando nos armários uma panela grande o bastante para cozinhar a ave e os ingredientes para fazer uma sopa de peru aceitável. "Adam esqueceu de dizer que o forno não funcionava", recorda Maynard. "Foi um dia de merda."

A notícia sobre o contrato de gravação da Tool elevou o status da banda quase da noite para o dia. Os gerentes de clubes, que apenas algumas semanas antes haviam relegado a banda ao show das 18h, ligaram para oferecer a vaga que eles quisessem nas programações de Ano-Novo. E as exigências de Maynard, que um mês antes pareciam arrogância sem fundamento, agora eram perfeitamente justificadas. A Tool seria a atração principal, disse ele aos gerentes. A banda usaria o próprio equipamento e o cachê agora era de 500 dólares, uma remuneração mais do que justa para um grupo certamente destinado ao estrelato.

Por mais sensatos que fossem os pedidos, Maynard não ligava quando eram recusados. A Tool tinha os próprios planos para a véspera de Ano-Novo.

Cansados das farras de Manspeaker, os vizinhos enfim se mudaram. A partida propiciou a adição de um espaço que expandiu a base da Green Jellö. Maynard e Manspeaker pegaram martelos e serras e abriram a parede em comum para criar um cinema caseiro completo com sala de projeção, além de duplicar o espaço para festas.

Na véspera de Ano-Novo, o loft estava tão lotado quanto qualquer bar da Sunset. Punks, roqueiros, atores, artistas e transeuntes curiosos foram atraídos escada acima pela música que retumbava na rua. Havia uma abundância de destilados, Corona e licor Kahlúa, que fulguravam sob as luzes coloridas que pendiam dos caibros, e um caminhão de som estava parado no estacionamento para gravar as apresentações da noite.

A trupe da Green Jellö reprisou as traquinagens dos porquinhos, e, em seguida, a Tool pegou guitarras, baquetas e microfones e encheu o novo espaço com letras energizantes sobre fúria e medo, certo e errado, sacrifício, sombras e dor.

Naquela noite, o grito de Maynard atingiu uma nova intensidade, uma sinceridade mais profunda, nascida da euforia e do triunfo. O grito expressava retaliação por uma vida inteira sendo mal compreendido — uma muralha de resistência contra os obstáculos que poderiam surgir. E sua música forte e segura adentrou a primeira madrugada cinzenta do ano novo.

SARAH JENSEN UNIÃO PERFEITA DE ELEMENTOS CONTRÁRIOS MJ KEENAN

9

O anúncio de Maynard sobre o contrato de gravação surpreendeu os velhos amigos que recebiam notícias apenas de forma esporádica sobre suas aventuras em Los Angeles. "Às vezes, passava muito tempo, mas escrevíamos cartas e conversávamos", lembra Deb Rockman, professora da Kendall. "Ele ligava tarde da noite e ficávamos no telefone por horas. Às vezes, nem conversávamos. Ele tocava música, e eu ouvia. Então, quando me dei conta, ele estava fazendo sucesso com a Tool."

Mas aqueles que sabiam de toda a história reconheceram que seu sucesso não era repentino. "Todos na banda tinham passado por maus bocados em vários aspectos", comenta Matt Marshall. "E isso era parte de quem Maynard era e do que a Tool era. Eles pegaram suas influências e moldaram a música em algo completamente único. Na época em que se juntaram, já eram melhores do que quase todo mundo."

Maynard talvez tivesse percebido qual era seu destino muito antes, caso tivesse prestado mais atenção às copas, paus e imperatrizes que as cartomantes dispunham sobre a mesa.

> Eu não tinha percebido que as cartomantes poderiam estar falando sobre cantar. Elas sempre tinham usado as palavras 'voz' e 'apresentação', e pensei que estivessem falando em sentido metafórico. Achava que pet shops e estúdios de filmes fossem os palcos dos quais estivessem falando. Nunca tinha considerado que elas queriam dizer *banda* e *música*.

O ano de 1992 seria de começos — e de desapego. Os tediosos e mal pagos dias de artista amador tinham ficado para trás, e o pequeno Harpo vivera uma boa e longa vida de mandarim. Maynard sabia que era hora de sair do caminho familiar e se abrir para essa nova trilha, e, deixando os outros pássaros, iguanas e peixes sob os cuidados dos companheiros de loft, estaria livre para descobrir aonde isso poderia levar.

A estratégia de marketing da Zoo incluía uma prensagem profissional da fita-demo da Tool com um número de etiqueta irônico — 72826, dígitos que Maynard escolhera para corresponder às letras S-A-T-A-N no teclado do telefone. Matt e seus colegas enviaram fitas cassete para bandas cujo estilo e mensagem complementavam o da Tool e, na primavera, eles estavam se apresentando em toda a costa da Califórnia, abrindo para o fusion-punk da Fishbone e o heavy metal da Corrosion of Conformity em clubes renomados, que serviam como laboratório para as mais promissoras entre as bandas novas.

A banda de Tom Morello também estava pronta para se apresentar publicamente. A Rage Against the Machine seguiu uma trilha paralela à da Tool durante todo o inverno, e sua música se tornou uma mistura sólida de punk e hip-hop, um discurso sônico em oposição à ganância corporativa e à opressão do governo.

Abrir para a Tool foi uma estreia adequada, uma continuação da aliança criativa iniciada meses antes. Os riffs que eles exploravam enfim encontraram seus devidos lugares em "Killing in the Name", da Rage, e "Part of Me", da Tool, e o dueto no palco do Jabberjaw apenas fortaleceu a fé de Maynard e Tom nos talentos um do outro. "Havia uma competição saudável entre as duas bandas", comenta Morello. "Nós realmente afiamos uns aos outros desde o início."

Assim como Lou Maglia havia imaginado, os shows da Tool criaram uma esperada onda de interesse. O público foi cativado pela maneira como Maynard se arrastava até a beira do palco, pelo curioso moicano, pelo olhar penetrante e pela postura de confronto.

Os primeiros críticos se viram perdidos ao tentar categorizar a música da banda, chamando-a de tudo, de grunge a metal a rock alternativo, mas o público não se incomodava com rótulos. A Tool fazia música que importava, qualquer que fosse o gênero. Depois de mais de uma década de políticas conservadoras, conformidade e complacência diante do dogma opressivo, eles estavam preparados para a mudança e encontraram seus hinos de rebelião nas canções contraculturais da Smashing Pumpkins, Dumpster, Dead, White and Blue — e da Tool, cujas complexidades harmônicas e letras multidimensionais os diferenciavam do resto.

> Nossas músicas diziam às pessoas para acordar, parar de viver na hipocrisia, ser fiéis a si mesmas, mas essa mensagem tinha que ser moderada. Há um elemento de humor em todas as músicas. Um amigo poderia dizer algo muito engraçado, e incluíamos um verso com base no que ele dissera. A sátira ajuda a superar emoções sinceras e questões sérias. É assim que a gente aborda as grandes ideias.

Desde que encomendara à Sounds Good o álbum *Extended Play*, de 1981, dos Pretenders, Maynard passou a compreender o poder do EP, a versão inversa da promoção de pegar e levar, algo que estimulava o apetite do público por álbuns e shows caros. Gravado no Sound City e lançado em março de 1992, o EP da Tool, *Opiate*, traria atenção generalizada à banda, ele tinha certeza disso. Melhor ainda, fazer uma turnê com uma banda conhecida a nível nacional seria o primeiro passo para construir uma base de fãs de uma costa à outra.

Se alguma vez um grupo foi capaz de complementar o som cru e a mensagem de inconformidade da Tool, esse grupo foi a Rollins Band. A turnê *End of Silence* havia começado naquela primavera e, graças aos esforços da Zoo, sua banda de abertura seria a combinação ideal. As músicas de *Opiate* forneceriam uma contrapartida adequada aos temas de integridade e autorreflexão. O som da Tool era a união perfeita entre a poderosa raiva de Henry Rollins, a fúria do baixo de Andrew Weiss e a bateria de Sim Cain.

Três meses na estrada com a Rollins Band dariam a Maynard a chance de observar em ação o homem cuja musicalidade e ética de trabalho ele admirava há muito tempo e aprender com músicos experientes os meandros de uma turnê.

"Andrew Weiss me deu ótimos conselhos", comenta Maynard. "Ele me ajudou a entender que era a equipe que fazia essa merda acontecer. Ele me disse: 'Somos apenas esses roqueiros que chegam tarde e saem cedo, mas é a equipe que realmente faz as coisas. Trate bem essa galera. Respeite os caras que colocam a mão na massa.'"

A parada em Atlanta incluiu uma rara noite de liberdade antes do show no Cotton Club. Depois de explorar os muitos bares ao longo da Peachtree Street, os membros da banda saíram na amena noite de primavera e a conversa se voltou à dedicação necessária para se destacar em meio a uma competição acirrada. Maynard compartilhou com Cain sua memória do show do Black Flag em Grand Rapids, em 1986, e a influência duradoura da banda de abertura. Ele não conseguia se lembrar do nome do grupo, mas a energia e a paixão que demonstraram diante daquele público tão esparso que chegava a ser constrangedor tinha sido o vislumbre de um mundo de profissionalismo que ele sonhara habitar.

> Fico desconfortável quando as pessoas me dão elogios estranhos. Então, não tinha intenção de entediar Henry com a história disso que uma vez testemunhei. Mas me senti confortável conversando com Sim, porque ele amava muito a música.
>
> Contei a ele sobre esse show incrível que vi anos antes e como ele simplesmente me surpreendeu. Meu coração disparou depois da apresentação. Aquilo tinha me impressionado tanto que chegou a moldar a maneira como abordei minha performance na Tool. Naquela noite, aprendi que, se a gente for profissional, se for *sério*, não importa se há cinco ou 500 mil pessoas na plateia, elas vão sentir. Essa honestidade transparece.
>
> E Sim respondeu: "Era eu aquele dia. Eu e Andrew Weiss na Gone. Você acabou de descrever nossa apresentação em Grand Rapids".

Maynard logo começou a pegar o ritmo da estrada, a rotina diária de pôr as malas no caminhão e chegar aos estacionamentos dos clubes, muitas vezes o único vislumbre da cidade que ele tinha. Ele dominou a bela arte de desenrolar o futon sobre as caixas de equipamentos na parte de trás do caminhão e tirar uma soneca agitada antes do próximo show.

Aprendeu que a monotonia da estrada era tolerável se seguisse o conselho do comediante Bill Hicks e curtisse a jornada. A caminho de Omaha, Austin e Providence, as fitas de Hicks tocavam com frequência no toca-fitas, os monólogos satíricos soando como um eco da impaciência de Maynard diante da mediocridade e da apatia — e da crença na redenção.

> Por trás de todo o humor ácido, Bill falava sobre as mesmas coisas que eu tinha lido na obra de Joseph Campbell. Se a gente olhasse as coisas, olhasse de verdade, se levantasse o véu, começaria a reconhecer que a luz é amor, é infinita, é incondicional. Bill dizia que, uma vez que a gente entenda a natureza da natureza, pode deixar de lado as dificuldades e se comprometer com o próprio caminho — sabendo que é apenas um passeio.

E Maynard se familiarizou com os Holiday Inn que se multiplicavam na paisagem e com o ocasional Motel 6 no entorno. Cidade após cidade, passava por portas de bares, todas idênticas, atravessava outro estacionamento e observava o último frequentador do clube partir noite adentro, deixando-o do outro lado da cerca baixa, sozinho na escuridão.

Ao longo da turnê, rostos familiares equilibravam o isolamento de semanas na estrada: Kathy Larsen no CBGB, em Nova York, Ramiro no Bogart's, em Cincinnati, e o DJ Steve Aldrich no único show da Tool na Reptile House, em Grand Rapids.

Estudantes de arte e aficionados por rock alternativo se aglomeravam no clube na Division para curtir o punk de garagem da banda nativa de Michigan, a Soiled Betty. Então a atração principal subiu ao palco e o espaço vibrou em uma fúria tempestuosa, na complexa força rítmica que era a Tool.

"A Reptile House não fora pensada para receber shows ao vivo. Era para ser uma danceteria", explica Aldrich. "O prédio era todo feito de superfícies rígidas, ladrilhos e concreto. Os shows normalmente soavam uma porcaria lá dentro. Mas, quando a Tool tocava, era como se você estivesse ouvindo o CD. Soava incrível."

Aldrich reconheceu os ecos familiares da música. As assinaturas de compasso atípicas, as nuances sutis, o toque de minimalismo da Swans mesclado a uma versão madura das faixas da C.A.D. que ele havia tocado em seu programa de rádio, o *Clambake*. E a Tool lhe parecia a concretização da banda antes abandonada por falta de um vocalista adequado, a materialização do espaço sonoro e acordes experimentais que ele, Maynard e Chris Ewald haviam explorado anos antes. "Assim que ouvi a Tool, pensei: 'Esta é a versão final do que deveria ter acontecido há muito tempo'", comenta.

Em Boston, a Lansdowne Street era exatamente como Maynard se lembrava. A maior parte do público tinha vindo ao Axis para ouvir a Rollins, mas meia dúzia estava lá por Maynard: os amigos da mesa de Ação de Graças em North End, e Kjiirt, que, como o amigo leal que era, voara de Seattle para ver Maynard tocar no clube que tinham tantas vezes frequentado juntos.

Quando a Tool subiu ao palco, a multidão agiu como se fosse a atração principal. Eles encheram a pista de dança e se moveram no ritmo da música, inclinando-se para frente e esforçando-se para decifrar cada palavra saída da boca de Maynard. E não foram poucas as mulheres que gritaram convites sugestivos do *mosh pit* — as mesmas que talvez, não muito tempo atrás, tinham ignorado os avanços de um solitário gerente de merchandising de pet shop.

Um *mosher* maníaco e solitário se debatia convulsivamente pelo *mosh pit*, lançando-se contra os outros e alheio aos olhares raivosos. "Ele era um punk bem babaca", relembra Kjiirt. "Não foi nada legal. Se ele fosse esculhambar as coisas durante o show, era melhor expulsar o cara, só que ninguém da segurança percebia. Por fim, ele veio na minha direção, então eu o agarrei e o empurrei o mais forte que pude." A comoção enfim fez os seguranças saírem das sombras, dois sujeitos durões que agarraram Kjiirt pelo braço.

Apesar dos holofotes chispando em seus olhos, da concentração no trabalho, da incapacidade de distinguir as pessoas no *mosh*, algo atraiu o olhar de Maynard. Talvez tenha sido o lampejo da camiseta branca do Tool que Kjiirt usava. Quem sabe tenha sido o cabelo loiro distinto na escuridão. Ou vai ver foi sincronicidade, acaso ou coincidência, mas ele olhou para a multidão e viu o amigo.

Maynard parou de cantar. Ele deu um passo até a beirada do palco e ergueu um braço. As guitarras silenciaram, as baquetas de Danny pararam. A multidão também ficou quieta, desorientada pela súbita mudança de energia. Maynard apontou para Kjiirt e falou, com a voz firme e calma: "Ele fica".

Então, deu um passo para trás, e a música recomeçou tão abruptamente quanto havia parado. Danny, Adam e Paul retomaram a batida e o grito de Maynard subiu um tom. O encrenqueiro foi levado até a porta e Kjiirt se juntou à multidão enquanto ela se fechava em um semicírculo oscilante diante do palco, os ritmos fortes os conduzindo mais fundo nos mistérios do que a banda poderia ser.

A agenda de Maynard em 1993 tinha poucos espaços vagos naquele itinerário que faria a banda cruzar três vezes o Atlântico e a conduziria a nada menos do que 29 cidades no circuito de verão do Lollapalooza.

> A gente acorda e sabe que está na estrada, mas não sabe onde. Não era como se eu estivesse bêbado na noite anterior, acordasse e não conseguisse me lembrar de nada. Mas a gente tinha que se lembrar do que estava acontecendo naquele dia e onde estava no dia anterior. Havia tantas pessoas lucrando com a nossa presença na estrada que, na metade do tempo, não tínhamos controle de para onde estávamos indo ou quando.

No início do ano, a passagem de um mês pela Europa os levara a Paris, Copenhague, Zurique e Londres, em uma programação sem tempo para o turismo. Considerando o orçamento diário apertado, até mesmo pagar o táxi para um passeio rápido do hotel a um castelo ou a um museu estava fora de cogitação. Um dia de folga era despendido em uma excursão não mais exótica do que uma caminhada à pizzaria nos arredores, onde Maynard e os companheiros de banda juntavam as moedas e pesavam uma vida na estrada contra as recompensas praticamente invisíveis.

> Espero que eu não esteja fazendo isso em vão. Buscamos aceitação, e não importa a forma que ela assuma, seja uma jovem alemã que sorri pra gente, um cara animado porque uma música o surpreendeu ou um sujeito mais velho que foi ao show acompanhando o irmão mais novo. A gente não esperava que ele gostasse da música, mas, de alguma forma, ela o tocou. Procuramos por qualquer sinal de que estamos fazendo algo certo.
> Queremos que uma multidão de gente vá embora dizendo "Puta merda! É isso! Foi exatamente como achei que seria!".

Em abril, o lançamento do primeiro álbum da Tool deu início a uma turnê promocional de dois meses pela costa da Califórnia, onde o público descobriu em *Undertow* um estudo de contradições, um equilíbrio entre heavy metal e cadência suave, um paradoxo lírico que não apenas exigia atenção, como convidava à participação.

O sucesso imediato do álbum se deu tanto pelo respeito da Zoo com a criatividade da banda quanto por seus esforços de marketing. "Quando temos uma banda tão evoluída, a coisa mais inteligente a fazer é apoiá-la e sair do caminho", comenta Matt Marshall em uma entrevista de 2014. "O melhor marketing que uma gravadora pode fazer é ser o mais invisível possível e deixar que a arte, as imagens e a música falem diretamente com os fãs. Fazer isso tão bem quanto a Tool fez desde o início é algo raro."

Depois do lançamento de *Undertow*, a biografia oficial da Tool foi publicada, uma mudança inventiva dos tradicionais e factuais *press kits*. A história de fundo de duas páginas dava crédito aos mentores da banda, cujo trabalho havia impactado o deles, incluindo, antes de tudo, o lacrimologista* norte-americano Ronald P. Vincent. Enfim, a ideologia da Tool fora explicada, para alívio de jornalistas e críticos musicais que lutavam para entender a banda. Sua abordagem, explicava o documento, era um testemunho musical dos princípios de Vincent: o desejo de enfrentar sem medo tanto a alegria quanto a tristeza, visando transformar a dor pessoal em cura e iluminação.

As estações de rádio de todo o país logo adicionaram a favorita do público, "Sober", à programação, e o clipe foi transmitido com regularidade no *Headbangers Ball*, da MTV. Além disso, o boca a boca desempenhou um papel importante, levando o álbum a ouvintes que, de outra forma, não teriam associado Maynard com a última sensação do rock.

"Um amigo me falou do álbum logo depois do lançamento", lembra Steele Newman. "Ele me contou sobre esse cara incrível nos vocais, esse Maynard Keenan. Eu fiquei, tipo, 'Não o Maynard James Keenan!'" Steele se lembrava de Maynard apenas como o companheiro de casa que se sentava em silêncio no sofá da Pearson Street, comendo cereal Cheerios. Era difícil imaginar o homem que dava comida de peixe aos convidados da festa como um frontman. Mas, quando ele colocou o CD no aparelho de som, a voz que ouviu era inconfundível. "Eu escutei e pensei, espera lá! É isso! Adorei a música, e não apenas porque era meu antigo colega de quarto cantando."

---

* A lacrimologia, ou "ciência do choro", é uma pseudociência que consiste em uma terapia visando um ser mais elevado através da exploração da dor física e emocional e, por consequência, o choro. Foi idealizada em 1949 por Ronald P. Vincent. [NT]

Maynard, sempre insistente em dar crédito a quem merece, listou como inspiração o comediante Bill Hicks, cujas gravações haviam tornado suportáveis as longas horas passadas no caminhão Ryder no verão anterior. "Enviamos a ele cópias do álbum", conta Maynard. "Ele respondeu e nos agradeceu pela música. Liguei para ele e disse que o havíamos mencionado no encarte. Ele não tinha notado; estava apenas nos agradecendo pelo CD."

A ligação deu início a um diálogo que, depois que a banda voltou do Canadá no início do verão, havia se voltado ao tema de uma colaboração. "Nós dois estávamos empolgados para trabalhar juntos em uma apresentação de técnica mista", ressalta Maynard. "Talvez ele pudesse fazer um stand-up cômico entre os sets da Tool. Ele poderia abrir para nós, ou faríamos meio set e ele apareceria e faria um esquete."

Mas, quanto mais discutiam o plano, menos confiantes ficavam. Hicks não tinha dificuldade para cativar uma multidão em um clube de comédia, mas, por mais que seu material afrontoso complementasse o da Tool, prender a atenção de metaleiros nervosos seria outra história. "Percebemos que um show como esse teria que ser apresentado em um foro desconhecido", explica Maynard. "Dadas às expectativas do público da Tool, teríamos que tirá-los dos clubes de rock a que estavam acostumados para que pudessem apreciar toda a experiência. Passamos muito tempo tentando descobrir como acalmar um bando de skinheads e fazê-los ouvir piadas."

Mesmo após o sucesso de *Undertow*, a Zoo Entertainment não esqueceu o seu compromisso com Bill Manspeaker. *Cereal Killer*, o álbum em vídeo composto por 11 músicas da Green Jellö, em que Manspeaker havia começado a trabalhar quase dois anos antes, havia sido gravado em Sound City e estava pronto para distribuição. A Zoo enviou cópias para um punhado de lojas, incluindo a estação de rock de Seattle, The X KXRX.

O DJ de Seattle ficou estarrecido com a baixa qualidade artística e o alto grau de estupidez de *Cereal Killer*. "Ele disse que era a pior degeneração da música que tinha acontecido nos últimos tempos", lembra Manspeaker. A avaliação apenas confirmou o que Manspeaker vinha dizendo há muito tempo, que a história do rock 'n' roll culminava na pior banda do mundo e em sua música sobre porquinhos. O DJ deu uma palinha da faixa para demonstrar aos ouvintes o tipo de baboseira que recebia das gravadoras e prefaciou a música com um discurso exasperado sobre o lamentável colapso da indústria fonográfica.

Então aconteceu uma coisa curiosa. As linhas telefônicas começaram a tocar com ligações de ouvintes de Seattle implorando por mais — mais Lobo Mau, mais tiros de metralhadora, mais falsetes *chinny-chin-chin*. E "Three Little Pigs" se tornou a música mais pedida na história da rádio de Seattle.

Depois que a notícia chegou ao escritório da Zoo, eles se mexeram para produzir CDs suficientes para atender à demanda repentina de lojas de discos e estações de rádio, da Califórnia ao Maine, cujos ouvintes ficaram sabendo sobre o fenômeno do porquinho e pediam que a música fosse tocada. "De repente, essa música estranha sobre porquinhos estava tocando em todos os lugares", conta Manspeaker. "Quando me dei conta, estávamos na MTV." Para sua surpresa, a música subiu ao 17º lugar na lista da Billboard Hot 100 e ao 5º lugar no Reino Unido. Em maio, "Three Little Pigs" recebeu o disco de ouro pela Associação Americana da Indústria Fonográfica.

"Essa foi a primeira música de sucesso de Maynard", comenta Manspeaker. "Entre todas as músicas incríveis, discos de ouro e de platina, essa foi a primeira. O cara que todo mundo leva tão a sério... e tudo começou com 'nem em nome dos pelos do meu *chinny-chin-chin*.'"

Em 1993, os jovens norte-americanos tinham mais com o que se preocupar do que com porquinhos saltitantes. Los Angeles ainda cambaleava devido aos desdobramentos do incidente de Rodney King[*] e aos protestos que se seguiram. Além disso, havia muita tensão em consequência dos ataques norte-americanos à sede da inteligência iraquiana e à tentativa de bombardeio do World Trade Center, em Nova York. O verão trouxe certo alívio e a terceira edição do Lollapalooza, a festa itinerante de música e dança fundada dois anos antes pelo agente da Tool, Ted Gardner.

Durante todo o verão, eles tocaram em estádios, feiras e anfiteatros ao passo que o festival seguia de Portland a St. Paul, a Raleigh e a todo o Sul. Milhares de pessoas vinham para ouvir grunge e rock alternativo, buscando uma catarse

---

[*] Rodney Glen King, um trabalhador de construção civil afro-americano, sofreu violência policial em 1992. O caso gerou comoção e protestos públicos contra o racismo e a brutalidade policial. King sobreviveu ao episódio e se tornou escritor. [NT]

raivosa e ensurdecedora que refletisse seu descontentamento e afugentasse a ansiedade. Eles surfaram na multidão em *moshs* e visitaram as barracas de comida típica e estandes de vendedores. Apesar do calor e da água mineral cara, dedicaram seus dias a uma missão clara: render-se ao dark metal do Alice in Chains, ao funk vibrante da Primus, aos vocais apaixonantes e melódicos da Rage Against the Machine — e à descoberta de bandas no segundo palco, grupos como Sebadoh, Royal Trux, Mutabaruka — e Tool.

A Tool era a banda na parte mais baixa do cartaz e o seu ônibus de turnê era só um pouco melhor que o caminhão Ryder. "A cama era um pouquinho melhor", lembra Maynard. "Se desse para considerar um caixão uma cama melhor." Na hora do jantar, ele tirara do pequeno refrigerador outra lata de Coors Light e observara os empresários, promotores e contadores da banda compartilharem vinhos finos como Riesling e Gewürztraminer. Fracos riffs de guitarra e gritos da multidão pairavam pelo lugar, e ele pensou em patos inteiros estalando em uma grelha e em taças de Bordeaux da melhor qualidade.

Mas o Lollapalooza era a realização de sonhos que jamais julgara possíveis naquelas noites em Somerville: um convite para se juntar a Layne Staley, do Alice in Chains, em um emocionante dueto de "Rooster" no palco principal e, o melhor de tudo, subir ao palco depois que o amigo Tom tinha tocado. "Em muitos shows, a Tool levava a melhor sobre nós, e pensávamos: 'Temos que escrever mais algumas músicas'", lembra Morello. "Foi ótimo. As pessoas assistiam aos melhores shows de suas vidas."

A resposta entusiástica do público à Tool dissipou qualquer medo remanescente que Lou Maglia pudesse ter sobre a aparição de Maynard em um local maior do que o Club Lingerie. "A banda estava arrasando", recorda Matt Marshall — tanto que, em meados de julho, a Tool foi elevada ao palco principal.

A turnê foi uma chance para que amigos e familiares pudessem, ao longo da rota do Lollapalooza, descobrir o que exatamente Maynard andava fazendo desde que se mudara para Los Angeles. "Ficamos surpresos", admite Jan sobre o dia em que, ao lado de Mike, assistira à apresentação de Maynard no Chicago's World Music Theatre, em julho. "Nós achávamos que ele estava apenas dizendo que fazia parte de uma banda."

* * *

Quando a turnê chegou à última parada, em Irwindale, na Califórnia, em agosto, Maynard e Bill Hicks testaram a ideia de uma colaboração. Hicks anunciou a banda e, então, totalmente sério, disse à multidão que havia deixado cair uma lente de contato no *mosh*. Por mais impacientes que estivessem para ouvir "Swamp Song", "Flood" e "Prison Sex", eles obedientemente se ajoelharam para vasculhar o gramado empoeirado.

Maynard voltou a Los Angeles e fez uma pausa de dois meses antes de fazer tudo de novo. Foi então que começou a sonhar; o sonho recorrente retratava um lugar acolhedor, seguro e, de alguma forma, familiar; o sonho que despertou nele uma nostalgia por vales verdes, desfiladeiros e leitos de riachos que nunca tinha visto; por montanhas avermelhadas pelo nascer do sol e pelo brilho das estrelas em um céu que jamais conhecera.

> Sonhei que voava sobre um vasto deserto. Eu seguia pelo ar, chegava ao cume de um vale e pairava sobre uma cidadezinha na encosta de uma colina. Eu me virava em direção ao oeste e via, ao longe, uma onda enorme crescendo e aniquilando completamente uma grandiosa cidade no horizonte.
>
> Cerca de um mês depois, recebi um pacote de Bill Hicks. Ele estava no meio da edição do terceiro álbum e me enviou uma fita cassete com uma música. Queria me perguntar algumas coisas, se a música combinava com comédia ou não. Chamava-se "Arizona Bay".
>
> Pensei no meu sonho e percebi que devia ter sonhado com o Arizona. Passei um tempo em Phoenix, mas o sonho não parecia nada com aquele lugar. Ainda assim, sabia que aquilo significava que eu definitivamente ia chutar a bunda de Los Angeles.

Com o início do novo ano, Maynard voltou a se apresentar em Atlanta, Washington e Toronto. "Um estilo de vida normal, voltar pra casa depois do trabalho? A gente não pode deixar que a mente volte pra lá", comenta Maynard. "A vida é a turnê."

Entre os shows, encontrou tempo para se mudar para o bangalô Tudor, em North Hollywood, que havia admirado quando visitara o estúdio de Steve Hansgen. Quando a casa vagara, fora o primeiro na fila para assinar o contrato e carregar as caixas, o baú preto, os tentilhões, dois papagaios e um colchão d'água novinho em folha para a casinha onde cornijas em estilo vitoriano se enrodilhavam sob o beiral; uma árvore frondosa pairava sobre o gramado da frente e a luz da varanda estaria acesa quando ele chegasse em casa.

A parede envidraçada do quarto dava para os jardins e para o amplo quintal, onde esquilos e tâmias saltitavam por entre samambaias e beija-flores, bis-bis e um ou outro corvo se acomodavam entre as flores arroxeadas do jacarandá. Ele imaginou que, assim que acabasse a turnê, poderia cuidar do alecrim e das buganvílias e podar a hera que subia pela lateral da casa. "Um jardim zen sempre inclui uma fonte de água, então construí um lago no quintal e o abasteci com carpas ornamentais", lembra. "Eu precisava manter essa noção de saber de onde eu tinha vindo. A gente precisa ter algum tipo de oásis pra manter os pés no chão."

No bangalô, ele não tinha dificuldade para compor na companhia produtiva de Hotsy Menshot e Jerry, colegas de casa tão comprometidos com o trabalho quanto ele. Hotsy era Gary Helsinger, um membro da Green Jellö e um experiente profissional de A&R do Chrysalis Music Group. Guitarrista à noite e empresário durante o dia, Jerry Phlippeau passava longas horas debruçado sobre a mesa, desenvolvendo sua credibilidade e sua lista de contatos, e trabalhando para legalizar a venda pública de spray de pimenta.

Tim Cadiente era uma visita frequente, um empresário autodenominado cujo talento nos bastidores só era igualado pela paixão por rock 'n' roll. Se uma banda devia ser fotografada, Cadiente estaria lá com sua Nikon. Depois de cobrir o show da Tool no Palladium, em janeiro, ele e Maynard se tornaram amigos. Como consultor de marketing da Oakley, Inc., Cadiente estava sempre em busca de oportunidades para promover óculos de sol, viseiras e roupas de esqui, fazendo networking muito antes que os concorrentes tivessem ouvido o termo.

> A palavra "marketing" sempre deixou um gosto ruim na minha boca. Mas Jerry e Tim, com a coisa do spray de pimenta, não ficavam em um escritório abafado inventando frases de efeito inteligentes para induzir as pessoas a comprarem substâncias cancerígenas. Eles estavam expandindo os negócios e trabalhando com amigos. Foi meu primeiro vislumbre do lado positivo do marketing. Eles faziam aquilo parecer divertido.

O próprio trabalho de Maynard havia chegado a um impasse delicado e preocupante. Escrevera as letras dos álbuns *Opiate* e *Undertow* com facilidade; naquelas palavras, traduzira a própria raiva, frustração e tristeza. Mas as novas empreitadas pareciam forçadas e sem inspiração. Ele sabia que o próximo álbum da Tool deveria transcender o que viera antes, mas os quase dois anos na estrada só poderiam inspirar um clichê da indústria, o lendário e amaldiçoado terceiro álbum.

"Nos anos 1970 e 1980, parecia que os dois primeiros discos de todas as bandas eram repertórios empolgantes que tinham trabalhado a vida toda pra escrever", explica. "Depois, vinha o terceiro disco, escrito em um ônibus de turnê ou em um quarto de hotel. Não havia vida nisso. É uma porcaria de álbum feito na estrada. Eu não queria isso pra nós."

Mas a casa em La Maida, a quase dez quilômetros da comoção da Hollywood Boulevard e das imprevisíveis idas e vindas do loft, poderia ser seu refúgio, o ambiente tranquilo onde recuperaria o equilíbrio psíquico que parecia ter perdido.

Discos de ouro, singles de sucesso e reconhecimento internacional faziam com que Maynard projetasse uma aura irresistível sobre as groupies e aspirantes a artistas que vislumbravam a fama por associação caso aparecessem em público ao lado dele. Se elas não fossem as irmãs confiáveis dos antigos tempos de praia, sua adoração e intimidade seriam, por enquanto, satisfatórias o suficiente.

> Minha maior preocupação era transar. Minha prioridade era ser validado, desejado. Essa era a minha chance de desfazer o dano causado pelo comportamento desdenhoso da família, dos professores e do exército, de pessoas que tinham ignorado meu potencial. Era a minha chance de estar com alguém que eu nem conhecia e que também não me conhecia, mas que me daria *tudo* em um momento, sem questionar. Alguém que apenas se entregasse. Eu nunca tive isso. Esse poder era novo.

Jovens admiradoras e atraentes não faltavam, ansiosas para compartilhar a vida e a cama de Maynard. E ele se tornou especialista em subterfúgios e no timing necessário para dispensá-las, muitas vezes voltando para casa depois de passar uma noite com uma mulher apenas segundos antes que outra estacionasse em sua garagem.

As mulheres adicionaram os seus próprios padrões disfuncionais aos relacionamentos, além de estratégias e hábitos perfeitamente adequados aos dele. As fronteiras entre suas personas performáticas e as vidas fora do palco eram permeáveis. Seus dramas eram representados com suspeita, menosprezo e explosões de raiva. As críticas e a manipulação foram sutis no início, mas aumentaram com o passar das semanas, transformando-se em demandas irracionais e tentativas de controlar todas as suas idas e vindas, em tapas, socos e janelas quebradas, em uma fúria ciumenta.

"Eu não entendia essa estranha dinâmica abusiva", lembra Maynard. "Meus pais nunca me bateram quando eu era criança, e nenhuma das mulheres que conheci em Michigan ou Boston jamais agiu dessa maneira. Eu tentava estar aberto ao que quer que pudesse acontecer e apenas aceitar o que viesse, mas, na maioria das vezes, os relacionamentos seguiam numa direção horrível."

Ele se explicava, persuadia e lutava para sair de um relacionamento tumultuado apenas para cair em outro igualmente destrutivo. Mais de uma vez, a violência e a confusão o levaram a retaliar, usando as próprias táticas passivo-agressivas: rompimentos abruptos e inexplicáveis e ordens de restrição contra mulheres que acreditava amar.

"Quando olho para trás, não fico feliz com boa parte do meu comportamento", admite. "Eu adquirira compreensão em muitos níveis, mas em outros fazia coisas das quais não me orgulhava. Não tenho vergonha e não me arrependo de nada, mas senti que estava me perdendo em desejos estranhos."

Muitas pareciam desconhecer conceitos como compromisso e fidelidade, e Maynard, preso no ciclo viciante, sucumbia ao fascínio e à atenção delas, por mais superficiais que fossem. E então ele se virava, como se alguém pudesse aparecer para compreender uma piada implícita, pedir para ouvir uma história e estar lá para ajudar a reescrevê-la.

Dada manhã, em meados de janeiro, Maynard acordou e encontrou CDs e livros espalhados pelo chão e os quadros tortos nas paredes. Ele estava dormindo durante o primeiro terremoto que vivenciara na Califórnia, o terremoto de Northridge, com epicentro em Reseda, a cerca de vinte quilômetros de distância. Ele encontrou apenas um ou dois pires quebrados no chão da cozinha, mas logo soube dos complexos de apartamentos e garagens que haviam desmoronado, além de trechos inteiros da Rodovia Santa Mônica. Segundo os repórteres, foi um dos terremotos urbanos mais poderosos da história dos Estados Unidos, poderoso o suficiente para danificar o clube Gazzarri, na Sunset, de forma tão irreparável que teria que ser demolido. O antigo Hotel Hastings também seria fechado e, com ele, o Raji's.

Ele passou a manhã colocando a casa em ordem e pensando na fita cassete de Bill Hicks, com seu discurso premonitório sobre falhas tectônicas e sobre Los Angeles deslizando inteira Pacífico adentro.

Durante o inverno, Maynard notou uma mudança de foco e entusiasmo em Hicks. "Senti que algo estava errado", relembra. "Disse a ele que tínhamos uma pequena turnê em fevereiro e que deveríamos conversar sobre ele se juntar a nós." Mas Hicks estava hesitante em se comprometer com o projeto que havia abraçado apenas alguns meses antes. "Ele estava tipo: 'É, vamos conversar'", conta Maynard.

Hicks sempre atendia às ligações de Maynard no primeiro toque, mas agora, sem aviso ou explicação, as ligações não eram atendidas. "Então, eu tive outro sonho", lembra. "A namorada de Bill, Colleen, seu empresário, Duncan, e muitas outras pessoas estavam em um motel e todos estavam chorando. E Bill não estava lá. Então, liguei para Duncan e disse: 'Cara, acabei de ter o sonho mais fodido e não consegui falar com o Bill. O que tá acontecendo?'"

Duncan disse a ele que Hicks havia contado apenas a alguns amigos próximos sobre o diagnóstico de câncer de pâncreas. Os tratamentos semanais de quimioterapia tiveram pouco efeito e, em janeiro, depois de um último show no Carolines, na Broadway, ele se mudou de Nova York para a casa dos pais, em Little Rock.

"Conversamos muitas vezes depois disso", lembra Maynard. "Ele ainda estava esperançoso, do tipo, 'Bem, talvez se eu conseguir vencer o câncer imbatível, ainda possamos fazer esse show'. Eu senti que ele só queria conversar." E foi o que fizeram com frequência, Maynard ouvia pacientemente enquanto Hicks lutava para articular os pensamentos cada vez mais incoerentes. As ligações continuaram até o Dia de São Valentim, quando Hicks — um homem dotado de uma inteligência indestrutível, com tanto a dizer, tanto a ensinar sobre consciência e compaixão — não conseguia falar mais nada.

* * *

Los Angeles continuava a fazer jus à sua reputação como o centro da nova era. Médiuns, videntes e oráculos autoproclamados perscrutavam cartas, folhas de chá e cristais, oferecendo leituras e orientação a clientes ansiosos. Preocupado com o amigo e frustrado com a própria inércia criativa, Maynard recorreu a uma praticante de psicometria no Valley, uma mulher que dizia ter o dom de ler padrões de energia magnética em metais. Deixar que ela encontrasse o que acreditava enxergar em uma joia certamente não faria mal nenhum e ainda poderia trazer uma nova perspectiva.

Ele havia procurado um objeto adequado para a análise psicométrica e, por fim, escolhera um anel de prata que não usava há anos, sem nenhum significado especial. A leitora segurou o anel entre a palma das mãos e fechou os olhos, canalizando ou meditando, ou talvez apenas atuando. "Então ela me perguntou quem era Paul", lembra Maynard. "E completou: 'É, acabou.'"

As palavras pegaram Maynard de surpresa. Aquele Paul que ela sentira na aura do anel poderia ser qualquer um, raciocinou ele, e certamente não o baixista da Tool, que parecia tão dedicado ao grupo como sempre fora. Mas ele escreveu o nome em um pedaço de papel e perguntou quais deveriam ser seus próximos passos.

"Ela continuou: 'Não sei. Algo sobre Londres'", lembra ele. Maynard acrescentou "Londres" ao pedaço de papel e colocou-o no bolso, sentindo-se não mais esclarecido do que naquela manhã, mas armado com um mapa enigmático, caso precisasse consultá-lo.

No início de fevereiro, a curta turnê da banda havia começado conforme planejado, uma viagem de três semanas pela Costa Leste e pelo Meio-Oeste, incluindo uma noite no Orbit Room, em Grand Rapids.

"Vi Maynard agitar muitos jovens desiludidos e marginalizados", recorda a professora de arte Deb Rockman a respeito do show cujos ingressos estavam esgotados. "Ele precisava gritar muito alto para atingir aquela geração furiosa." Ela observou a multidão oscilar em transe diante do palco, dublando as letras. "A música era muito madura", ressalta Rockman. "Não se resume a foder, beber e festejar. Maynard estava dizendo às pessoas para olharem ao redor, para notar o que estava errado. Essa sempre foi a intenção dele."

A parada em Grand Rapids incluiu um dia de liberdade antes de ele chegar a Detroit para o show de sábado. Maynard caminhou com Steve Aldrich e Ramiro pelo centro da cidade, ouvindo as últimas notícias sobre o programa de rádio de Aldrich e as pinturas de Ramiro, e notando as mudanças na cidade desde que tinha morado lá.

Na tarde de temperaturas abaixo de zero, não havia skatistas no anfiteatro. Então, eles bateram as botas para aquecer os pés e dispararam para o calor bem-vindo de uma cafeteria, onde estantes de discos cobriam as paredes e uma escada estreita levava ao estúdio de tatuagem no andar de baixo.

"Ali", comenta Aldrich, "encontramos um professor de arte da Grand Valley." O homem estava sentado sozinho, carregando uma pasta cheia de trabalhos, papel quadriculado e tinta; era o professor que, seis anos antes, havia criticado severamente uma tarefa que Maynard acreditava ter sido bem executada. "Era uma escultura de metal que Maynard adorava", lembra Aldrich. "Esse cara tinha odiado e quebrado o negócio inteiro. Agora, ele tinha saído da universidade e estava trabalhando em um estúdio de tatuagens num porão."

O professor ergueu os olhos do bloco de desenho em direção ao moicano e ao jeans desbotado de Maynard e perguntou o que ele vinha fazendo desde que deixara a faculdade. A resposta de Maynard foi objetiva e apática. "Bem, minha banda e eu fizemos um show no Orbit Room, ontem à noite, para 1.500 pessoas", explicou, estendendo ao atônito professor uma cópia da edição do dia do *Grand Rapids Press*. "E aqui está minha foto na primeira página do jornal."

"Você não tem ideia de como isso deixou Maynard feliz", conta Aldrich.

Com tempo de sobra, os amigos deixaram Maynard na entrada de artistas do State Theatre, o espaço com estilo *beaux-arts* que dominava o Grand Circus Park de Detroit. Mais uma vez, a Tool deu tudo de si, sua energia deixando a multidão a seus pés, curtindo freneticamente "Prison Sex", "Sober" e a enigmática "4 Degrees".

Exausto, Maynard foi para o hotel e caiu em um sono agitado. "Sentei na cama pouco depois da meia-noite, empertigado, como se alguém tivesse me dado um soco", lembra. "Isso me assustou. Estava totalmente desperto e pensando: 'Que porra foi essa?'"

Ele foi até a janela e olhou para a cidade. Os táxis se moviam lentamente pelas ruas lá embaixo e, ao longe, as luzes da Ambassador Bridge refletiam no rio escuro. Tudo estava bem, disse a si mesmo, e ajustou o despertador para acordar a tempo de tomar café da manhã com Danny.

De manhã, o pager piscou, alertando-o sobre alguma mensagem urgente deixada enquanto dormia. Talvez o agente tivesse ligado com mudanças de última hora na agenda, ou talvez Danny tivesse telefonado para contar sobre a lanchonete perfeita com bacon e ovos que encontrara nas proximidades. Maynard discou o número 800 e, no silêncio cinzento das primeiras horas da manhã, ouviu a mensagem de Duncan. Segundo o recado, às 23h20, horário de Little Rock, Bill havia falecido.

Maynard perseverou durante o show da noite, em Cleveland, seu desempenho foi tão profissional e controlado quanto em qualquer outro show. O voo noturno para Londres lhe daria tempo de sobra para organizar seus sentimentos. Uma coisa era certa: ele não ficaria de luto.

> Bill e eu sempre conversamos sobre como a vida é apenas um passeio. Se acreditarmos mesmo nisso, então a morte não deveria ser vista como algo terrível. Mas, ao mesmo tempo, não acho que ele estivesse pronto para partir. Sua carreira estava no caminho certo, prestes a decolar.
>
> Imagino que a tendência da maioria das pessoas seria se acabar, mas eu não era assim. Minha reação não foi ficar bêbado no avião, e sim dormir um pouco para que, quando chegasse, pudesse fazer o que tinha de ser feito. Senti que a melhor maneira de ter Bill em mente era continuar usando meus talentos.

Ele encostou a testa na janela e olhou para o mar, que se estendia escuro em todas as direções até o horizonte, e dormiu, o céu clareando enquanto o jato voava em direção ao nascer do sol.

O show de Londres foi o início de um itinerário de verão tão rigoroso quanto o do ano anterior, com paradas na Holanda e na França, uma passagem rápida e ininterrupta pelos Estados Unidos e pelo Canadá e uma segunda turnê europeia. No final de julho, o show no Shepherd's Bush abriu com a banda britânica Peach, um grupo de metal progressivo cujas melodias experimentais e estilo psicodélico complementavam o som da Tool. Maynard ficou impressionado com o trabalho inventivo do baixista da Peach, Justin Chancellor, tanto que ele e os outros o convidaram para substituir Paul na apresentação noturna de "Sober". A interpretação rosnada de Chancellor trouxe uma profundidade inesperada para a música, e se isso era tudo o que a médium leitora de metal tinha captado em sua visão de Londres e Paul, era o bastante.

Quase cinco meses de descanso era exatamente o intervalo de que Maynard precisava para aceitar a morte de Bill, para pensar ou não pensar, para passar as tardes sem fazer nada, com um pacote de Twizzlers ao seu lado na cama d'água e um estoque de fitas VHS empilhadas por perto.

Talvez fosse a hora de revisitar *Asas do Desejo* ou *Bliss: Em Busca da Felicidade*, mas ele estava curioso sobre a coleção de palestras de Drunvalo Melchizedek que um amigo havia emprestado alguns meses antes.

Por mais estranha que fosse a história de Melchizedek — que um espírito sobrenatural havia entrado em sua consciência para fomentar antigos ensinamentos esotéricos —, Maynard ficou fascinado por suas teorias. Melchizedek afirmava que as pirâmides egípcias não eram, de fato, tumbas, como os antropólogos há muito afirmavam, e sim câmaras de iniciação, onde a compreensão da geometria sagrada havia sido concedida a alguns escolhidos.

Melchizedek havia aceitado a missão de iluminar as mentes do século XX a respeito do poder dos princípios matemáticos inerentes a tudo, desde conchas espiraladas de náutilo até a estrutura do DNA e o arranjo das pétalas em uma rosa, os padrões recorrentes que davam ordem ao mundo físico.

> Muito do que Melchizedek dizia soava verdadeiro. Eu não levava a sério aquela coisa de "eu sou um espírito visitante que existiu no Egito e o deus Thoth me ensinou geometria". O que aprendi com ele foi que todas as coisas podiam ser explicadas através da geometria.
>
> O tema retomava o que Boots Newkirk tentara nos ensinar sobre uma mesa com apenas duas pernas. Vai ficar em pé? Não. Três pernas? Beleza. Quando a gente faz um levantamento topográfico, dois pontos não dizem nada. Seu alvo pode ser qualquer um. Mas, se a gente tiver um terceiro ponto, pode calcular linhas centrais, meridianos e trajetórias para identificar a localização da artilharia e a direção do fogo inimigo. A geometria de três pontos torna as coisas estáveis.

Maynard se deitou na cama d'água e pensou nos favos de mel que o pai mantinha em um canto distante do jardim, as células infinitamente replicadas, todas iguais; pensou em fugas;* cânones; na teia de aranha pendurada como uma renda; na precisão da cornija na varanda; na maçã que cortara na hora do almoço; e na maneira como as metades tinham caído no prato, revelando a forma de uma estrela.

A lista de leituras daquele verão se ramificou de romances para folclore, então para etnografias, espiralando em um estudo cada vez maior de fatos e mitos que, independentemente do gênero, chegavam à mesma surpreendente conclusão: parecia haver mais de uma história do mundo.

Em março, "Sober" se tornara um single de sucesso e, em setembro, *Undertow* recebera o disco de ouro pela RIAA. "Eu estava perfeitamente ciente de ter colocado as peças de dominó em uma fileira e de fazê-las cair da maneira que eu esperava", lembra Maynard. Mas, para dar o próximo passo criativo e evitar o terrível terceiro álbum, ele sabia que deveria reservar um tempo para reorganizar as ideias e revisitar os conceitos e noções que alimentaram os seus sonhos em primeiro lugar.

"Todas aquelas turnês acabam cobrando um preço da gente", explica. "Agora era fazer alguns abdominais e tentar ver se conseguíamos manter uma vantagem. Eu precisava encontrar um ponto de equilíbrio para trazer estrutura à arte e ainda torná-la vulnerável e volátil."

Ele fechou as persianas para se proteger do calor de agosto e começou a vasculhar a pilha de livros que acumulara durante o tempo na estrada. Voltou-se primeiro aos volumes esfarrapados de Joseph Campbell e seguiu para o romance de John Crowley que esperava há meses para ler. *Ægypt*, para sua alegria, era uma história ainda mais fantástica do que *Little, Big*. Ele leu sobre uma era esquecida, quando a matemática e a magia, a alquimia e a astronomia não eram

---

* Uma fuga é uma peça de música escrita em contraponto. As diversas partes, vocais ou instrumentais, respondem umas às outras e, dessa forma, parecem se perseguir, e daí vem o nome "fuga". [NT]

coisas contrárias, mas faces da mesma realidade; sobre os dias em que os videntes fitavam os espelhos e se comunicavam com os anjos que viam ali, aprendendo a língua perdida deles.

Os relatos daqueles tempos passados não foram registrados nos livros de história, escreveu Campbell, mas não tinham desaparecido por completo. Seus vestígios tinham persistido por milênios nos símbolos do tarô, em pedras rúnicas, hieróglifos e petróglifos. Eles perduraram nas histórias passadas de avô para pai, e de pai para filho; narrativas sobre ferro transmutado em ouro; sobre gigantes e anões outrora tão comuns quanto moscas; sobre deuses e deusas que desceram à Terra para viver entre os homens. Permaneceram em nosso imaginário como parábolas e alegorias, histórias de transformações e transmutações que desafiavam as leis da ciência moderna.

Por outro lado, talvez tudo tivesse acontecido exatamente assim. Talvez, como Crowley sugeria, as próprias leis tivessem mudado, os próprios axiomas que explicavam o tempo e o espaço, a vida, a morte e o amor.

E talvez outra história tenha determinado o próprio caminho de Maynard, uma história esquecida ou deliberadamente negada, algo tão crucial para seu sucesso quanto as palestras ou manobras de Boots Newkirk no campo de treinamento em Fort Sill. Se ele mudasse de perspectiva, os detalhes da sua história oculta se tornariam nítidos, assim como a foto na revista *Highlights*, no consultório do dentista, que de uma urna se transformava em perfis sorridentes quando ele inclinava a cabeça da maneira correta.

Por muito tempo, Maynard lutou para dar sentido às memórias nebulosas que às vezes retornavam quando menos esperava: as horas sozinho na casa do fazendeiro, em Tallmadge; o padrasto distante e taciturno que ninguém ousava desafiar. Talvez tivesse apenas imaginado os olhares furtivos entre os severos membros da igreja quando eles iam à casa em Ravenna; os súbitos silêncios que, mesmo quando menino, sabia que nunca deveria questionar; os toques não tão disfarçados trocados entre os adultos reunidos na sala em uma noite de sábado. As lembranças estranhamente desconfortáveis poderiam não ser reais, e sim fantasias que criara para lidar com a partida de Mike, cenários que sonhara para se distrair da doença de Judith. Mas, fossem inverdades ou fatos, suas narrativas tinham deixado rastros, uma vaga sensação de confusão e desconfiança, de transgressão e violação.

A mãe se lembraria mais do que ele, tinha certeza, mas extrair dela os detalhes não era tarefa fácil, e os frequentes telefonemas naquele verão não o deixaram mais esclarecido do que antes. "Judith estava bloqueando as coisas naquela época", lembra Pam, tia de Maynard. "Ela tentava esquecer as coisas dolorosas que haviam acontecido quando ele era um garotinho."

De forma inevitável, a amargura e o medo não resolvidos se insinuaram em suas letras. Porém, por muito tempo, Maynard sentiu que havia uma subtrama oculta, uma história de fundo que explicaria sua confusão e raiva. Seria necessário um estímulo gentil para revelar as verdades que por décadas permaneceram inauditas, verdades que, uma vez entendidas, só poderiam trazer uma dimensão mais profunda à sua arte.

"No fim das contas, toda a história veio à tona em conversas com minha mãe e minha tia", explica. "Acontece que a família tinha um daqueles clássicos tios inapropriados. Minha mãe foi estuprada quando era uma garotinha. É sobre isso que as músicas realmente falam, o ciclo de negação e abuso — emocional e físico — que, pelo que eu sabia, vinha acontecendo há gerações."

> Quando alguém é exposto a esse tipo de abuso durante a infância, acaba carregando isso consigo, especialmente se todo mundo finge que nunca aconteceu. Minha mãe reprimiu a memória do que o tio havia feito, e isso se manifestou através da sua própria falta de limites. Ela permitiu que pessoas de limites questionáveis frequentassem sua casa, porque era isso que sabia da vida, era isso que ela atraía. Então, cresci vendo isso acontecer e aprendi a não ter limites.
>
> Ter essa ambiguidade moral poderia ter criado um sociopata. No entanto, pelo lado positivo, talvez eu seja capaz de pensar fora da caixa porque nunca fui confinado em uma. Eu tinha feito algumas coisas inapropriadas que nem sabia que eram. Mas essa falta de limites convencionais me ajudou a inovar em outras áreas. Foi isso que aprendi.

As palmeiras que ladeavam La Maida murchavam devido ao calor, e os animais do jardim buscavam qualquer alívio sob as samambaias e arbustos de alecrim. Quando a temperatura atingiu o registro mais alto, Gary se aventurou em uma ida ao mercado e, quando voltou, o moicano de Maynard não existia mais. "Estava quente pra caralho", lembra Maynard. "Peguei uma tesoura e uma navalha e raspei tudo."

O novo visual ofereceu um benefício inesperado. Sem o cabelo, Maynard descobriu que poderia andar incógnito pela cidade e não temer nenhuma censura caso suas atividades entrassem em conflito com as expectativas do público. À medida que a banda se tornava cada vez mais conhecida, fãs e seguidores rapidamente reconheciam o vocalista magro de longos cachos pela calçada, e Maynard achava a atenção não apenas irritante, mas restritiva.

> Senti que aquela coisa na minha cabeça havia se tornado uma espécie de assinatura, e precisava me livrar daquilo para poder me mover com liberdade. Por um lado, fazer parte da Tool significava que as pessoas sabiam quem eu era, e isso era legal. Mas o paradoxo era que aquela imagem pública acabava me sufocando. Isso atrasa e prende a gente.
>
> Naquela época, não existia Facebook para ficarem postando fotos suas. Então, se eu mudasse de visual, poderia ficar anônimo e andar por aí sem ser reconhecido. Isso fez com que seguir em frente e descobrir coisas novas fosse mais fácil.

Na sua residência de estilo vitoriano, ele redescobriu passatempos e paixões que negligenciara havia muito tempo. Trouxe blocos de desenho e canetas, além de receitas para quiches e biscoitos de chocolate, e convidou velhos e novos amigos, como Tom Morello, Brad Wilk e Moon Unit Zappa, e a camaradagem forneceu a conexão da qual tanto sentira falta enquanto estivera na estrada. Eles compartilharam histórias e risadas, novidades sobre o papel que haviam lido em um roteiro para aquela semana e sobre o próximo show. Enquanto isso, comiam frango com laranja e *wonton* de caranguejo.

"Nós nos conectávamos intelectualmente e com o coração", lembra Zappa em uma entrevista de 2014. "Maynard era uma pessoa extremamente emotiva. Havia uma grande diferença entre esse seu estilo Clark Kent bem-educado, vivendo naquela casinha estilosa, e sua persona elétrica e contida do punk rock. A dicotomia era fascinante."

E, antes de se acomodarem para assistir a *Monty Python em Busca do Cálice Sagrado* ou *Cliente Morto Não Paga*, Maynard levava os amigos ao quintal para cumprimentar Butterball, a mais nova adição ao zoológico. O peru gordo batia os pés, atacava, arrepiava as penas e virava a cabeça na direção de Tom e Brad.

Sua família em Los Angeles cresceu e passou a incluir as garçonetes do Millie's Café, o restaurante em Silver Lake com uma decoração excêntrica da Hollywood dos anos 1940. Quando ele entrava, cumprimentavam-no pelo nome e serviam ovos mexidos com espinafre, pinhões torrados e o prato do dia. "Eu sentia como se finalmente tivesse encontrado meu ritmo", recorda.

E Maynard, Danny, Adam e Paul descobriram que não precisavam de convite, mas já eram esperados nos banquetes exagerados de Lou Maglia. "Todo feriado, eu abria a casa", explica Maglia. "A regra era: a fila começa às duas e, se você se atrasar, terá que esquentar sozinho sua comida no micro-ondas."

Sempre havia espaço para mais um na casa de Lou, mais um músico cuja agenda o impedia de ir para casa no Dia de Ação de Graças, mais um compositor com prazos que o mantinha em Los Angeles na época do Natal. Antes do fim do dia, 200 convidados já poderiam ter circulado pela mesa do bufê, enchendo os pratos com peru, presunto, lasanha, batata-doce caramelizada coberta com marshmallows, aspargos com parmesão e vagens com alho, tudo preparado pelo próprio Lou.

Maynard e os outros ficavam por tanto tempo quanto a educação permitisse, prolongando a visita com outra fatia de torta e mais um *cannoli*. O riso deles ecoava pela manhã e através da imensa casa em Hollywood Hills, nessa casa onde as velas queimavam e ninguém precisava ficar sozinho.

Lá pelo meio do inverno, Maynard já era um rosto conhecido nos principais clubes de comédia da cidade — UnCabaret, de Beth Lapides, e o Diamond Club, em Hollywood, onde Laura Milligan apresentava seus shows de *Tantrum*.

Ele e Gary ocupavam os lugares de costume em uma mesa perto do palco e assistiam às apresentações de David Cross, Bob Odenkirk e Jack Black, aspirantes a comediantes testando seus números e aprimorando o próprio timing. Maynard ouviu as sátiras e as paródias de Craig Aston e Brian Posehn e começou a se imaginar no palco de *Tantrum*. Se alguma vez sobrasse tempo entre as turnês da Tool, ele bem que poderia tentar.

"Eu via um potencial ilimitado nele", recorda Zappa. "Maynard tem muita matéria-prima. É como aqueles reality shows em que mandam a gente fazer uma roupa com coisas que encontra em um centro de reciclagem, ou te dão um monte de ingredientes e dizem: 'Prepare uma refeição com ursinhos de goma e mostarda'. É como se ele tivesse muitos talentos."

Na hora de fechar, ele poderia acabar saindo com alguém, voltar ao quarto para terminar uma nova música ou começar um novo desenho, ou então poderia ir ao aeroporto e pegar um voo para Honolulu e para a apresentação da noite seguinte lá.

"Parecia que ele estava fugindo de alguma coisa", lembra Zappa. Mas não de um adversário. Ele estava determinado a ficar um passo à frente da coisa que o perseguia, o eco da rejeição e do menosprezo, como se a mediocridade que devesse superar fosse a própria.

UNIÃO PERFEITA
DE
ELEMENTOS
CONTRÁRIOS

SARAH JENSEN   **MJ KEENAN**

10

Maynard acreditava que muita coisa ainda era possível e que nada ficaria em seu caminho. Havia poucos shows agendados e nenhum envolvimento romântico. Devido à saída de Jerry, o entusiasta do spray de pimenta, e à chegada de um novo colega, o técnico de guitarra da Tool, Billy Howerdel, a casa em La Maida se acomodou em uma confortável rotina doméstica. Ele aproveitaria aquela calma para focar no próximo álbum.

Mas, àquela altura, ele já devia saber que o universo tem o hábito de arruinar até as melhores intenções. Bastou um telefonema para todas as suas certezas serem substituídas por dúvidas. A paternidade era uma parte do enigma que não estava exatamente em seus planos.

"Meu pai não estivera por perto quando eu era jovem", lembra. "E então lá estava eu, em uma situação semelhante, o que era uma merda. Não queria repetir esse ciclo. Queria quebrá-lo."

Entre os inúmeros romances malfadados, esse foi o que terminou não com portas sendo batidas ou ordens de restrição, mas em gentileza equilibrada. Depois de apenas alguns encontros, os dois reconheceram que sua paixão não estava destinada a durar e se despediram com respeito. "Concordamos, como adultos, que não estava funcionando e nos separamos", comenta Maynard. "Enfim lidei com um término da forma como deveria."

Uma cerca branca e uma garagem para dois carros não estavam totalmente fora de cogitação. No ano anterior, ele parabenizara Kjiirt, com um pouco de inveja, pelo casamento e pelo nascimento da filha. Imaginou que um dia seria sua vez de reunir a família à mesa todas as noites e passar os sábados ensinando os filhos a plantar ervilha e alface no jardim atrás de casa. Mas ainda não, não agora. "Eu queria tudo isso, mas com a pessoa certa", explica.

Porém, quaisquer que fossem os medos, quaisquer que fossem as dúvidas e arrependimentos, aquele filho — seu filho — nunca duvidaria de seu amor, nunca teria que se virar no banco do carro para ter um último vislumbre do pai. Maynard concluiu que se ele e a mãe do bebê haviam se separado de maneira respeitosa, então decerto manteriam tal civilidade pelo bem da criança.

As exigências de Maynard eram poucas, mas inflexíveis. Ele opinaria na escolha das melhores escolas e dos melhores ortodontistas. O filho passaria o Natal com ele e, juntos, polvilhariam biscoitos com açúcar de confeiteiro e decorariam pinhas como se fossem o Papai Noel e as pendurariam em sua árvore de verdade.

"É só um passeio", Bill Hicks lhe dizia com frequência. Ele continuava: não importa o que aconteça, as coisas sempre dariam certo. Talvez sim, mas, naquele momento, Maynard sentia dificuldade em conciliar a família repentina com as próprias ambições artísticas, sem falar na crescente aversão pela cidade onde vivia. "Existem momentos em que a gente sente que está perdendo a conexão com a própria identidade", explica mais tarde.

As fitas de Melchizedek eram apenas o começo na empreitada de ajudá-lo a compreender a ordem cósmica. Quando viu o anúncio de um novo seminário sobre a flor da vida, assinou um cheque e abriu espaço na agenda. A imersão de uma semana nos ensinamentos de Melchizedek sobre padrões e estruturas poderia oferecer a clareza de que precisava.

Todos os dias, bem cedo, Maynard chegava à casa em San Fernando Valley e se reunia com os colegas para meditar, visualizando as energias criativas que supostamente estalavam pela sala de estar da mentora. Ela dissertou sobre tragédia, esperança e as fórmulas matemáticas que fundamentavam os ensinamentos de Melchizedek, enquanto Maynard e os outros se sentavam em almofadas e trocavam sorrisos como se compartilhassem algum grande segredo.

Depois do almoço, as luzes diminuíam e a imagem de Melchizedek enchia a tela projetada na parede. Maynard assistia extasiado enquanto o guru de rabo de cavalo esclarecia o grupo a respeito das histórias esquecidas da Terra: de extraterrestres que há muito tempo vieram da estrela Sirius e deixaram suas marcas misteriosas sobre o solo; de Stonehenge e das pirâmides no planalto de Gizé, seus desenhos sugerindo algum sistema de medida universal oculto.

À noite, em sua casa, bebiam cervejas IPA no quintal, e Maynard contava a Gary e Billy sobre as aulas do dia. Ele relatava as vindouras mudanças cataclísmicas, previstas há milênios por videntes separados no espaço e tempo. Melchizedek havia ensinado que, a qualquer momento, grandes abalos sísmicos deslocariam as placas tectônicas da Terra e fariam com que ondas oceânicas inundassem o Arizona, criando uma nova paisagem. Da melhor maneira que pôde, contou a eles sobre a nova raça de humanos que passaria a povoar a Terra, uma raça que evoluiria não apenas com os habituais 46 cromossomos, mas com dois adicionais, o que os possibilitaria inaugurar uma era de consciência cósmica — uma raça que Melchizedek chamava de "crianças índigo".

"Meus amigos achavam que eu era louco", lembra Maynard.

> Eu não me importava se alienígenas existiam ou não. Era uma ótima história e rendia ótimos filmes. A história mais lógica, assim como Crowley escrevera em Ægyp, era que havia muito mais histórias no mundo do que a gente podia imaginar e que os registros delas tinham sobrevivido a mudanças violentas ao longo do tempo. Mas não eram alienígenas. Éramos nós mesmos deixando mensagens uns aos outros.
>
> E eu não acreditava nessa coisa de poder psíquico. Acreditava em energias criativas, e que a informação está lá fora, se a gente souber sintonizá-la. Não acho que seja nada espiritual. É só uma coisa que existe. Se de repente pessoas diferentes em continentes diferentes descobrissem a eletricidade, isso não quer dizer que existe um tipo de internet cósmica através da qual elas compartilham essa informação. Acontece que, em algum nível inconsciente, as pessoas acabam sintonizando o mesmo estágio de prontidão.

O seminário também incluía tópicos um pouco mais pragmáticos. Melchizedek afirmava que os princípios da geometria sagrada se manifestavam em todas as coisas visíveis e invisíveis. O universo vibrava com a energia da sequência de Fibonacci — uma série de números, cada um sendo a soma dos dois que o precediam —, o padrão matemático que determinava a forma espiral das galáxias e, também, dos furacões, dos caracóis de jardim e da cóclea dentro do ouvido humano.

O grandioso Melchizedek falava da tela, e Maynard tomava nota, imaginando esboços ou até mesmo letras que poderia criar com base nesse novo conhecimento. Cada emoção, afirmava Melchizedek — amor e compaixão, medo e angústia — tinha a própria assinatura de onda senoidal única, e neuropesquisadores as registravam e as convertiam em poliedros tridimensionais, os ângulos e linhas tão previsíveis quanto os padrões recursivos de uma melodia de Bach, tão precisos quanto a grade de uma rodovia do Meio-Oeste.

"Esses padrões têm a ver com a consciência", explica Maynard. "É evidente que eles estão relacionados com a arte e a música e com a forma como o corpo reage às suas estruturas. Quando os artistas descobriram essa coisa de proporção matemática, criaram pinturas que vibram em nós nas frequências mais poderosas. O mesmo acontece na música clássica. Beethoven mal conseguia ouvir, mas suas composições eram baseadas na matemática, e essa música faz a gente chorar."

Até a sincronicidade e a coincidência, explicava Melchizedek, eram expressões naturais e previsíveis de ordem matemática. Não havia nada de mágico nelas. A verdadeira magia acontecia na consciência: era essa a força que fazia com que eventos e invenções surgissem.

Maynard se sentava mais à frente enquanto Melchizedek apontava o laser para imagens de círculos, ângulos, arcos e formas geométricas simples. Ele elucidava que qualquer iniciado poderia pegar um compasso, uma régua e uma caneta e desenhar triângulos e quadrados, pentagramas e hexágonos, e a estrela em todas as suas variações: a cruz, a estrela de Davi e a suástica.

Porém, alcançar o próximo nível, desenhar uma forma que nenhum compasso, espirógrafo ou desenhista ocioso poderia produzir, isso era adentrar o divino. Eram necessários comprometimento e vontade para desenhar o heptagrama, a estrela de sete linhas, sete nós interligados, sete pontas. Sete: o número de chacras conforme os budistas enumeram; o número que os neopagãos dão à entrada no reino das fadas. Sete: o mais sagrado dos números sagrados, significando a conclusão do ato criativo de Deus. Quando um homem aplicava o pensamento consciente e desenhava uma estrela de sete pontas, ele se tornava, assim como Deus, um cocriador do universo.

> Se eu refletisse sobre os princípios de Melchizedek — não que compreendesse algum deles —, pelo menos poderia aprender alguma coisa com aquelas aulas. Eu queria fazer mais, queria criar. Queria qualidade de vida e cuidar do meu

> filho. Queria resumir a história de Melchizedek ao básico e entender a natureza prática da geometria conforme ela se aplicava às emoções, ao comportamento humano, à música, à arquitetura, à comida, ao vinho.

Depois que a aula final foi encerrada, Maynard pegou o surrado gravador de quatro canais do fundo do armário e experimentou níveis vocais de sussurros a gritos. Ele reproduziu as fitas cassete de Bill Hicks e ponderou a respeito da união da comédia e da tragédia, as vibrações que poderiam existir entre elas, as interseções que eram capazes de produzir uma profunda ressonância no público.

"Maynard tem um lado bastante prático e lógico", comenta Moon Zappa. "Podemos identificar isso no complexo ponto de entrada em que ele começa a nos contar uma história. Ele é capaz de organizar muito bem as informações. E alguém só consegue fazer isso se aprimorar a si mesmo, descobrindo coisas novas e fazendo um trabalho profundo."

E a lua alaranjada seguiu a própria trajetória geométrica no céu de Los Angeles enquanto Maynard se aconchegava na cama com caneta e tinta e tentava desenhar estrelas de sete pontas.

Se o fim dos tempos estivesse próximo, como Melchizedek acreditava — e como Bill Hicks havia predito e a Bíblia também —, provavelmente seria uma boa ideia estar preparado. "Beleza, eu tinha me inscrito nesse passeio chamado vida e, se não dava pra pular fora, pelo menos precisava encontrar um jeito de suportá-lo fisicamente", comenta Maynard. "Eu tinha que estar pronto para me defender ou defender meu espaço. Pelo menos, tinha que ficar centrado o suficiente para me manter calmo diante de qualquer coisa que pudesse acontecer."

Naquele inverno, os shows locais da Tool apresentaram a inovadora banda de metal Laundry, e, ao longo dos meses, o baterista dela, Tim Alexander, tornou-se uma presença frequente na casa em La Maida. Certa tarde, ele chegou contando novidades sobre o trabalho com a Primus, fez a visita obrigatória a Butterball e deu a Maynard um conjunto de fitas VHS do pay-per-view do Ultimate Fighting Championship (UFC).

Maynard percebeu que aquele era o princípio geométrico em ação. Bem depois de quando deveria ter voltado a escrever, ele se admirava com Royce Gracie, fundador e tricampeão de UFC, ao vê-lo derrotar adversário após adversário empregando golpes singulares de jiu-jítsu.

Tim explicou que os Gracie — Royce, o pai dele, Hélio, e o irmão, Rickson — tomaram para si a missão de revolucionar as artes marciais mistas, de incorporar o treinamento cruzado ao jiu-jítsu e de explorar novas formas de aplicar força e sensibilidade para direcionar a energia de um adversário contra ele mesmo.

> Naquela época, todas as academias de artes marciais afirmavam que a deles era a melhor e que podiam te ensinar como matar um homem em menos de cinco segundos. Adoro fazer parte de movimentos que desacreditam esse tipo de coisa, e os Gracie revelavam os mistérios e as bobagens que cercavam a maioria das outras artes marciais e suas técnicas. E esses caras ainda pregavam a não violência. Metade das vezes, eles incapacitavam o oponente sem sequer o golpear.

Maynard logo se tornou um frequentador regular da academia de Rickson em Los Angeles, estudando técnicas de luta corpo a corpo, chaves e estrangulamentos ensinadas pelos faixas pretas do lugar. Ele aprendeu a transmutar o corpo em fulcro e pivô, a manter um controle disciplinado do tronco e dos membros, sobre equilíbrio, vantagem e ângulo. "Essa era a beleza do jiu-jítsu brasileiro", lembra. "Eu estava aprendendo habilidades físicas e práticas que me mantiveram com os pés no chão durante um período em que estava tentando descobrir o que realmente importava e tentando manter meu equilíbrio no oceano de caos que era Los Angeles."

A morte de Bill Hicks — aos 32 anos e com tanto a conquistar — imprimiu em Maynard um senso de urgência. Ele tinha visto bandas alcançarem fama repentina, receberem elogios, prêmios e royalties surpreendentes. Também tinha visto o lado negativo do sucesso, a existência unidimensional que vinha do foco obstinado e necessário para se manter no centro das atenções.

"A Tool ia em uma direção que me impedia de ir atrás de outros interesses e sonhos", ressalta. "Senti que tinha de fazer algo antes de chegarmos a um beco sem saída."

* * *

O Diamond Club, na Hollywood Boulevard, oferecia uma programação eclética que ia da discoteca, aos sábados, à comédia nas noites de quarta-feira. Os shows de Laura Milligan, *Tantrum*, não eram os monólogos previsíveis de stand-up e as piadas velhas de sogra, mas shows de variedade com miniesquetes e humor excêntrico, e Maynard e os amigos iam ao local para assistir a uma nova geração de humoristas: Kathy Griffin, Bobcat Goldthwait, Janeane Garofalo, Margaret Cho, Mark Fite, David Cross e Bob Odenkirk, cuja série de comédia *Mr. Show* estrearia em novembro na HBO.

Ele esperava ansiosamente pelo número recorrente do clube-de-comédia-dentro-de-um-clube-de-comédia apresentando a personagem de Laura, Tawny Port, uma ex-estrela infantil que sucumbira ao mundo sombrio das drogas e romances com estrelas do rock e só agora começara a escapar do ciclo de autodestruição. Recentemente liberada de outro programa de reabilitação, Tawny se voltou à comédia. Aquele foi o primeiro passo do seu retorno aos holofotes.

Os esquetes sempre terminavam com o mesmo truque. Tawny ficava sozinha no palco, esperando que o namorado sem sorte, Vince, aparecesse com a banda e encerrasse o show. "Ele nunca aparecia", comenta Laura. "O show sempre tinha esse final anticlimático".

O desfecho decepcionante era bastante engraçado, mas Maynard imaginou levar o esquete adiante. E se, sugeriu, Vince *de fato* aparecesse, e não sozinho, mas trazendo a banda maltrapilha a reboque? O homem atento de cabeça raspada, descobrira Laura, sabia uma coisa ou outra sobre música e, intrigada com a ideia, concordou em lhe oferecer algumas falas na apresentação da próxima semana.

"Então me tornei o namorado", lembra Maynard. O som do baixo da música disco que martelava em *Tantrum*, vindo da sala principal, só aumentava o realismo das apresentações. "Foi perfeito", conta Laura. "A premissa era que a banda de Vince estava fazendo uma tentativa patética de chamar a atenção do pessoal da indústria para que vissem sua apresentação durante a semana. Então quanto mais pudesse dar errado, melhor."

Enquanto Tawny encerrava a performance, Maynard, Adam e Sean subiam ao palco com perucas e calças de elastano, suspensórios vermelhos e camisetas, chapéus fedora e do *Gatola da Cartola*. "Toda vez que a banda de Vince aparecia era um pouco diferente, porque eles não conseguiam ficar juntos por mais de uma ou duas semanas", ressalta Maynard.

Eles pegaram suas guitarras em uma paródia das bandas aspirantes que ele desprezava quando chegara em Los Angeles. A música não melhorou muito de semana para semana, mesmo quando o nome da banda mudou de Twisted Mister para D'Artagnan Canyon, então para Umlaut, depois para Recreational Racist.

> Tenho plena convicção de que a comédia — para citar Steve Martin — não é bonita. A comédia tende a ofender alguém. É autodepreciativa ou põe outra pessoa na berlinda. Precisamos rir de nós mesmos. Não importa se um cara escreve uma música legal e poste um vídeo legal online. Não é isso que atrai o público. "Gordinho cai num buraco na loja de conveniência" é o que viraliza. Alguém é o alvo dessa piada. Lide com isso. Sou alvo de muitas piadas, mas não vou perder o sono por causa disso.

O público cantou junto, aplaudiu e pediu mais quando Laura, com chapéu e botas de vaqueira, juntou-se a Billy D, o personagem de Maynard, em um terno casual, peruca e bigode, e apresentou a antiga e obscena canção de Tom Morello e Adam Jones, "Country Boner".

Apresentar-se como parte de um coletivo libertou Maynard para testar novas personas e materiais que um frontman não ousaria explorar. "Havia menos julgamento em fazer comédia do que música", explica. "Eu poderia entrar nesse espaço com outros comediantes e ser um coadjuvante. Queria me dedicar a isso e descobrir como poderia fazer mais. Era divertido."

No início do verão, seu papel havia se expandido de membro do coro cômico para colaborador criativo. "Passamos a semana toda pensando em temas", conta Laura. "Tivemos ideias, e Maynard as executou e ajudou a produzir muitos desses shows. Ele sempre ficava muito animado falando sobre essas coisas. Os olhos dele se iluminavam e era quase como se estivesse esfregando as palmas das mãos."

Os atores poderiam vestir jalecos brancos e espelhos frontais e representar médicos-garçons. O Diamond Club, de acordo com o roteiro, havia sido comprado por uma rede de restaurantes temáticos de clínica cirúrgica que inclui coquetéis levados às mesas em macas. Até que o aluguel do *Tantrum* vencesse, o espetáculo continuaria enquanto o dr. O'Cuttahee atendesse os clientes.

"Maynard fazia displays de mesa", comenta Laura. "Em vez de itens normais do cardápio, ele listava coisas como baguetes de colostomia e batatinhas de cistos, só aperitivos horríveis com temas médicos."

"Enquanto um pobre coitado como Craig Anton estava no palco tentando interpretar seu papel", recorda Maynard, "o resto de nós — David Cross, eu e mais algumas pessoas — ficávamos no fundo da sala e ligávamos uns 32 liquidificadores, que ficavam zumbindo."

As suas origens na classe trabalhadora e no fundamentalismo forjaram uma camaradagem instantânea entre Cross e Maynard, a base para longas horas de conversa sobre qualquer assunto — discussões às vezes acaloradas, mas sempre terminando em perspectivas inesperadas e risos.

"Maynard é mesmo um cara intenso. Essa é talvez a principal razão pela qual nos conectamos", recorda Cross em uma entrevista de 2013. "Eu soube desde o início que ele apreciava muito a comédia e, mais especificamente, a comédia ácida sobre a hipocrisia cultural, política e religiosa."

"A primeira vez que saí com ele, Maynard me convidou para ir à casa dele no Valley. Ele estava ciente de que estávamos fazendo coisas de homem", conta Cross, relembrando a noite cuidadosamente coreografada de cuidados com animais, jiu-jítsu e carne vermelha. "Ele sem dúvida apreciou a ironia de dizer: 'Só preciso dar comida pro meu lagarto e depois vamos assistir ao UFC e preparar esses bifes.'"

Depois da refeição e de torcer pelos Gracie, eles se sentaram para tomar uma *pale ale*, discutindo os papéis que assumiriam no programa do *Tantrum* da próxima semana, o progresso do próximo programa de TV de Cross e o novo álbum da Tool. Eram companheiros com ideias semelhantes oferecendo encorajamento e apoio mútuos.

"Muitos comediantes são mesquinhos, ciumentos e mal-intencionados e querem ver os outros se ferrarem. Maynard não é assim", explica Laura. "Ele quer elevar e tem padrões muito altos. Acho que ele se sente decepcionado quando as pessoas não atingem seu potencial."

Se os fãs da Tool o reconhecessem no palco do *Tantrum*, percebeu Maynard, sem dúvida temeriam que seus novos empreendimentos enfraquecessem o compromisso com a banda. Mas ele também sabia que uma infusão de comédia só poderia melhorar sua música.

> Eu ainda queria ver se conseguia misturar comédia e música de uma forma que fizesse sentido. Senti que poderia oferecer outra dimensão. Não sou baterista, então não iria nessa direção. Também não sou um guitarrista. Sou um contador de histórias. À medida que expandia minha paleta, tudo se beneficiaria de todo o resto.

A nova empreitada não era exatamente uma banda de paródia. Também não era uma banda country, nem uma mudança para a comédia ou produção teatral. Foi um projeto, se é preciso nomeá-lo, um projeto de muitas facetas, cada uma dependente de todas as outras. Um projeto que tomaria rumos inesperados à medida que o caminho se tornasse claro. Um projeto que Maynard chamaria de "Puscifer".

Maynard ficou em um pé só. Manter o equilíbrio não foi difícil, e ele inclinou a cabeça para trás e esticou os dedos para o céu. Um vento quente o atingiu em torno dos braços estendidos, então com calma o ergueu até que pairasse acima da vila. Não parecia nem um pouco estranho que pudesse voar. Ele ficou ali, flutuando, suspenso sob o sol, e olhou para baixo, para prédios de madeira envelhecida ao longo de ruas empoeiradas, estradas sinuosas em zigue-zagues e curvas fechadas através de vales verdes e montanhas douradas.

O sonho vinha com mais frequência agora, sempre mais detalhado, e a cada vez ele acordava satisfeito e contente. Não questionou a origem do sonho ou o que o subconsciente lhe dizia. "Não sentia que nada em Los Angeles ressoava do jeito certo", comenta. "Não me sentia bem lá."

Os direitos autorais da Tool ainda não forneciam a renda necessária para aproveitar a cidade com estilo, e ele estava farto dos engarrafamentos, da poluição, da competição implacável e dos relacionamentos nos quais não podia confiar. Além disso, o cenário musical havia perdido muito apelo com o fim do Raji's, do Gazzarri's e do Club Lingerie. Maynard só precisava de um lugar para descansar quando a Tool estivesse ensaiando ou gravando, e ele estremecia quando considerava que seu futuro estaria definido caso permanecesse em Los Angeles. "Eu sabia que, se ficasse por lá, seria sugado para aquela coisa de tapete-vermelho-na-premiação-do-Grammy", recorda. "Precisava ir embora e me reconectar à terra e ao espaço, onde não tivesse tanto barulho e distrações."

Ele havia se mudado várias vezes, o suficiente para saber que, não importava onde morasse, não precisaria perder os amigos, David Cross, Moon Zappa — ou Tim Alexander, apesar do encontro agourento durante a turnê do Lollapalooza. "Lembro dele caminhando na minha direção nos bastidores, onde todos os ônibus estavam estacionados", relembra Tim. "Ele ainda tinha um moicano na época, e isso me lembrou o personagem de Robert De Niro em *Taxi Driver*. Eu não sabia quem ele era, então, quando o vi vindo na minha direção, fiquei um pouco preocupado, sem saber o que aquela pessoa estranha poderia querer."

Os dois se tornaram aliados desde então, e Maynard relatou a Tim o sonho recorrente e a suspeita de que o lugar da visão poderia ser no Arizona. Ele não queria morar lá em específico, explicou. Quando a Tool se apresentou em Phoenix, Maynard considerou que o lugar era apenas mais um labirinto urbano congestionado, lotado de secretárias e CEOs desfilando em sincronia até os seus cubículos.

Mas Tim contou a ele sobre outro Arizona, um Arizona de montanhas escarpadas e céus amplos, de tempestades repentinas que amenizavam o calor do verão e clareavam as tardes iluminadas e amenas, de uma cidade que lhe parecia muito com a vila do sonho de Maynard. "Tim falou que precisava me levar para uma viagenzinha", lembra Maynard.

As montanhas Buckskin, Harquahala e Eagletail se estendiam quilômetro após quilômetro pelo oeste do Arizona, sem florestas ou rodovias em seu caminho, os picos e desfiladeiros surgindo em relevo nítido quando o avião começou a lenta descida no aeroporto de Phoenix.

O meio do verão não era o momento ideal para uma viagem pelo deserto. Julho era o mês mais quente no estado, com expectativa de temperaturas acima dos 43°C, mas Maynard estava ansioso para visitar a cidade que o amigo havia descrito e ignorou o termômetro. Tim baixou a capota do carro alugado, e Maynard passou o dedo pela interestadual, marcada com uma grossa linha verde no mapa do guia de viagens. Em duas horas, determinou, os dois chegariam ao destino, desde que ficassem atentos ao medidor de combustível e calculassem a distância entre as pequenas cidades ao longo do caminho, onde os postos comerciais poderiam ou não vender gasolina.

A rota para o norte os levou por planícies escurecidas por arbustos, o capim-maçambará e o verbasco se curvando no acostamento da estrada devido ao calor. Passaram por Rock Springs, Turret Peak e Towers Mountain, além de afloramentos imponentes desprovidos de vegetação. No horizonte, as montanhas Weaver e Sierra Ancha erguiam-se em uma névoa cinza-arroxeada, e o céu sem nuvens era refletido na miragem de calor que não parava de brilhar diante deles no asfalto. Continuaram a dirigir serra acima, cruzando a linha de árvores e a linha de congelamento, onde nem mesmo os cactos cresciam.

Subiram o sopé das montanhas, com os ouvidos estalando, até finalmente saírem da interestadual em Camp Verde. "Chegamos ao cume do Verde Valley", recorda Maynard, "e meu coração disparou. O que vi era tão familiar."

Eles chegaram a um promontório quase um quilômetro e meio acima do nível do mar, um lugar de prados verdes e plantações de sabugo, salgueiro, nogueira e sicômoro. A subida suave ao longo do cume era paralela ao vale, o desfiladeiro delimitado por altas montanhas, uma vista que ele nunca conhecera, mas reconhecia mesmo assim.

Não muito à frente estavam Cornville e Cottonwood, e também a velha rodovia que serpenteava em curvas, passando por outdoors anunciando o Parque Estadual Dead Horse Ranch e, um pouco mais adiante, Cleopatra Hill, a montanha formada há quase dois milhões de anos por uma erupção vulcânica sob o vasto mar interior Pré-Cambriano. Maynard e Tim olharam para a mina a céu aberto United Verde, uma lembrança com quase 100 metros de profundidade do auge da mineração de cobre na virada do século XX. E na estrada se encontrava Jerome, a pequena cidade empoleirada na face da montanha, com edifícios de madeira e tijolos.

Jerome era uma coleção de antiquários e cafés, galerias de arte e hotéis de tijolos aparentes, vitrines desgastadas como as versões televisivas de Virginia City e Dodge que Maynard lembrava das noites na sala de estar de Ohio. Nenhum dos edifícios era particularmente quadrado. Eles ficavam posicionados em ângulos estranhos ao longo das ruas inclinadas, vítimas da gravidade e de décadas de afundamento causado pelos poços de extração sob a cidade.

As calçadas talvez ficassem lotadas no fim de semana, mas, naquele dia, apenas alguns pedestres caminhavam, estranhos amigáveis o suficiente para acenar em saudação enquanto Maynard e Tim subiam a Clark Street e desciam a Main Street, ruas dispostas em terraços paralelos na encosta da montanha e atravessadas por lances íngremes de degraus de concreto. Maynard leu a sinalização pintada em cores vivas anunciando pedras preciosas, cerâmica e pizza e olhou para os cumes mais distantes da Mogollon Rim. Então sentiu novamente a sensação que tivera no sonho, o sentimento de ter voltado para casa.

"Paramos no café Flatiron", lembra. "Brian e Alan, os gerentes, se apresentaram na mesma hora, e o incrível espresso italiano foi a última peça do quebra-cabeça. Eu falei: 'Vou vir morar aqui.'"

> Minha intuição, meu coração e minha cabeça estavam praticamente gritando em um coro a três que era ali onde eu deveria ficar. Se você já conheceu sua alma gêmea, já sentiu isso. A gente só sabe. Ninguém precisa te convencer disso. Seu tino e instinto lhe dizem que é isso. Quando chegamos a Jerome, pensei que fosse desmaiar, porque era a cidadezinha do meu sonho.

Menos de 400 pessoas viviam em Jerome, e o município propriamente dito tinha menos de três quilômetros quadrados. Enquanto caminhava pelas ruas empoeiradas, Maynard imaginou os sonhos dos antigos mineiros que haviam construído aquela cidade — e os povos yavapai e apache antes deles, e as pessoas de outros lugares mais recentes que vieram para ficar. E sabia que, mesmo se vivesse o resto da vida naquele lugarejo, ainda não seria tempo suficiente para aprender todas as suas histórias e segredos, suas promessas e possibilidades.

Naquela cidade de 1500 m de altitude, as fronteiras se dissolviam em uma vista que mesclava vale, montanha e céu. Maynard poderia virar na Hill Street, seguir até a Hull Avenue, mas, onde quer que pisasse, faria parte da paisagem pela qual caminhava, e igualmente ilimitado quanto ela.

Ali, poderia descobrir os profundos silêncios e sons do deserto, cantar suas lendas de colinas e de luz, observar o clima, o céu e o solo e cuidar de tudo que cresceria na região.

Os médicos disseram que seu filho nasceria na primeira semana de agosto, mas isso não era motivo para desistir dos compromissos com a Tool. No dia 6 de agosto, o festival Big Mele, em Oʻahu, colocaria a banda no mesmo cartaz com Rancid, Down by Law, Face to Face e Guttermouth, e Maynard aguardava pela última apresentação antes de começar a trabalhar no próximo álbum. Com certeza, estaria de volta ao continente bem antes que o bebê aparecesse.

No entanto, quando o avião pousou no Aeroporto Internacional de Honolulu, ele checou o pager e descobriu que, às vezes, os bebês prestavam atenção à data provável do parto, afinal. "Eu tinha que fazer o que era certo e estar lá para o nascimento", recorda. "Mandei a banda ir na frente e disse que tentaria voltar na noite seguinte a tempo do show."

Ele disparou pelo terminal, imaginando a mãe do bebê — a mais 4 mil quilômetros de distância — repetindo os exercícios de respiração profunda que aprendera na aula do método Lamaze. Nunca entendera muito bem o seu propósito, mas os praticava agora enquanto negociava com o agente de viagens e ficava inquieto durante o atraso do voo; depois, ainda teve de aguentar uma corrida de táxi cheia de paradas no engarrafamento mais frustrante da história recente de Los Angeles.

Chegou ao hospital aflito e exausto. A mãe estava apoiada em travesseiros, com um toca-fitas ao lado da cama, segurando o bebê que tinha só uma hora de vida. A enfermeira aninhou a criança nos braços de Maynard e ele afastou a ponta do cobertor do rosto do filho, acariciou os dedinhos, segurou a cabecinha contra a sua. "Eu não conseguia dizer nada", lembra. "Só coloquei 'Kashmir' para tocar uma vez atrás da outra."

"Kashmir", a música que parecia um portal para a conexão e a sincronicidade, a música para dar as boas-vindas ao filho de Maynard, a criança com olhos castanhos arregalados e cachos escuros e grossos, o bebê que chamaram de Devo.

O público pagante ficou muito decepcionado quando descobriu que a Tool sumiu da programação do Big Mele. Outro voo atrasado manteve Maynard longe da ilha. Mas a ausência foi perdoada no ano seguinte com o lançamento do novo álbum da Tool, uma coleção de 15 faixas que estrearia em segundo lugar na Billboard 200 e provaria ser tudo, menos um terceiro álbum sem inspiração e estereotipado.

Antes da aclamação da crítica, da turnê internacional, do prêmio Grammy e do disco de platina triplo, a banda precisou resolver a paralisação criativa que interrompia o andamento do álbum. "Trabalhamos individualmente em algumas letras e músicas", comenta Maynard. "A gente se encontrou para intermináveis passagens de som, práticas e ensaios, mas parecia que não estávamos chegando a lugar nenhum."

O trabalho em equipe, que vinha com tanta facilidade no passado, parecia elusivo, como se com a maturidade e os novos interesses, os quatro tivessem começado a perder de vista os objetivos em comum. No meio do verão, ficou claro que, como os de Maynard, os objetivos de Paul haviam se ampliado. Seu gosto musical havia se desviado dos riffs pesados que uma música da Tool exigia, e ele se sentia pronto para realizar o sonho que havia abandonado em Washington e formar a própria banda.

A saída de Paul criou outro desafio: encontrar um baixista cuja curva de aprendizado não atrasaria ainda mais o trabalho da banda. "Estávamos procurando alguém com uma fonte de ideias e talento", lembra Maynard. "Mas as duas coisas mais importantes eram: precisava ser um músico competente e alguém de quem gostássemos."

Os candidatos foram dispensados um após o outro, músicos impecáveis que não conseguiam entender a filosofia da banda, músicos carismáticos que chegavam despreparados para as audições, profissionais com execução perfeita, mas com outras prioridades. Quando Danny e Adam sugeriram que considerassem o baixista do Peach que tinham conhecido no ano anterior, Maynard concordou. Os graves de Justin Chancellor trouxeram para a Tool uma complexidade bem-vinda, e, após um telefonema para o outro lado do Atlântico, ele concordou em se juntar à banda.

"Tirei do bolso um pedaço de papel amassado", recorda Maynard. "Desdobrei e mostrei a Adam e Danny o papel que dizia 'Paul' e 'London'. Aquilo fez os dois pirarem."

* * *

Com Chancellor a bordo e o ímpeto da banda restaurado, Maynard poderia esquecer suas preocupações e dedicar tempo às suas novas atividades — pelo menos até que a produção do álbum começasse para valer.

Desde os primeiros shows da Tool, Maynard conversou com inúmeros repórteres que forçaram suas perguntas e permitiram apenas respostas truncadas antes de passar para o próximo. "Foi estranho ser entrevistado", admite ele, mais tarde. "A maioria dessas pessoas já havia antecipado minhas respostas, então nem se deram ao trabalho de ouvir o que eu disse."

Era hora de virar o jogo e ele mesmo fazer as perguntas, a fim de criar o tipo de entrevista que ele gostaria de ler.

A *Bikini Magazine* estava disposta a aceitar a proposta, e Rickson Gracie concordou em ser o primeiro entrevistado de Maynard. Assim como ele desejava compreender de forma mais profunda Gracie e suas crenças, talvez os leitores também quisessem, então Maynard guiou o instrutor através de uma exploração sincera da filosofia do jiu-jítsu, dos princípios matemáticos que o pai havia aplicado à disciplina e do equilíbrio entre corpo, mente e espírito que garantiam a alegria na jornada e a vitória no ringue.

O artigo precisaria de um pouco de edição antes de ser publicado em setembro, mas, enquanto isso, Maynard recebeu uma segunda tarefa. Os editores da publicação de San Diego, *Hypno: The World Journal of Popular Culture*, ficaram tão impressionados com o rascunho da entrevista com Gracie que sugeriram que Maynard tentasse fazer um artigo semelhante para a revista.

A escolha do entrevistado, percebeu, era um tiro no escuro, mas ele estava preparado. Por um bom tempo, Maynard havia imaginado as coisas que iria perguntar e a conversa que teriam caso tivesse a chance de falar com ela. "Disse a eles que, se fosse entrevistar alguém", explica, "gostaria de falar com a Joni Mitchell."

Suas perguntas abertas permitiram que Mitchell falasse em detalhes sobre suas progressões de acordes não convencionais, estruturas melódicas e afinações alternativas. O diálogo se ramificava em reviravoltas inesperadas e tangentes esclarecedoras da sinestesia de cor e som até a base matemática de uma composição de Mozart e a maneira como os acordes menores ressoam com o ritmo da alma.

"Acho que ela se sentiu à vontade para falar comigo porque eu era um artista", explica. "Não tinha um motivo oculto. Ela pôde falar sobre fluxo de consciência, música e processo em vez de ter que encaixar frases feitas em um formato predeterminado."

Publicadas na edição de outubro de 1995 da *Hypno*, as três páginas duplas eram ilustradas com fotos de Maynard e Mitchell, de mãos dadas, sorrisos largos como se tivessem sido pegos pelo fotógrafo no meio de uma conversa diante de uma lareira aconchegante enquanto compartilhavam histórias e um bom vinho Shiraz.

E, em novembro, a HBO exibiu o episódio inaugural de *Mr. Show*, a série criada pelos colegas de Maynard no *Tantrum*, David Cross e Bob Odenkirk. Entre os esquetes havia um ato de nove minutos com a participação especial de Cross como Ronnie Dobbs, um encrenqueiro pé-rapado que vivia em um trailer e fora catapultado à fama pelo programa de televisão de Odenkirk, que documentava suas prisões. E Maynard — usando uma peruca mal cortada e a camiseta azul e dourada de cross-country que usava no colégio — fez a sua estreia na TV. No meio do esquete, ele e Adam se apresentaram como a banda de tributo a Dobbs, chamada Puscifer.

"O que quer que Maynard fizesse, ele sempre tinha um estalo para que pudesse fundir comédia e música", recorda Laura.

Os telespectadores da HBO sabiam o que esperar de um programa de variedades e não questionaram a aparição repentina de uma banda de rock no meio de um esquete cômico. Mas o público não era tão tolerante quando se tratava de usar o humor como parte de um show ao vivo. "Em dezembro, trouxemos o Tenacious D para fazer a abertura do nosso show em San Diego", explica Maynard. "Atiraram moedas de 25 centavos neles." Eles eram os favoritos do público no *Tantrum*, mas o elemento cômico se perdeu em meio à multidão da SOMA, que lançou uma chuva de moedas ao palco e silenciou a performance, gritando "Queremos a Tool!".

O nome da banda era tão procurado quanto as músicas. Organizações de justiça social e grupos ambientalistas pareciam acreditar que, se os seus eventos para arrecadar fundos incluíssem uma apresentação da Tool, iriam chover contribuições e as florestas tropicais seriam salvas, os prisioneiros políticos libertados e filhotes na América do Sul seriam resgatados da fome.

> Foi desolador estar em uma posição em que as pessoas vinham até nós dizendo: "Valorizamos seu nome o suficiente para anexá-lo a este evento que ajudará alguém". Tenho certeza de que muitas dessas organizações eram legítimas, mas várias vezes a gente descobre que uma grande porcentagem é desviada

> para pagar as pessoas que configuram o sistema de som, os montadores e os caras da iluminação. Eles não estão doando seu tempo. E alguns artistas recebem quantias insanas para fazer parte de um evento beneficente e depois se promoverem como benfeitores.
> Não tínhamos interesse em fazer parte disso. Isso não é o que considero uma verdadeira benfeitoria. Sim, o dinheiro tem que ir para infraestrutura básica, seguro e água, e para garantir que as pessoas sejam alimentadas, mas, no fim das contas, todos deviam doar seu tempo e o dinheiro deve ir para a causa real.
> Grande parte da energia que eles colocam nessas coisas parece mal direcionada. Que tal salvar o cara que está morrendo no beco ao lado da sua casa?

Maynard, como esperado, reconheceu o lado cômico dos esforços de arrecadação de fundos.

Ele ouviu os rumores sobre Frances Bean Cobain, filha de Kurt Cobain, do Nirvana, e de Courtney Love, vocalista do Hole. Havia lido nos tabloides sobre a suspeita de uso de heroína por Courtney durante a gravidez e sobre as investigações que levaram as autoridades a retirar a bebê dos pais quando tinha apenas duas semanas de idade. Sabia do desfile de babás designadas para cuidar dela, das visitas da criança ao pai durante sua estada no centro de reabilitação. "Li essas coisas e pensei: 'Essa coitadinha está presa com uma mãe que é um furacão'", conta Maynard. "'Como Frances Bean vai sobreviver a essa vida maluca?'"

Ajudar uma menina de quatro anos aprisionada em um mundo de abuso de drogas e disfunção familiar era uma causa que ele poderia defender. Uma série de camisetas aumentaria a conscientização sobre o sofrimento da criança, que ele mesmo desenhou, produziu e distribuiu para quem dava risada, camisetas brancas com a mensagem "Free Frances Bean"[*] impressas na frente. "Achei que era tosco de um jeito bem apropriado", explica.

Na opinião de Maynard, o comportamento de Courtney parecia ser apenas mais um sintoma da loucura que era Los Angeles. Naquela cidade, ele presenciara combates corpo a corpo no estacionamento e o tráfego lento na Wilshire e, durante uma semana tensa e angustiante em 1992, observou a cidade irromper em

---

[*] Em português, "Libertem Frances Bean". [NT]

tumultos e saques em resposta à absolvição dos policiais responsáveis pelo espancamento de Rodney King no ano anterior. "Los Angeles estava pegando fogo", lembra. "Eu via o quão rápido as coisas podiam sair dos trilhos."

> Lá por 1996, já tinha dado pra mim. Eu ouvia Bill Hicks falando sobre Los Angeles afundar no oceano e, de certa forma, acho que queria que isso acontecesse, porque muitas pessoas que conheci eram negativas e um bocado de vampiros.
> Senti que essas coisas estavam contaminando a minha capacidade de lembrar que tudo isso era apenas um passeio. A gente fica tão preocupado pensando que não vai dar certo que não consegue imaginar que vai. Tive que fugir.

"Por muito tempo, Maynard falou em deixar Los Angeles e desaparecer do mapa", conta Moon Zappa. "Nunca encontrei ninguém tão convencido de que algo iria acontecer e que tínhamos que sair daqui rápido."

Do outro lado das montanhas Buckskin e Eagletail havia vales verdes, grandes extensões de rocha e céu, calmas e espaçosas ruas empoeiradas na encosta de uma montanha dourada ao pôr do sol. E, em uma manhã no final do verão, com o novo álbum concluído e pronto para a produção, Maynard dirigiu uma van alugada, carregada com suas coisas. Ele colocou um suprimento de Twizzlers de morango no assento ao lado e dirigiu pela cidade — passando pela Sunset, Hollywood e Beverly Boulevard, seguindo até a rampa de entrada da autoestrada I-10, sentido leste.

"Tirei minhas coisas da van e coloquei tudo no apartamento em Jerome", lembra Maynard. "E então estava num ônibus de novo." O duplex de baixa altura ficava no extremo leste da cidade de Jerome, em uma fileira de bangalôs todos iguais, quitinetes onde os contramestres da equipe de mineração haviam morado anos antes. Maynard transportava caixas de papelão, sacolas e o baú preto e, com pouco tempo para cuidar da casa, respirou fundo e se preparou para mais uma turnê internacional.

Ele, Adam, Justin e Danny encontraram seu ritmo. No ano anterior, haviam traduzido sua visão compartilhada em som e história na forma de um álbum ambicioso que iria — como eles sabiam que deveria — superar seu trabalho anterior.

Eles penduraram quadros brancos nas paredes do sótão e os cobriram com equações e fórmulas, representações geométricas de intervalos, batidas invertidas e compassos fracionários. "Como Tom diria, uma música do Rage é fácil", comenta Jack Olsen em uma entrevista de 2014. "Uma música da Tool não é simples nem em sonho."

Por mais complexa que fosse, a música, como sempre, veio primeiro. Só depois que Danny, Adam e Justin elaboraram melodias e temas, Maynard começou a escrever. Ele se baseou em tudo o que estudou: o arquétipo da sombra de Jung; as teorias genéticas de Melchizedek; os pares de opostos de Joseph Campbell e a redenção que sua união traria; o ângulo de uma postura de jiu-jítsu. Ele contrabalançava letras de cura com a dissonância de acid rock, imagens justapostas de destruição com ritmos orientais poéticos.

Em 17 de setembro de 1996, o álbum foi lançado, uma colagem sonora de metal e comédia, de cadência teutônica e gritos de gaivota, de bebês chorando e o clique de uma agulha de fonógrafo saltando. A resplandecente arte da capa remontava aos extravagantes encartes duplos dos álbuns de décadas anteriores, e as imagens oníricas na superfície do disco e nos cartazes promocionais eram todas de Ramiro. "A natureza espiritual da arte de Ramiro representou a Tool de uma maneira boa", explica Maynard. "Foi um fator fundamental." Era, então, um álbum de ligação dedicado a Bill Hicks; um álbum chamado Ænima.

Bastou um pouco de pesquisa para os fãs descobrirem as raízes etimológicas do título: "anima", o termo latino para a alma e a força feminina paralela a "enema", uma alusão ao tema de limpeza espiritual que o álbum trazia. Mas, como acontece com a maioria das coisas relativas à Tool, o significado do título foi além do óbvio. "Escolhi o nome em parte como uma homenagem a John Crowley", conta Maynard. John Crowley, cujas portas e caminhos fictícios abriram o caminho para Maynard, cuja série de vários volumes do Ægypt narrava histórias perdidas e o zumbido das energias criativas existentes entre as almas.

Cada faixa era forte o suficiente para se sustentar, mas o crítico musical do *Boston Globe*, Steve Morse, foi um dos primeiros a verbalizar a maior realização artística do álbum. A mensagem de Ænima, apontou ele em uma resenha de 15 de novembro, pode ser mais bem compreendida ao se ouvir com atenção, do começo ao fim. Não era uma coleção de discursos aleatórios sobre rock, nem uma colcha de retalhos maluca de efeitos sonoros e significados ocultos. Ele reconheceu que Ænima era uma experiência, um CD com uma mensagem, um veículo sonoro "levando os ouvintes para uma jornada".*

"É óbvio que eles têm muita escuridão à primeira vista", comenta Morse sobre a banda em uma entrevista de 2014. "Mas, em última análise, há uma ênfase na comunicação e na união das pessoas."

As letras de Maynard não disfarçavam sua crescente antipatia por Los Angeles. Mesmo se a Califórnia desaparecesse do mapa quando o estojo lenticular era inclinado no ângulo certo, isso não significava desespero. Tudo ficaria bem, insistiam as canções, se alguém finalmente aprendesse a nadar, se lembrasse de seu lugar no inconsciente coletivo, de seu papel na cocriação do universo.

"Maynard tem esse lado espiritual", ressalta Moon Zappa. "Ele usa a própria criatividade, é capaz de fazer um trabalho técnico excelente e ainda instiga a gente a ir um pouco mais longe. Ele é um filósofo com uma plateia e um microfone."

A Tool não se apresentava fora da Califórnia desde o início de 1995, mas agora a banda mais do que compensaria o tempo perdido. Em meados de outubro, eles iniciariam uma turnê quase ininterrupta pelos Estados Unidos, Europa e Austrália, que os manteria na estrada durante boa parte dos dois anos seguintes.

Se o som da banda atingiu uma maturidade inédita com o novo álbum, os movimentos de Maynard no palco também ganharam novos aspectos. Dos seus assentos na primeira fila do American Legion Hall de Los Angeles, em outubro, Tom Morello e Brad Wilk puderam ver o detalhamento do quadrado mágico enoquiano suspenso atrás de Danny — e também estavam próximos o suficiente para notar as pisadas fortes e o andar orgulhoso de Maynard, a sacudida acentuada de cabeça que ele deu ao passar perto. "Como frontman, ele tinha todo um novo repertório de presença de palco", recorda Tom. "Era um comportamento desconcertante."

* * *

* Morse, Steve. "Sonic Evolution with the Use of Tool" [Evolução sônica com o uso da Tool]. *The Boston Globe*, Boston, 15 nov. 1996, Rock Notes, p. D14. [NA]

A turnê Ænima percorreu o Sul e o Meio-Oeste dos EUA, Amsterdã, Paris e Auckland, e, a cada parada, o público esperava ansiosamente pelo que Maynard poderia vestir quase tanto quanto pela música. A princípio, o figurino não era mais escandaloso do que um moicano ou o macacão vermelho de pijama que usara durante a turnê do *Undertow*. Em calças pretas de moletom e sandálias Birkenstock, ele se abaixava e se esquivava pelo palco, cantando sobre tédio e fardos, sobre equilíbrio e piercings nos mamilos, o torso nu e brilhoso.

Mas, no terceiro show, Maynard fez uma mudança de 180° no visual. Seu rosto se transformou em uma máscara branca de teatro kabuki, os olhos contornados por um delineado preto e grosso, o olhar mais penetrante do que nunca. Em dezembro, coberto com tinta corporal azul e branca e vestido apenas com boxers estampadas, ele se agachou e balançou em uma sinuosa dança interpretativa contra o compasso triplo do surdo de Danny.

Pouco antes de a banda partir para a Holanda, em janeiro, Maynard abandonou temporariamente os trajes dramáticos. Quando a vocalista Tori Amos sugeriu que ele participasse do seu show no Madison Square Garden em apoio à Rede Nacional Contra o Estupro, o Abuso e o Incesto (Rape, Abuse and Incest National Network, RAINN), ele não hesitou. Os dois há muito admiravam a arte um do outro e, quando se conheceram no verão anterior, logo se tornaram amigos, preparando biscoitos com a receita de Judith e passando horas ao telefone nas noites solitárias de Los Angeles. E, quando ele abriu o vinho Napa Valley Silver Oak de 1992 que ela lhe dera, Maynard, de repente, entendeu o que Kjiirt tentara lhe dizer sobre combinar um excelente Cabernet Sauvignon com um bom bife.

> Aparecer ao lado da Tori era mais importante do que as minhas ressalvas sobre atividades beneficentes em geral. Se a minha presença ajudou a causa, ótimo. Mas também permitiria que as pessoas vissem do que eu era capaz. Eu era visto como um cara do metal, mas isso não é quem sou. Precisava deixar escapar algumas das nuances mais complexas que se perdem no trator sônico que era a Tool.

Eles se sentaram perto do piano, com sua harmonia criando a canção "Muhammad My Friend", de Tori, um lembrete apaixonado do lado feminino da divindade. Naquela noite, Maynard era o homem relaxado e sorridente em um moletom cinzento, mais um cantor de baladas do que um *bad boy*.

* * *

De Houston a Detroit a Gante, o figurino de Maynard tornou-se cada vez mais extravagante e, dez meses depois da turnê, ele subira ao palco do Concord Pavilion, na Califórnia, usando cachos pretos esvoaçantes, maquiagem branca, um profundo batom carmesim e um longo vestido prateado com uma fenda na frente. Ele atravessou o palco despindo-se metodicamente até ficar sob os holofotes usando apenas uma calcinha verde e um sutiã escarlate, cantando sobre sacrifício e caos, sobre os buracos negros da memória e o céu morto de Ohio.

Ele e os companheiros de banda fizeram questão de focar a atenção em sua arte e mantiveram o visual parecido ao dos vídeos e materiais promocionais da Tool, mas com o aumento da fama veio o reconhecimento instantâneo. Com muita frequência, os fãs abordavam Maynard em cafés, aeroportos e mercearias, esperando trocar ideias como se fossem velhos amigos. Na verdade, tudo o que realmente sabiam dele era o que haviam interpretado de suas letras gnômicas, e era assim que ele preferia.

As perucas, vestidos e maquiagem poderiam criar uma distração necessária, percebeu Maynard, uma cortina de fumaça para permitir que fosse incógnito até o parquinho com o filho, mesmo vestindo roupas comuns.

> Na época em que assistia aos primeiros clipes do REM, gostava de não ter ideia de como era a aparência de Michael Stipe por trás do cabelo. E a gente só ouvia falar de Swans. Havia poucos vídeos deles. O Kiss entrava no palco com todos os integrantes maquiados, e a gente se perguntava quem eles eram, como se pareciam. Havia poder por trás dos personagens. E, quando tiravam a maquiagem, podiam seguir as suas vidas.
>
> Na escola de arte, Deb Rockman nos ensinou que menos é mais. A gente não precisa dispor de todas as linhas estruturais para entender a essência geral de uma pintura ou desenho a carvão. E eu não precisava ser reconhecível para contar uma história. Senti que menos não era apenas mais; menos era mais seguro.

Ele logo descobriu que trajes bobos tornaram mais fácil enfim trazer humor para uma apresentação da Tool. Durante a turnê de verão do Lollapalooza, um novo personagem surgiu. Billy D, o sátiro bigodudo da sua apresentação de

"Country Boner", havia se metamorfoseado no reverendo Maynard. O público não teve dificuldade em aceitar o humor irreverente do pastor sulista vestindo um terno casual bege. Durante os intervalos entre "Pushit" e "Hooker with a Penis", o bom reverendo pedia aleluias do *mosh* e convidava voluntários a se apresentarem e serem curados da maldição do fundamentalismo — tudo em nome da Igreja da Porra do Jesus Cristo.

No Ozzfest de 1998, Maynard havia adotado uma camuflagem mais eficaz do que lantejoulas, sobrancelhas pintadas e vestidos de gala. "Por uma infinidade de motivos, recuei para o fundo do palco", explica. "Quando o contato visual se tornou estranho, dei um passo para trás. Foi em parte uma decisão técnica; o som estava saindo para o meu microfone das caixas atrás de mim. Mas também ajudou a fugir do rótulo de 'frontman'. Odeio com *todas* as minhas forças quando dizem que o vocalista é o 'líder da banda'. Não sou o cara que fica na frente do palco. Sou apenas parte da história."

O público fiel do Lollapalooza vagou em nuvens de patchuli pelos gramados do festival. Eles examinaram pulseiras trançadas e saias tie-dye nas barracas de artesanato, visitaram tendas de piercings, encontraram alívio refrescante nas estações de hidratação e receberam, se davam risada, camisetas "Free Frances Bean" grátis.

Quando os compassos iniciais de "Ænema" ecoaram pelo terreno, eles voltaram sua atenção das barracas de tacos e *samosa* para o vídeo projetado na parte de trás do palco — o vídeo perturbador e inadequado para a MTV de um alienígena se contorcendo em suas algemas e enfiando uma agulha na própria cabeça. Steve Morse, o crítico musical do *Boston Globe*, considerou a Tool, que apresentava ecos de Led Zeppelin, ritmos ilusórios e letras enigmáticas, o destaque do palco principal. "Achei que eles roubaram o show da Korn e do Snoop Dogg", comenta em uma entrevista de 2014. "Eles eram revigorantes, inovadores e intrigantemente misteriosos."

Maynard não estava nem um pouco confiante de que o público havia decifrado esses mistérios. Ele observou enquanto se agitavam no *mosh*, enfurecidos como sempre, e em mais de um show naquele verão, deu um passo à frente e se dirigiu à multidão. "Existem muitos equívocos sobre esta banda", disse com suavidade. "Não se trata de ódio e violência, mas de abrir o coração."

Suas letras falavam sobre cutucar as feridas e o Armagedom iminente, mas, nas entrelinhas, havia um chamado para resistir a dogmas fáceis, para ver além do óbvio, para escolher a compaixão em vez do medo e ajudar a inaugurar uma nova era de consciência cósmica. "Maynard sempre teve tendência à positividade", comenta Morse. "Ele não fala muito no palco, mas vem com esses aforismos de guru que são bem impressionantes."

Maynard prestou atenção quando Paul Grout advertiu contra confundir a metáfora com a verdade que ela iluminava. Ele encarou bem nos olhos das velhas feridas, examinou padrões destrutivos, reconheceu a dúvida como uma ilusão nascida de levar a sério as opiniões dos outros. Traduziu sua busca em canções, mas alguns ouvintes não conseguiam separar o cantor da busca.

> Eu só estava interessado em descobrir como a matemática se aplicava ao comportamento humano, a geometria das emoções e todas essas coisas. Então as pessoas começaram a me olhar como se eu tivesse algo a oferecer, como se achassem que eu era capaz de resolver o quebra-cabeça delas. Pensavam que eu era a resposta. Cara, com certeza não sou a resposta. Eu tenho ideias. Posso colocar band-aids nas coisas, mas não tenho a porra das respostas.
>
> Escrever essas músicas e tocá-las era como uma terapia primal. Me fazia bem chorar tomando sorvete, me ajudava a resolver meus próprios problemas. Você também pode fazer isso. Vá tomar um sorvete e chorar num canto. Se você me responsabilizar por te fazer se sentir assim, então vou ser responsável por isso pra sempre. Mas você pode fazer isso por conta própria — essa é a mensagem.

Porém, para cada fã que confundia uma sugestão com uma direção, diversos outros foram capazes de compreender que Maynard não era um letrista comum. Ele fornecia um mapa, mas cabia a eles determinarem o destino. Esses encontraram na Tool mais do que uma desculpa para cair no *mosh*. Ænima era um espelho refletindo o medo e a tristeza não resolvidos, um convite a ouvir e a ouvir de novo; para que confiassem na pureza da própria voz interior, se afastassem das sombras do ego e seguissem para um lugar de possibilidades, um álbum que o jornalista musical de Cleveland, Chris Akin, chamou de "um disco de hard rock para quem pensa".*

---

* Akin, Chris. "Tool: *Ænima*" *The Scene*, Cleveland, dez. 1996. [NA]

SARAH JENSEN   UNIÃO PERFEITA DE ELEMENTOS CONTRÁRIOS   MJ KEENAN

11

O remédio fez com que Maynard fosse embalado no ritmo do fogo, nas histórias que as chamas resguardavam, nos espíritos dos antepassados e dos antepassados deles, que dançavam em meio ao chispar das labaredas. Ele aspirava a essência da sálvia e do cedro, e seu coração batia no ritmo do tambor d'água; as chamas se arrefeciam, então alçavam novamente através da noite, e a lua percorria seu trajeto através do céu do deserto.

Lou Maglia mantivera contato com Robby Romero desde que o contratara na Island Records, em 1989. Robby conhecia bem a Igreja Nativa Americana. Ele crescera participando das cerimônias, acompanhando a mãe, e tinha sido reapresentado a eles por Reuben A. Snake, porta-voz da Igreja e presidente nacional do Movimento Indígena Norte-Americano. Robby, um dançarino do sol e portador do cachimbo, estava bastante familiarizado com a jornada de cura e transformação espiritual que durava do anoitecer ao amanhecer.

Robby, no entanto, não conhecia muito da Tool, o que não mitigou o seu sentimento de obrigação quando Maglia perguntou se poderia levar Maynard à reserva. "Eu queria proporcionar aquela experiência a Lou e Maynard", recorda Robby. "Lembrei do que Reuben me disse: se alguém estendesse a mão e fosse favorável, deveríamos sempre oferecer auxílio."

Era um dia no meio do verão quando o assistente de Robby buscou Maynard no aeroporto de Albuquerque e o levou ao deserto. Eles passaram por artemísias, cactos e mesetas alaranjadas que se erguiam no horizonte, adentrando mais e mais nos territórios indígenas e na reserva dené.

* * *

Maynard logo descobriu que participar de uma cerimônia de peiote não era tão simples quanto reservar um lugar no tipi. Antes da cerimônia em si, deveria se preparar através de um ritual de purificação que desintoxicaria o seu corpo de impurezas, bem como depuraria seu espírito da raiva, do medo, da ganância e da negatividade.

Havia uma tenda do suor no limite da reserva, uma estrutura atarracada e arredondada do tamanho do covil de um animal selvagem ou de um castelinho de neve infantil. Dava para ver que era minúscula e que mal dava para se mexer lá dentro sem se curvar. O domo era feito de madeira vergada e coberto por lonas e representava, segundo lhe contaram, o ventre da Grande Mãe, um casulo escuro no qual tinha de entrar e do qual emergiria — ou assim diziam as lendas — renascido.

Ao fim da tarde, Maynard, Robby e os condutores que os guiariam ao longo da estrada do peiote engatinharam para dentro da tenda e formaram um círculo. A entrada foi fechada e a única luz era o rubro cintilar das pedras em brasa no centro da roda.

Não demorou para que a tenda ficasse tão quente e cheia de vapor quanto qualquer sauna. O mundo inteiro se tornou a escuridão, as batidas de tambor, as orações e a sensação do suor escorrendo pelas costas, e o tempo se transformou em um conceito do qual Maynard mal conseguia se lembrar. Horas depois — ou minutos —, a proximidade, o calor, as pedras coruscantes e a batida rítmica do tambor enfim se tornaram avassaladores. Então, ele se arrastou em direção ao deserto e se ajoelhou; a tatuagem de escorpião nas costas chispava de suor. Logo correu através da areia e voltou à tenda, determinado a permanecer naquele caminho e descobrir aonde ele poderia conduzi-lo, por mais estranho que se mostrasse.

Sabia que voltar atrás agora estava fora de cogitação. Compreendia que sua presença já era uma parte tão crucial da cerimônia quanto as bênçãos ou a organização precisa das pedras na fogueira. "Não somos passageiros nem observadores", explica. "A partir do momento em que nos fazemos presentes, as coisas se tornam interrelacionadas. Não é como se comprássemos um ingresso e fôssemos ao show. Na verdade, participamos do evento, mas também ajudamos a criá-lo."

No dia seguinte, o grupo avançou mais pelo interior do deserto, em direção a um local isolado, a certa distância da aldeia. Maynard largou as longas hastes de madeira no chão, ajudou a prendê-las usando uma corda grossa, içou-as e apoiou-as em perfeito equilíbrio uma contra o outra, cobrindo a estrutura com uma lona grossa.

Deu um passo para trás. O tipi se erguia forte e alto contra o céu noturno. O deserto estava vazio, exceto pelas figuras que se aproximavam de todas as direções: chefes, anciãos, condutores, uma curandeira, uma avó, um tamboreiro, pessoas das nações dené, apache e pueblo, os filhos de Robby. Cada um deles vinha pelos próprios motivos, e, também, para acompanhar os outros na caminhada comunitária.

Agora eles estavam sentados em círculo no chão, uma família reunida para compartilhar pimenta *poblano*, o pão feito naquela tarde pelas mulheres da reserva, milho cultivado nos campos próximos e carne de ovelha do rebanho navajo-churro da aldeia.

> A coisa toda foi uma experiência que me ajudou a ficar mais sóbrio, principalmente depois de ter passado pelo que passei nos últimos anos. As pessoas puxam o nosso saco porque a gente tem uma banda e acham que podem conseguir alguma coisa da gente, recebemos toda essa atenção. Só que os anciões, o dançarino sagrado e as crianças não dão a mínima para o seu status de estrela do rock.
>
> E isso foi libertador. A gente volta a um lugar onde é capaz de contemplar as intempéries da vida no nível delas, onde precisa provar, ou não, a própria capacidade. Algumas dessas pessoas talvez nem gostem da gente, e precisamos aceitar isso. Não podemos esperar ser tratados de maneira diferente de qualquer outra pessoa.

As estrelas despontavam uma a uma no céu que escurecia. Tigelas, xícaras e garrafas térmicas foram guardadas em cestos e mochilas. O tipi reluzia, iluminado pelo sol poente. Maynard tomou seu lugar na fila e voltou para dentro. Eles circundaram o fogo, imitando o movimento dos planetas ao redor do Pai Sol. O condutor os acolheu, e acolheu também os espíritos dos ancestrais, que permaneceriam sentados ao lado deles, no círculo, até a manhã.

*   *   *

O condutor abençoou o remédio com fumaça de cedro e passou adiante os botões frescos e secos de peiote, além do chá âmbar de peiote. O remédio era capaz de produzir profunda introspecção, compreensão inesperada, percepção intensificada ou estranhas visões, mas as horas que Maynard passou na escura tenda do suor o fizeram confiar na vontade do espírito do peiote e, seja lá o que aquilo causasse, aceitou o sacramento quando ele foi oferecido.

> Aquele tipo de coisa não era novidade pra mim. Mas, ao longo dos anos, sempre que participei da cerimônia, tentei respeitar tanto quanto pude esse estado alterado. A gente precisa honrá-lo. Estamos ali por um motivo. Não é sobre ficar chapado, é sobre começar uma jornada espiritual.
>
>   A gente não vai usar peiote e, de repente, propor uma nova teoria da relatividade. Bem, talvez alguém até possa fazer isso, mas, se esse for o caso, bom, acho que a coisa já estava dentro da pessoa. A gente faz isso para dar um passo ao lado, para a direita ou para a esquerda, para ver as coisas de uma perspectiva diferente. É para se conscientizar de algo que a gente já deveria saber, mas que pode ter deixado escapar porque estava olhando do ângulo errado.

Cada elemento da cerimônia — cada gesto, cada objeto que era passado de uma pessoa para outra ao redor do círculo — continha a própria história. A forma, a coreografia, tudo era determinado por nada menos que as leis da geometria: as hastes do tipi formavam um ângulo visando compor aquela forma cônica, a entrada era voltada ao leste, o peiote era abençoado e as canções sagradas cantadas uma, duas, três, quatro vezes — uma vez para cada uma das quatro direções, dos quatro elementos. Os círculos ecoavam a conexão ininterrupta de todas as coisas. O equilíbrio de corpo, mente e espírito; de fogo, água e remédio eram tríades de graça resiliente. E, quando as chamas se arrefeceram, o guardião do fogo trouxe mais galhos para alimentar as labaredas, dispondo-os em uma meticulosa forma de V, o ápice apontando para o centro do altar em forma de lua crescente.

"Maynard sabe que nos tornamos o que pensamos", explica Robby. "Ele entende que não é o que fazemos que importa, e sim a maneira como fazemos."

Os rituais criavam um padrão, uma repetição rítmica no sentido horário durante a noite de canções, orações e batida de tambores, e cada passo afastava Maynard do que lhe era familiar e o conduzia mais e mais na direção de uma nova maneira de ver e da consciência do próprio papel naquela equação. Quando chegou a sua vez, ele fumou do fumo sagrado. Aceitou o maracá de Robby, bebeu a água da meia-noite e passou o copo para a avó ao seu lado.

Os condutores fizeram orações de cura. As pessoas compartilhavam histórias, as delas e as de seus ancestrais, e cada relato criava outra dimensão na narrativa eterna. As chamas tremeluziam em contraponto aos chocalhos estridentes, ao ritmo dos tambores d'água e às canções. Eles lançaram sombras contra as paredes do tipi e contaram a história do fogo durante toda a noite.

Mulheres e crianças afastaram a aba da entrada da tenda e trouxeram carne seca, frutas silvestres e água fresca do rio. E Maynard adentrou a manhã. O deserto estava quieto, crepitando com vida. Do outro lado do céu nascente, voavam sete pássaros pretos como se por desígnio. Ao longe, montanhas se erguiam no horizonte, nítidas e distintas como a sua própria atenção. Ele estancou naquele ponto, a areia fria sob os pés descalços. De algum lugar bem próximo ou distante, um garrinchão-do-deserto ecoava uma canção matutina. Um lagarto-de-chifres saiu de baixo de um agrupamento de figueiras-da-índia e a Estrela-D'alva refulgiu no leste.

"Acho que a cerimônia teve um impacto profundo sobre ele", conta Robby. "Depois de uma cerimônia dessas, iniciamos uma vida espiritual diferente. E respeitamos e nutrimos essa vida. O que Maynard vivenciou permitiu que seu espírito vislumbrasse a beleza e o poder do nosso povo. Ele conseguiu experimentar o remédio de maneira boa e respeitosa, como o Criador deseja."

A noite que Maynard passara no tipi não trouxe nenhuma revelação. Ao menos, nenhuma da qual se lembrasse depois. Não teve visões, não recebeu nenhum conselho sobrenatural e não havia como dizer qual oração, palavra ou bênção seria aquela que lembraria para sempre. A jornada fora apenas um momento prolongado e condensado, um caminho que se abrira ao reflexo da discórdia e da raiva, que se desdobrara em um ritmo, uma harmonia. E isso era tudo. No fim do caminho jazia a manhã, e uma manhã não muito diferente daquelas que havia contemplado ao erguer os olhos do caderno e ficar surpreso diante da aurora cinzenta, descobrindo que, durante a noite, havia criado uma canção onde outrora havia apenas silêncio.

"O que a gente vê é um tipo de validação", explica. "Mas não é um cupom que a gente pode destacar e usar. Não é um sinal. É só um vislumbre. É o universo acenando pra gente, e a gente faz parte dele. Não há como explicar isso pra alguém que não estava lá. E sabe de uma coisa? Tudo bem. A gente não precisa. A gente vê, acena de volta e segue em frente."

O Ænima recebeu o disco de ouro dez semanas após o lançamento e, quando a turnê terminou, estava a caminho de alcançar a platina dupla. O álbum foi indicado na categoria "Melhor Embalagem de Disco" no Grammy de 1998, e ainda saiu com um prêmio por sua faixa-título.

O pagamento de direitos autorais finalmente compensou o adiantamento da Zoo e, quase sete anos depois de lançar o primeiro álbum, a Tool começou a ver um retorno financeiro. Pagamentos estáveis, percebeu Maynard, significavam que os seus dias morando com colegas de quarto em apartamentos abaixo do padrão poderiam ser coisa do passado. "O objetivo não é o dinheiro", explica. "O dinheiro é só a gasolina no tanque para poder fazer as coisas que a gente ama."

Durante uma pausa na programação da turnê, ele encontrou, nos arredores de Jerome, uma casa disponível para aluguel com intenção de compra, um modesto apartamento de dois quartos, sendo um deles a metade do outro, localizado em uma encosta voltada para o sudoeste com vista para o vale e a montanha Mingus. Ali, fora dos limites da cidade, poderia trocar a indumentária noturna e as botas de salto alto por macacões e botas de trabalho e transformar aquela terra em jardins.

Precisaria fazer alguma pesquisa para determinar quais plantas realmente cresceriam na encosta acidentada. Aquela não era a terra preta dos terrenos com peônias e hemerocales de Mike, mas um caliche profundamente arenoso, misturado com cal e cálcio. E o clima também poderia apresentar um ou dois desafios agrícolas. Ele vivenciou o calor de um verão em Jerome, e os habitantes locais lhe contaram sobre a geada na montanha que chegava já em outubro e, em alguns anos, demorava até o Dia de Maio.

Mas a casinha seria o refúgio tranquilo de que precisava, o lar onde poderia construir cidades de Lego com Devo e, na época do Natal, empilhar livros sobre a história dos povos nativos norte-americanos debaixo da árvore para ele. E não muito longe dali, ficavam a Main Street e o café Flatiron, onde Maynard já era um cliente frequente e bem-vindo; além disso, a uma hora de distância, encontrava-se Prescott, a cidade universitária progressista que oferecia, ele ficou satisfeito em descobrir, sessões periódicas do seminário *Flor da Vida* de Melchizedek.

Ansioso por se estabelecer na montanha, ele precisava — por enquanto, pelo menos — dividir seu tempo entre Jerome e as responsabilidades relativas à Tool, em Los Angeles. Por isso, acomodou-se temporariamente na casa de La Maida, onde Billy estava ocupado trabalhando na própria música. O arranjo funcionou fortuitamente para Mike. Ele e Jan haviam se separado, e agora ele iria morar na casa do pomar do outro lado da rua e cuidar da casa de Jerome enquanto aproveitava os anos de aposentadoria nas trilhas para caminhadas e esqui do Arizona.

> Nos primeiros dois anos depois que me mudei, passei mais tempo em aeroportos e no ônibus de turnê do que em Jerome. E, depois da turnê do Ænima, ainda tive que ensaiar e gravar com a banda. Hoje em dia, a gente pode abrir um laptop e gravar um álbum na sala, onde quer que esteja. Mas, naquela época, todos os equipamentos e estúdios ficavam em Los Angeles. A gente precisaria alugar microfones e cabos e acabaria gastando o dobro se tentasse gravar um álbum no meio do Arizona.

Antes de começar a trabalhar em um quarto álbum para valer, Maynard aproveitou o tempo em Los Angeles. Ele se juntou a Laura no palco do Tantrum em seu espetáculo "Country Boner" e, com novo entusiasmo, revisitou as aulas de atuação que iniciara quando viera para a cidade pela primeira vez. Descobriu que era normal que estrelas de séries de comédia, cantores e atletas aparecessem em filmes, pois seu sucesso em uma área abria caminho para outra. Se fosse seguir essa rota, precisaria aumentar seu nível de desempenho.

A essa altura, ele era um mestre dos disfarces e se matriculou no Estúdio Ivana Chubbuck, na Melrose, apenas como "James". E foi para a aula com jaqueta de couro e jeans gastos, deixando claro que se tratava de só mais um desconhecido sem nenhuma expectativa de receber tratamento especial, desejando traçar o próprio caminho rumo ao sucesso cinematográfico. "Ralei muito naquela aula", lembra.

Ele se esforçou durante os exercícios respiratórios e as leituras a frio, confrontou suas fraquezas e fez o possível para tirar proveito do que imaginava serem seus pontos fortes. Na tentativa de dominar os 12 passos de Chubbuck para o desenvolvimento do personagem, como os atores Eddie McClintock e David Spade haviam feito antes dele, praticamente ignorou seus talentos cômicos naturais. Quando a aula acabou, voltou desanimado para a casa de La Maida, frustrado com o desafio que parecia só uma obrigação.

Um mês depois do início do curso, o preocupado instrutor de Maynard o chamou de lado. "Ele disse que achava que sabia qual era o meu problema", comenta Maynard. "Ele sentiu que eu estava com muito medo de ser mediano."

Percebeu de imediato que o treinador tinha alguma razão. Apesar do disco de platina que *Undertow* recebera, dos prêmios, críticas e shows lotados, Maynard ainda nutria a suspeita de que um dia o passado cobraria um preço. Os holofotes e aplausos revelariam a ilusão que eram, e ele ficaria cara a cara com seu verdadeiro destino: o de um operário complacente alimentando sonhos esquecidos e bebendo cerveja em uma sala cinzenta de Ohio. "Senti que precisava estar sempre um passo à frente para poder dizer que fiz *alguma coisa* antes que isso acontecesse", recorda.

O maior desafio no estúdio Chubbuck não era receber um A, mas superar o eco da rejeição e do menosprezo, a crença irracional e persistente na própria mediocridade. E o curso fez pouco para encorajar o ritmo que precisaria manter se quisesse atingir qualquer um dos objetivos.

> Todas as semanas, formávamos duplas. Deveríamos nos encontrar com eles durante a semana e desenvolver uma cena e apresentá-la na aula seguinte. Eu ficava preso a essas atrizes ou modelos que simplesmente não se importavam em estudar comigo. Fiquei lá por uns dois, talvez três meses, e só fiz três cenas porque essas pessoas ficavam matando aula para ir a audições ou sessões de fotos. Foi uma perda de tempo estar lá e não poder treinar seja lá que merda que eu deveria estar treinando.

Mas, no Estúdio Gracie, ele só precisava confiar em si mesmo. O jiu-jítsu não era um esforço conjunto; ele não tinha que depender de um parceiro para obter uma pontuação acima da média. "Cabe a nós dar duro", explica. "Se a gente só perde, então é porque não está evoluindo. Não tem folga no jiu-jítsu."

O sucesso era uma questão de evitar o ataque frontal, de chegar a uma posição mais vantajosa para alterar a dinâmica do jogo por definição, de desviar a energia do oponente — e redirecionar a própria.

"Se o adversário joga todo o seu peso em mim, me esquivo e o deixo cair no chão ou bater na parede", diz Maynard. "Em vez de tentar recuar, aprendi a sair da situação."

Em quartos de hotel e terminais de companhias aéreas de Fresno a Newcastle, Maynard usou o tempo livre durante a turnê do Ænima para trabalhar em músicas novas, canções mais complexas e mais metafóricas do que nunca. Mas uma disputa contratual com o sucessor da Zoo, a Volcano Entertainment, paralisou o progresso do álbum seguinte e, no início de 1999, as batalhas legais bloquearam a criatividade da banda e deixaram Maynard se sentindo inquieto.

"As coisas não estavam indo tão rápido quanto eu gostaria", lembra. "O que deveria fazer agora, sentar em casa relendo todos esses documentos? Isso é chato. Senti que não estava fazendo tudo o que podia."

> Sabia que tinha mais a oferecer do que o timing da Tool permitiria — mais canções, mais música, mais arte. Venho de uma família de pessoas que não podiam fazer nada disso. Elas não tinham condições de estar em uma banda, muito menos em três. Não conseguiam pagar as contas do mês ou mesmo se vestir.
>
> Se a gente tem os meios e o conhecimento para criar alguma coisa, mas não faz nada, é uma vergonha. Se a gente é capaz de ser bom no trabalho, criar um filho, cultivar um jardim, seja o que for, é nossa responsabilidade fazer isso — não só por nós mesmos, mas pelo mundo.

Billy Howerdel tinha o próprio portfólio de músicas parcialmente concluídas — um híbrido de pós-punk com dark wave que passou anos aprimorando, editando e polindo. Nunca havia considerado a possibilidade de suas músicas um dia chegarem às paradas da Billboard — ou serem produzidas, aliás. Sua arte era um exercício solitário de habilidade e composição. Era desafiador criar uma camada sônica de faixa orquestral e heavy metal usando apenas um gravador portátil de quatro canais.

"Aconteceu num dia em que Maynard entrou enquanto eu estava trabalhando", conta ele, em uma entrevista de 2015. "Eu toquei uma das minhas músicas e ele disse: 'Consigo me ouvir cantando isso.'" Lisonjeado pela resposta, Billy, no entanto, rejeitou as palavras de Maynard como um tapinha fraterno nas costas e voltou aos fones de ouvido, equalizadores e medidores de VU.

Mas Maynard foi persistente. Ele não apenas reconheceu o potencial no trabalho de Billy, como também viu uma chance de contornar o impasse da Tool e ampliar o próprio alcance artístico. "Billy tinha ótimas canções, e pedi a ele uma fita com a qual eu pudesse trabalhar", lembra. "Achei que poderia dar mais vida a elas."

Maynard ouviu no som único de Billy ecos sutis de Randy Rhoads, The Cure, Siouxie and the Banshees, uma estrutura intrigante e uma nova direção que suas letras poderiam tomar. No momento em que adicionou melodias vocais e palavras, o projeto de Billy se transformou em uma estrutura tridimensional de harmonia, ritmo e história. Até mesmo a música que Billy acreditava estar totalmente concluída, uma homenagem ao mentor de infância, Maynard transformou em um discurso apaixonado contra a adesão cega ao dogma. "Quando ouvi o que ele fez, fiquei impressionado", recorda Billy. "Ele é mestre em montar os mais estranhos quebra-cabeças."

Continuar a colaboração pareceu uma conclusão inevitável, deveriam trazer alguns músicos e ver até onde o projeto ia. Talvez, pensou Maynard, formar uma banda com Billy lhe desse uma nova perspectiva sobre a paralisação da Tool. "Quando a gente está em um relacionamento, não consegue enxergar com clareza", explica. "Tive que olhar de fora, ter outra relação para gerar algum contraste."

Os dois conheciam profissionais suficientes para evitar a frustração de audições abertas. Chamaram o primeiro escalão, membros de bandas que tinham aberto para a Tool e músicos com quem Billy havia trabalhado como técnico de guitarra. Pelo preço do almoço e uma tarde em um estúdio de ensaio, obtiveram um retorno satisfatório do investimento: músicos não apenas competentes e simpáticos, mas que entenderam a visão deles para a banda. Foram selecionados o guitarrista do Failure, Troy Van Leeuwen, e Paz Lenchantin, o baixista de formação clássica que Billy admirava há muito tempo. Maynard e Billy deram o aval para Josh Freese, do Devo e do Guns N' Roses, e para Tim Alexander, que se alternariam na bateria até que um ou outro se tornasse um membro permanente do grupo.

Com um punhado de músicas mais ou menos concluídas e a nova banda totalmente formada, Maynard e Billy deram o próximo passo lógico, embora um tanto ambicioso. Agendar shows com alguns meses de antecedência daria um prazo para guiá-los, a motivação para ajustar o material e criar um conjunto de obras temáticas com a duração de um álbum.

Anos compartilhando ônibus de turnê e a casa de La Maida os acostumaram às peculiaridades e ao estilo de trabalho um do outro, e, por isso, abordaram a tarefa com uma ferocidade inspirada e coordenada. Maynard revisou a música de Billy e desenvolveu melodias e letras, com o cuidado de manter a essência dos originais. Cada iteração elevou o nível para Billy, que levou as peças a graus ainda mais altos de complexidade. "Eu confio nele", comenta Billy sobre a opinião de Maynard. "Mesmo quando ele faz alguma coisa e a minha primeira reação é 'hein?', eu deixo pra lá. Não questiono. E não porque não quero irritá-lo. É só porque confio completamente nele."

Escrever para a Tool foi um exercício cerebral para Maynard, uma abordagem masculina de raiva e ataque. A noite no tipi o libertou para enfrentar cara a cara as suas vulnerabilidades, enfrentar as raízes dessa raiva e passar do abstrato para as letras sensuais e fundamentadas — *"Pull me into your perfect circle/ One womb/ One shame/ One resolve"** —, letras que definiram o tema recorrente das músicas e deram o nome à nova banda. A Perfect Circle traria à tona as emoções de Maynard, sua experiência — sua voz.

Billy imaginou por muito tempo o vocalista que poderia fazer justiça à sua música, a mulher forte que levaria suas canções em uma direção mais feminina do que a maioria do rock mainstream e quebraria o estereótipo da cantora frágil. Mas, quando ouviu o tratamento vocal de Maynard no material, pensou duas vezes.

"Maynard e eu estávamos em sintonia", explica Billy. "Havia um entendimento tácito de que um sentimento poderoso poderia ser transmitido a partir de uma perspectiva feminina — cantado por um homem." A voz de Maynard era a que melhor contava as histórias de A Perfect Circle, a voz que variava sem esforço de um grito angustiado a um sussurro terno, de um rosnado agressivo às nuances suaves frequentemente perdidas na parede de som da Tool.

---

*   Em tradução livre: Puxe-me para o seu círculo perfeito/ Um ventre/ Uma vergonha/ Uma vontade. [NT]

A opinião que muitas pessoas tiveram sobre a música da Tool é que não conseguiam ouvir os vocais. Eu tinha que gritar para ser ouvido, e isso não é necessariamente um som agradável. Funciona para a raiva, mas não para a arte se a gente tiver que gritar para ser ouvido nos amplificadores.

De certa forma, além de ser uma banda própria, sempre pensei em A Perfect Circle como uma forma de servir à Tool. Achei que se minha voz fosse mais audível e as pessoas aprendessem a reconhecê-la, teriam mais respeito pela Tool se pudessem ouvir aquele quarto instrumento.

No verão de 1999, os espectadores e críticos online já se referiam à banda A Perfect Circle como o projeto paralelo de Maynard, embora ele considerasse o novo grupo tudo menos uma diversão. As bandas receberiam o tempo e o espaço necessários e merecidos — e isso incluía as empreitadas de seu outro projeto, a Puscifer.

Em meados de agosto, a comunidade do rock de Los Angeles esteve presente para apoiar um dos seus. O ex-vocalista do Circle Jerks e do Black Flag, Keith Morris, se deparou, naquele verão, com despesas médicas inacreditáveis após o diagnóstico recente de diabetes tipo 2 e uma série de cirurgias. Os dois shows beneficentes foram mais uma arrecadação de fundos que Maynard poderia apoiar. A programação variada incluía Pennywise e Fishbone, Gibby Haynes da Butthole Surfers, Thelonious Monster e o ator Johnny Depp — e, no show à tarde no Whisky a Go Go, Recreational Racism.

Maynard abriu com versões country de "Group Sex" e "Back Against the Wall", do Circle Jerks e, em seguida, com um topete platinado, bigode loiro espesso e terno bege, juntou-se a Laura Milligan em "Country Boner", a música para cantar junto em volta da fogueira em Libertyville que havia se tornado uma marca da Recrational Racism.

E, naquela noite no Viper Room, A Perfect Circle estreou ao vivo. Maynard alertou o público curioso de que o som que ouviriam não inspiraria o bater de cabeças. A Perfect Circle era música de rádio AM, brincou, o tipo de música de que Billy gostava. "A Perfect Circle permitiu que Maynard se soltasse um pouco", explica Billy. "Nós nos aproximamos mais devido ao humor do que à música; um humor seco, amante do Monty Python, britânico, do tipo escorregadio."

As seis músicas que eles tocaram naquela noite não eram exatamente fáceis de ouvir, mas eram um equilíbrio delicado de ritmos pesados e riffs ruidosos de guitarra, rock atmosférico e intervalos melódicos. Por mais nova que fosse a banda, a performance era impressionante, e os membros estavam sintonizados às nuances uns dos outros como se tocassem juntos há anos. Bateria e baixo se entrelaçavam com a guitarra e palavras de libertação e remorso, perdão e fidelidade, em canções tão novas que Maynard, de vez em quando, consultava um papel com as letras enquanto cantava.

Alguns dias depois da estreia, a banda fez um show à tarde no Opium Den, a nova encarnação do Gaslight, tão escuro como sempre fora e onde a água ainda escorria para o palco vinda do banheiro masculino no andar de cima. A apresentação incluiu a mesma meia dúzia de canções que haviam tocado no Viper Room — e uma promessa de cantar material inédito no Troubadour naquela noite.

Entre os shows, a banda parou no quintal do baixista do Nine Inch Nails, Danny Lohner, para participar de outro dos onipresentes churrascos de Hollywood. Enquanto os demais se serviam de salada de batata e tomavam um gole de cerveja, Maynard se sentou na beira do quintal, esforçando-se para ver na luz fraca a letra que rabiscara no seu caderno amarelo.

A Perfect Circle subia a Costa dos Estados Unidos, abrindo para Fishbone, Oxbow ou Dolores Haze em pequenos clubes de San Luis Obispo a San José e São Francisco. A cada parada, as letras eram mais polidas, a apresentação mais profissional e a entrada de público mais satisfatória, à medida que se espalhava a notícia dessa surpreendente banda de metal alternativo, art rock e ópera.

A miniturnê foi interrompida pelo show mais concorrido de A Perfect Circle até o momento. Os fãs de Maynard esperaram meses pela apresentação da Tool em 10 de outubro na edição inaugural do Coachella Art and Music Festival, em Indio, na Califórnia, o primeiro show da banda em mais de um ano. Mas eles mudaram de planos quando souberam que a nova banda de Maynard abriria o festival no dia 9. As temperaturas de 37°C não conseguiram afastá-los do Empire Polo Grounds naquele dia, eles carregaram as garrafas de água ao *mosh* no palco principal, onde balançaram no ritmo da guitarra Les Paul de Billy, da bateria de Tim e das músicas de Maynard sobre vazio, solidão e sobre a cura que um *círculo perfeito* de conexão poderia propiciar.

Se o público esperava o vocalista intenso e gritante que conheciam, encontraram, em vez disso, um Maynard mais moderado, que, estranhamente, não se movimentava tanto no palco e fazia pouco contato visual com a multidão. E se gritavam seu nome quando a banda entrava, ele balançava a cabeça e levava um dedo aos lábios. Nenhum membro de A Perfect Circle era mais importante do que outro, o gesto parecia dizer. Afinal, a música era o sonho de Billy, um sonho que Maynard não estava prestes a cooptar. "Maynard foi mais que gentil, inspirador e edificante", comenta Billy a respeito da generosidade do amigo. "Ele era mesmo capaz de amar os azarões. Ele basicamente disse: 'Vou deixar você comandar este navio.'"

A Perfect Circle era um conjunto, uma equipe, e Maynard se recusou a assumir o papel de frontman ou estrela do rock — apesar da mensagem escrita em purpurina na frente de sua camiseta: "Me fode, eu sou famoso".

Os dias de vasculhar debaixo das almofadas em busca de trocados tinham acabado. A segurança financeira, há muito esperada, permitia que Maynard bebesse e jantasse com estilo na companhia de fãs ingênuas, ansiosas para aparecer ao lado dele — e se entregar um pouco ao estilo de vida de estrela do rock que parecia esperado dele. Mas ele não gastou os royalties inteiramente em vinhos Cabernet de safras antigas, telefones celulares de primeira linha, ração gourmet para seu filhote de gato siamês ou cobertores Prada feitos de pele de gambá.

Ele e Billy sabiam que manter o controle artístico do projeto tinha um preço. Investir as economias e as habilidades na produção de um demo garantiria a integridade do som singular que refletia sua linguagem musical compartilhada. "Billy era influenciado por coisas que senti que a Tool nunca seria influenciada", explica Maynard. "Gostei da ideia de trazer algumas melodias de Byrds, um pouco de Love and Rockets. As harmonias eram todas no estilo da Joni Mitchell." E, se gravassem o demo por conta própria, poderiam ter certeza de que seria concluído no prazo.

> Eu trabalho melhor quando me dão um quebra-cabeça e um conjunto de parâmetros. Billy estava refletindo sobre essa música havia muito tempo, e acho que isso o motivou a dizer: "Certo, temos exatamente cinco minutos pra fazer isso". Em algum momento, eu teria que voltar para a Tool e não teria tempo para trabalhar em mais nada. Então, se íamos fazer isso, precisávamos fazer *agora*. E como simplesmente não tínhamos tempo, fomos capazes de criar algo puro, sem pensar demais.

Naquele inverno, enquanto o resto do mundo se preparava para o iminente Bug do Milênio do ano 2000, Maynard depositou sua confiança no Mac 9600 de Billy e em sua experiência com o software Pro Tools. Alugar um espaço de estúdio e gravar em fita não saía barato, e eles descobriram que entrar na era digital era econômico e eficiente. "É a regra geral hoje em dia", explica Billy em uma entrevista de 2015. "Mas, em 1999, era extremamente raro gravar um álbum sozinho." Exceto por uma tarde em Sound City e dois dias de trabalho de percussão no estúdio caseiro do amigo de Billy, Scott Humphrey, a gravação, a sobreposição de sons e a edição foram concluídas no quintal deles — uma sala na garagem que Billy havia convertido em uma cabine de voz e estúdio de gravação.

No final de janeiro, *Mer de Noms* era uma realidade, uma coleção de histórias de fracasso e redenção, de dor nascida da verdade descartada ou negligenciada, uma crônica daqueles que haviam moldado a vida de Maynard para o bem ou para o mal, seus nomes em cascata através dos títulos das canções como um registro de origens bíblicas.

Os dois contrataram o advogado Peter Paterno para enviar o demo para as gravadoras que provavelmente demonstrariam interesse. A atraente arte da capa não pôde deixar de causar uma primeira impressão positiva, o ambíguo logotipo "Perfect Circle" de Billy incorporando o tema do álbum. À primeira vista, os arcos incompatíveis não eram um círculo perfeito. Mas, com uma mudança de perspectiva, uma espiada além do óbvio, a imagem emergiu de uma simetria em camadas, figuras eclipsadas na sombra, mas visíveis da mesma forma se alguém apenas parasse para olhar.

* * *

Era o trabalho de Nancy Berry como vice-presidente dos selos Virgin Music Group Worldwide e Virgin Records America da EMI avaliar os demos enviados por músicos esperançosos e seus representantes. O gênero do rock ainda era forte naquele inverno de 2000, e *Mer de Noms* era só mais um na crescente pilha de CDs na caixa de entrada dela. Mas uma amiga de Berry, a vocalista do Curve, Toni Halliday, tinha informações privilegiadas. Maynard e Billy haviam recrutado o marido de Halliday, o produtor e engenheiro de som Alan Moulder, para mixar o demo, e ela sabia em primeira mão que A Perfect Circle estava acima da média das bandas iniciantes. E, naquela noite chuvosa de domingo, em fevereiro, determinada a terminar sua lista de tarefas antes do início de uma nova semana de trabalho, Berry seguiu o conselho da amiga e colocou o demo no aparelho de som.

"Ouvi 'Judith' e me apaixonei completamente por ela", lembra Berry em uma entrevista de 2014. "Falei: 'Beleza, agora tenho que ir ouvir no carro', porque esse sempre era o teste que eu fazia ao contratar bandas." Ela dirigiu para cima e para baixo pelas ruas reluzentes de Bel Air, consciente apenas da dor angustiante na voz de Maynard, dos riffs atmosféricos de Billy, do baixo forte de Paz. Então, ouviu o CD do começo ao fim, perdida nos assombrosos ritmos orientais e nas ondas sombrias da bateria, a transição ousada do orquestral ao gótico, o apelo de Maynard por cura, por reconhecimento, por paz. Ela apertou a tecla do replay e ouviu tudo de novo.

Nos anos que passara com a Virgin, Berry trabalhara com artistas como Smashing Pumpkins, David Bowie e Janet Jackson, e seus padrões eram altos. A mixagem e masterização finais viriam mais tarde, mas *Mer de Noms* já era uma produção limpa e profissional. Ela reconheceu que, apesar dos seus toques de Cocteau Twins, Swans e The Cure, de todas as suas mudanças de ritmo e gênero, o som de A Perfect Circle estava em uma categoria própria, distinta, coesa e compatível com o rádio. Na segunda-feira de manhã, ela telefonou para Paterno com uma oferta.

Berry não estava sozinha em seu entusiasmo. As grandes gravadoras já haviam começado a fazer a corte, bajulando Maynard e Billy com os habituais jantares regados a vinhos caríssimos, lagostas e promessas boas demais para serem verdade. Mais uma vez, degustando pratos de bife e sashimi, Maynard escutou as conversas sobre direitos autorais, esquemas de distribuição e o futuro brilhante da banda. Àquela altura, já estava acostumado à retórica sedutora, então tomou um gole do vinho Gewürztraminer, imaginou orelhas molengas de coelho e prestou atenção apenas às implicações práticas que as gravadoras poderiam oferecer.

"A Virgin parecia ser uma empresa mais focada", recorda. "E 90% dela era composta por mulheres, todas empenhadas em provar seu valor numa indústria masculina." E, depois de consultar o marido, o presidente da EMI, Ken Berry, Nancy melhorou a oferta com termos que inclinaram ainda mais a balança para a Virgin. "Ela nos conseguiu um acordo de joint venture, o que a maioria das gravadoras não estava disposta a fazer", explica Maynard. "Seríamos parceiros de negócios. A banda investiria em promoções e marketing e dividiríamos o lucro igualmente com a gravadora."

Tinham apenas dois meses para se preparar antes que A Perfect Circle caísse na estrada, então Berry priorizou a banda na Virgin. "Nunca na minha carreira fiz nada tão rápido e intenso como fizemos para A Perfect Circle", lembra ela. A masterização final de *Mer de Noms* deveria ser concluída, além de um videoclipe, a campanha de marketing e o design de cenários elaborados a tempo de a banda abrir para o Nine Inch Nails durante a turnê *Fragility v2.0*, que começaria em abril.

> Nancy Berry conseguiu convencer David Fincher a dirigir o clipe de "Judith", que é uma peça linda e realmente fez muito por nós. Tenho certeza de que lidar com alguém como eu não era nada fora do comum para ele, mas é claro que batemos um pouco de frente. Tivemos que chegar a um acordo entre ele querer ver meu rosto e eu querer ser o Primo It de peruca.
>
> Conseguimos encontrar um meio-termo que deixou todo mundo contente e, durante as filmagens, ele expressou interesse que eu fizesse a narração de seu próximo filme. Reza a lenda que fui contratado para isso e recusei. Mas não, eu tinha que trabalhar e pegar a estrada. Dwight Yoakam acabou conseguindo esse papel. Não teria como eu fazer o que ele fez em *O Quarto do Pânico*, então essa foi provavelmente a melhor decisão que Fincher já tomou, a de não insistir em me fazer concorrer ao papel.

Holofotes e feixes de luz intermitente iluminavam os arcos gêmeos e as representações rúnicas dos títulos das canções de *Mer de Noms* suspensas sobre o palco escuro. Cada vez mais alto contra os aplausos da multidão, erguiam-se a bateria em staccato de Josh, o lamento da guitarra de Billy, o baixo estrondoso de Paz, os ritmos insistentes de Troy. A música desacelerou, depois se expandiu, então explodiu em um caos sônico.

Pelo Meio-Oeste, através do Canadá e até a Costa Leste, *moshs* insurgiam em furor indistinto e na torrente agitada do público. A Perfect Circle, o público descobriu, era uma fusão sinfônica de pop metal, um equilíbrio entre grunge e rock, uma celebração do inesperado: uma introdução erótica de strip pôquer, um mash-up de dez minutos de "Diary of a Madman", de Ozzy Osbourne, cantado por cima de "Lovesong", do The Cure, o frenesi burlesco da autoestimulação de Maynard.

Ele e os companheiros de banda compartilhavam sinais com apenas um olhar, sua sensibilidade desmentindo a breve parceria. Os membros de A Perfect Circle eram personagens misteriosos de preto, as roupas eram uma camuflagem sombria que permitia que suas histórias fossem as protagonistas, os contos de rejeição e desgosto, de raiva, introspecção e perdão. Maynard rosnou, murmurou e rugiu as letras de Billy e as próprias, letras do quanto fora perdido na rendição cega ao amor, quanto fora ganho em conexão autêntica, quanto fora destruído na fé inquestionável em um salvador enganoso. Ele se curvou, se agachou e convulsionou pelo palco, torceu o torso nu e sacudiu a cabeça, os longos cabelos da peruca caindo sobre os olhos.

Berry não se irritou com a insistência de Maynard na peruca. Ele explicou a ela a importância de diferenciar a sua persona de A Perfect Circle e de andar sem ser reconhecido ao lado do filho. "Sempre que algo era profundamente pessoal para um artista, eu tentava entendê-lo e valorizá-lo", explica. "E ele realmente queria que A Perfect Circle fosse vista como uma unidade, não apenas como Maynard. Ele é um astro do rock relutante."

Por mais determinado que Maynard estivesse a abandonar o papel de frontman, seu nome inegavelmente atraía um público curioso para ver A Perfect Circle. Mas eles prestaram atenção por causa da música. Lançado em 23 de maio de 2000, *Mer de Noms* entrou na Billboard 200 em 4º lugar, superando as classificações anteriores de um álbum de estreia de banda de rock. O disco vendeu mais de 188 mil cópias em sua primeira semana e permaneceria nas paradas por pouco menos de um ano.

"*Mer de Noms* era um grupo de pessoas reunidas na hora certa", explica Berry. "Foi a combinação perfeita de talento, visual e personalidades. E Maynard ofereceu algo a mais através de sua teatralidade e da sensibilidade de sua voz, algo intelectual e sonhador que transparecia nas letras."

Mesmo assim, os fãs que não sabiam do impasse com a Volcano achavam que A Perfect Circle significava que Maynard tinha abandonado a Tool. Eles postaram em fóruns online a decepção a respeito do afastamento de Maynard, assim como a exigência de que voltasse à única banda que realmente importava. Mas resenhistas e críticos reconheceram em *Mer de Noms* mais do que um projeto paralelo. Steve Morse, em sua cobertura do show de 2 de maio no Worcester Centrum, em Massachusetts, relatou que, embora algumas canções ainda aguardassem um veredito, A Perfect Circle parecia ter "um futuro imperdível no mercado".*

Longe de ser um passatempo trivial, A Perfect Circle representava a oportunidade para Maynard exercer seu conhecimento de marketing e enfrentar o desafio de uma indústria da música em evolução. Na esteira de um modelo de negócios em mudança, as megalojas de discos começaram a dar lugar a varejistas online e sites de compartilhamento de música como o Napster — que podem ou não compensar os artistas pelos downloads de suas obras.

A turnê era onde estava o dinheiro, e a joint venture significava que, em troca de bancar a viagem pelo país, a banda colheria 100% dos lucros da turnê e impulsionaria as vendas de CDs ao longo do caminho.

> Outdoors, artigos de revistas e espaço no rádio jamais garantiriam vendas suficientes. Tínhamos que ficar de frente para o público, na estrada, o tempo que fosse preciso para que o nome da banda se tornasse conhecido. Aprendi que a melhor maneira de fazer isso era tocar em uma cidade e, em seguida, voltar algumas vezes. Isso criava três pontos de referência para as pessoas se lembrarem. Mas é algo que custa dinheiro.
>
> Sempre que a gente consegue descobrir uma maneira de promover as coisas de maneira cruzada, isso também ajuda. Se a gente consegue firmar uma parceria com um amigo bem-sucedido, não fica parecendo que está se vendendo. A gente se sente bem porque acredita no que eles estão fazendo. Todo mundo ganha.

---

* Morse, Steve. "NIN's Hammerings as Hard as Ever" [Nine Inch Nails pegando mais pesado do que nunca]. *The Boston Globe*, Boston, 3 maio 2000.Living Arts, p. C2. [NA]

Maynard usava os óculos de sol da Oakley comercializados por Tim Cadiente desde 1995 e sabia muito bem que sua fama havia impulsionado as vendas. Envolver Cadiente na promoção de A Perfect Circle aumentaria as vendas de um produto enquanto trazia reconhecimento a outro.

"Maynard veio até mim", recorda Cadiente. "E disse: 'Ei, eu tenho essa nova banda e precisamos de uma ajuda com a turnê. O que você pode fazer pela gente?'. Era simples. Eu conseguiria empresas para embrulhar o ônibus da turnê." Cadiente envelopou o ônibus da banda com enormes folhas de vinil impressas com anúncios coloridos de óculos de sol e de grau da Oakley, camisetas e bolsas da Paul Frank. A participação da banda nos lucros permitiria à A Perfect Circle prolongar a turnê, pagar a equipe e obter ainda mais holofotes e filtros de gelatina para os refletores.

Adesivos para ônibus eram praticamente inéditos nos Estados Unidos, apesar de sua popularidade na Europa, mas Maynard entendeu o impacto potencial de tal mistura artística e prática. "Maynard sempre teve essa capacidade de se distanciar do que as outras pessoas estão fazendo", explica Cadiente. "Em tudo o que faz, ele está sempre um passo à frente de todos os outros."

A turnê de dois meses do Nine Inch Nails foi seguida por apresentações no Fuji Festival e no Summersault Festival, no Canadá, e, com poucas pausas, oito meses encabeçando shows esgotados na Austrália, Europa e Estados Unidos. E, em cada parada, de Sydney a Stuttgart, de Saskatoon a Sacramento e ao Deltaplex de Grand Rapids, Maynard fez uma pausa entre as músicas e lembrou à multidão que a força por trás de tudo, o mentor de A Perfect Circle, era Billy.

"Revela muito sobre Maynard o fato de ele não ter se inserido", comenta Billy. "Em todas as sessões de fotos, ele dizia: 'Não, coloca o Billy na frente. É a banda dele'. Ele foi muito claro sobre eu ter arregaçado as mangas de antemão. Ele exige trabalho duro e gosta disso também. A última coisa que ele quer é um ganhador da loteria que chegou lá por acaso."

Tampouco Maynard se permitiria cometer deslizes, ou caminhar quando era necessário correr. No mínimo, o ritmo vertiginoso de gravação e a turnê ininterrupta alimentaram seu imperativo de aproveitar cada momento livre para imaginar, escrever, compor.

E quando Devo manifestou interesse em criar a própria música, não seria Maynard que o desencorajaria. "Eu tinha ouvido a irmã de Paz, Ana, praticando violoncelo, e fiquei totalmente apaixonado", relembra Devo em uma entrevista de 2015. "Alguns anos depois, meu pai me deu meu violoncelo. Ele sempre me incentivou e se empolgou com o fato de eu tocar um instrumento."

De Portland a Pensacola e até Pittsburgh, enquanto os companheiros de banda liam, descansavam ou revisavam o repertório da noite seguinte, Maynard se aconchegava em um lugar tranquilo no fundo do ônibus e trabalhava nas músicas que os fãs da Tool esperavam impacientemente por quase quatro anos.

SARAH JENSEN UNIÃO PERFEITA DE ELEMENTOS CONTRÁRIOS MJ KEENAN

INTERLÚDIO

Uma mala entreaberta estava sempre pronta em um canto do quarto de Maynard e, ao lado dela, uma algibeira abarrotada de qualquer jeito com cabos e adaptadores britânicos e alemães, no estilo das engenhocas de Rube Goldberg. Um mês e meio após o show final do *Mer de Noms*, ele estava de partida mais uma vez, desta vez rumo à Europa e à primeira etapa da turnê do *Lateralus*, da Tool. As batalhas legais da banda foram resolvidas e, em 15 de maio de 2001, o primeiro do novo contrato de três álbuns, lançados pela Volcano Entertainment, estreou em primeiro lugar na Billboard 200.

Gravado durante os intervalos da turnê de A Perfect Circle, composto por 12 faixas, o álbum levou a banda do metal alternativo para o art rock — para, de fato, o math rock. As estruturas de notação e os arranjos silábicos espiralaram em um conjunto de 79 minutos com a precisão de Fibonacci, inspirado ainda mais pelos conceitos da geometria sagrada do que Ænima.

Como sempre, as letras de Maynard incitavam o pensamento crítico e a transcendência da inércia. *Lateralus* era, admitiu ele, "uma trilha sonora para a cura", um projeto para a iluminação que pode vir do aproveitamento das energias que residem na simetria matemática — e na posição do planeta Saturno. A cada 28 anos, mais ou menos, segundo os astrólogos, Saturno retorna ao lugar no céu em que estava no momento do nascimento de uma pessoa, marcando o início de um novo estágio de vida — vida adulta, maturidade, velhice — cada uma com uma oportunidade de reavaliar o propósito de cada um. "Ou a gente abandona as ilusões do passado e ascende ao próximo nível, ou afunda como uma pedra", ressalta Maynard. "Se a gente não consegue passar do retorno de Saturno, permanece estagnado".

Lateralus era uma gestalt caleidoscópica de imagem e som que mais do que compensava a longa espera entre os lançamentos da Tool. O círculo de olhos estilísticos que ilustrou o disco, feito pelo artista visionário Alex Grey, era um convite para olhar com atenção, para ver além do óbvio. As páginas transparentes do encarte em camadas no estojo do CD eram um lembrete de múltiplos significados, da união do físico e do espiritual. Curiosos efeitos de áudio também eram um convite para escutar — e marcaram a estreia discográfica do gato Puppy Cat.

O cenário do show era um palimpsesto elaborado de vídeos, banners gigantescos retratando as pinturas anatômicas de Grey, um pano de fundo reluzente de olhos humanos prismáticos — uma colagem de som e luz coreografada no que Steve Morse chamou de "o melhor evento de rock multimídia até agora, neste ano".*

Um Maynard retroiluminado, usando sunga e pintura corporal azul néon, cantou do fundo do palco, e acima dele, inundado por uma luz pulsante, estava suspenso o desenho de sete pontos e sete linhas cruzadas: a perfeição geométrica na forma de uma estrela.

A banda cruzaria a Europa, Ásia, Canadá e América do Norte, desfrutando de pouco tempo de folga até dezembro do ano seguinte. O show de 11 de setembro na Van Andel Arena, em Grand Rapids, precisou ser adiado para o dia 13. A resposta da nação ao ataque às Torres Gêmeas já havia começado a se transformar de um patriotismo saudável para um nacionalismo dogmático e, embora nunca tenha divulgado suas opiniões políticas, Maynard perdeu a compostura e reagiu aos clamores insistentes da multidão. "O público gritava 'EUA! EUA!' entre as músicas", explica. "Perdi o controle e disse algo como: 'Talvez, em vez de cantar como uma manada, devêssemos parar um minuto para descobrir o que fizemos pra provocar isso'. Às vezes, minha boca se abre e as coisas saem."

Para que a multidão não acreditasse que ele havia caído nas já emergentes teorias da conspiração, ele diminuiu um pouco o tom e os levou a proferir o que chamou de "Juramento Não Conformista", que pegou emprestado de um

---

* Morse, Steve. "Tool Hammers Out a Multimedia Triumph" [Tool arrasa em um triunfo multimídia]. *The Boston Globe*, Boston, 17 ago. 2002. Living Arts, pp. C1 e C4. [NA]

ato de comédia de Steve Martin, uma promessa de questionar a autoridade e nunca repetir o que os outros diziam. O público recitou obedientemente o mantra, palavra por palavra.

À luz da tragédia, os temas presentes em *Lateralus* pareciam curiosamente proféticos. O mundo realmente precisava de cura, e se as letras encorajavam alguma coisa, era derrubar as barreiras entre os indivíduos e pensar por si mesmo.

E Maynard encerrou o show com um pedido sincero. "Usem os sentimentos que vocês experimentaram nos últimos dias e se agarrem a eles, sejam bons ou ruins", urgiu ao público de Grand Rapids. "E, por favor, usem-os para fazer algo positivo."

Maynard nunca destruiu um quarto de hotel, nunca saiu do palco de forma petulante ou se recusou a terminar um show. Mas nem as lições da cerimônia do peiote nem mais uma leitura de Joseph Campbell foram suficientes para impedir que se tornasse uma celebridade clichê. As luzes e os aplausos eram sedutores, e o sucesso garantiu que, em cada parada da turnê, haveria mulheres dispostas, elas mesmas clichês, buscando um flerte de uma noite com uma estrela do rock vencedora do Grammy.

> Isso acontece com quase todo mundo que se torna famoso de repente. Não somos programados para lidar com tanta atenção, mas, como parece ser o caminho que estamos seguindo, então enveredamos por ele. Queremos intimidade, mas estamos sempre em movimento. Não estamos prontos para nos amarrar, então perseguimos o carnal.
>
> A maioria das pessoas cai na dependência química, da qual é mais difícil sair. Tive a sorte de cair em uma espécie de vício do ego. Ela gosta de mim! Ela gosta do nome da banda! Ela gosta do que eu canto!
>
> E, quanto mais a gente mergulha nisso, menos chance se tem de começar um relacionamento. Ela não tem ideia de quem sou eu. Sabia a diferença entre atenção e conexão real, mas esqueci por um minuto. Nem pensei no que estava fazendo. Só estava me divertindo.

Ele poderia marcar um encontro com a mulher de Berlim que conhecera na última vez em que passara na cidade, sem nunca duvidar do interesse dela. E, cavalheiresco, ignorava os drinques pós-show com velhos amigos para prolongar o encontro com uma estranha atraente selecionada na audiência de Seattle na noite anterior.

Os encontros eram consensuais, sem compromisso, aparentemente perfeitos. Mas a validação durou pouco. "A gente fica querendo ser desejado só que pelo que a gente *é*, mas não vai conseguir com essas pessoas", explica anos depois. "Elas estão procurando outra coisa, aquela coisa épica. Mas a gente perde a noção disso e se torna vítima do próprio comportamento." E em Düsseldorf e Providence, ele sabia, alguém interessante estaria esperando.

Desde a primeira turnê da Tool, Maynard garantiu que o cronograma do Meio--Oeste incluísse um ou dois dias livres em Ohio. A mãe valorizava as raras visitas do filho e ignorava o moicano, ou a cabeça raspada, a jaqueta de couro, e as tatuagens. E, independentemente dos prazos ou compromissos de gravação, ele ligava com frequência para dar notícias do progresso de Devo na escola Waldorf, dos tentilhões, da geada que caíra de surpresa na montanha. Ele mandou entregar as flores favoritas da mãe no aniversário dela, enviou presentes e dinheiro quando pôde e, quando a turnê *Lateralus* chegou a Cleveland, ele a levou para o show.

Judith se sentou em um lugar protegido na cabine de som, alheia aos fãs que gritavam o nome de Maynard, aos piercings na língua e no nariz, à equipe de segurança que patrulhava o estádio. Ela via apenas o seu pequeno Jimmy. Ele ficou em uma plataforma elevada no palco, com o microfone na mão, e se movimentou pelo espaço durante "Stinkfist" e "Pushit", um círculo de luz girando a seus pés. Ela observou os holofotes coloridos iluminarem o filho admirável, o filho cuja voz segura se elevava sobre a multidão — e fazia o possível para ignorar as letras dele. "Ela não gostava da música dele", lembra Pam, a tia de Maynard, em uma entrevista de 2013. "A música que dizia 'Fuck your God' era difícil para ela. Mas qualquer atenção que ele desse a ela significava tudo."

*   *   *

Nos 27 anos desde o derrame, a condição de Judith piorou continuamente até que ela não conseguia mais se equilibrar contra o balcão da cozinha enquanto preparava o jantar. Colocar um pé na frente do outro e caminhar do sofá até o banheiro era uma luta e, com o tempo, até mesmo se mover em uma cadeira de rodas se tornou impossível. Sua fala era hesitante e, com mais frequência agora, as palavras exatas lhe escapavam. O casamento havia terminado alguns anos antes e os parcos cheques da Previdência Social mal davam para pagar os cuidados em uma casa de repouso de terceira categoria. Uma pausa de seis meses na turnê de 2003 daria a Maynard tempo suficiente em Jerome para encontrar uma maneira de melhorar a situação por baixo dos panos, sem comprometer os benefícios que ela recebia. "Minha intenção era colocá-la em um lugar melhor", explica. Mas a autossuficiência típica da família, um traço comum no Meio-Oeste, sabotou seus esforços.

"Jimmy ligava e perguntava do que Judy precisava", comenta tia Pam. "Mas a família era orgulhosa demais para pedir qualquer coisa. Nossa mãe ia todos os dias e cuidava dela, mas agia como se tudo estivesse bem, então o que ele deveria fazer? Judy poderia ficar numa situação melhor, mas a família nunca pedia ajuda."

E, em uma ensolarada manhã de junho, enquanto Maynard olhava para o jardim e contemplava o que poderia plantar ali, a ligação, como ele sabia que um dia aconteceria, finalmente veio.

A mãe não conseguia mais respirar sozinha, tia Pam contou ao telefone, nem engolir, nem falar. "Judy ficava tirando a máscara de oxigênio", lembra a tia. "Ela me escreveu um bilhete que dizia 'me ajude'. Liguei para ele, histérica, e disse: 'Ela está morrendo, Jimmy'."

Ele pegou a mala e foi direto para o aeroporto.

Dia e noite, Maynard ficou ao lado da mãe. Ela jazia pálida e pequena sob o lençol fino, com a mão imóvel na dele. "Fiquei com ela por horas e expliquei que ela podia ir embora", lembra. "Pude ver nos seus olhos que ela entendeu. Falei pra ela que tudo ficaria bem, que eu ficaria bem. Ela podia partir."

Judith assentiu. Ela olhou para o filho, com os olhos reluzindo em lágrimas. E assentiu mais uma vez.

* * *

A montanha Mingus se erguia em um nimbo. Jan estava lá, Devo com a sua mãe, Maynard e a namorada da vez, Mike e a parceira Lisa, e o pastor trazido de Jerome para realizar a cerimônia. Eles ficaram perto uns dos outros sob o amplo céu azul, este grupo de pessoas que se amaram e brigaram, se conheceram bem ou nem tanto assim, seguiram seus caminhos ou nunca se conheceram de verdade e agora se reuniam em alegria.

O dia seria de comemoração para Mike e a nova noiva, e ninguém falou sobre a perda de Maynard. "Aquilo levou toda a dor embora porque pude ver meu pai ir atrás da própria felicidade", lembra Maynard. "Ninguém sabia o que eu estava passando e não era mesmo o momento apropriado para falar sobre isso." O silêncio não era exatamente uma negação, mas uma determinação estoica de olhar apenas para o futuro.

Maynard espiou pelo espelho retrovisor até que sua casa desapareceu de vista. Terminada a festa de casamento, ele dirigiu na manhã seguinte pela rodovia I-17, passando por afloramentos escuros e bosques de carvalho-da-américa.

Ele pensou nos paroquianos de Ohio que convenceram sua mãe de que a paralisia era um castigo de Deus por seus pecados — membros da igreja que ela frequentava quatro vezes por semana enquanto ainda conseguia, a igreja onde organizara eventos para crianças e cuidara dos enfermos. Sua mãe, que testemunhou sobre a graça de Deus em apoiá-la durante a sua longa doença e ensiná-la o significado da fé.

> Pensei naquele homem mais velho e incapacitado que ela conheceu. Eles foram morar juntos para ajudar um ao outro e porque estavam solitários. Então a igreja a dispensou por viver em pecado. Aquele era um casal que não conseguia nem fazer amor.
>
> Pensei nas groupies que queriam se aproximar de mim, mas nunca se preocuparam em descobrir quem eu era. Pensei nas pessoas que podem se mover, andar e ver, que têm todas os privilégios, mas que apenas suprimem seus talentos. Pensei nas pessoas que não estão conscientes das coisas mais importantes ao seu redor.
>
> Eu tinha deixado Los Angeles para fugir dessa merda insensível.

Ele dirigiu.

* * *

No horizonte, as montanhas Chiricahua, Dragoon e Dos Cabezas refulgiam em tons de vermelho na madrugada. Mais adiante, ele sabia, ficava o Skeleton Canyon, onde o chefe Geronimo havia se rendido às autoridades mais de um século antes. Por esse mesmo deserto, ele e os apaches correram um passo à frente da cavalaria e do Exército mexicano, atravessando o desfiladeiro e o leito do riacho, passando por saguaros e figueiras-da-índia, com a intenção de defender sua terra e sua tradição. Pelo menos, era isso o que Maynard se lembrava da leitura de *Cry Geronimo!*, a história que havia tomado para si há muito tempo.

> Que bela ironia eu ser agora o dono de um pedaço da terra que Geronimo havia atravessado, bem ali no condado de Cochise, naquele elevado leito de lago seco entre as cordilheiras. "Espera aí", pensei. "Este é o lugar sobre o qual eu li!"
> Em algum momento, se a gente tiver sorte, percebe que não é *a* história. A gente faz *parte* da história. A história é muito maior que nós mesmos.

Ele viera àquele lugar para lembrar os ciclos das estações, para aprender novamente o ritmo do nascer do sol, o trabalho que poderia ser feito antes dele se pôr. Naquele lugar, a água da nascente descia pela encosta da montanha atrás de sua casa e chuvas de meteoros salpicavam o céu de agosto. Os espíritos da terra que Geronimo havia invocado para proteção, com certeza, ainda sussurravam ali. Naquele lugar, ele pôde reencontrar o caminho desobstruído que conduzia aos seus desejos mais profundos.

E a história, como acontece com as melhores delas, não precisa ter apenas um desfecho. Sua narrativa, pensou, era como uma tiragem de cartas de tarô sobre uma mesa coberta por um pano vermelho vivo. Estava ao seu alcance ler um ou outro destino, ou muitos, e nenhum era um exílio da magia. Com a mais leve mudança de perspectiva, as histórias se ramificariam como o riacho no vale em curvas, ao mesmo tempo paralelas e divergentes, e uma única história ao mesmo tempo.

* * *

No auge do verão, Maynard recebeu pelo correio um pacote compacto, tão leve quanto uma pluma e com o carimbo da agência de Ohio. Ele encheu dois baldes de quase vinte litros com caliche e solo de calcário e misturou o pó arenoso contido no invólucro.

Na encosta ao lado da casa, operários se debruçavam sobre suas pás, cavando buracos em fileiras organizadas, e, em cada uma delas, Maynard colocava uma quantidade da mistura. Ele pegou um punhado de terra e cinzas de um dos baldes, abriu a palma da mão e deixou que a brisa leve a levasse, caindo sobre a terra e o jardim em diferentes níveis onde cresceriam as videiras de Cabernet, Nebbiolo e Malvasia.

SARAH JENSEN   UNIÃO PERFEITA DE ELEMENTOS CONTRÁRIOS   MJ KEENAN

12

Maynard não havia se mudado para o Arizona a fim de começar um vinhedo. Uma década após o início da sua carreira musical, não havia nenhum motivo lógico para mudar de rumo agora.

> Tool e A Perfect Circle eram saídas criativas e eu não iria abandoná-las, mas me sentia desequilibrado. Não, não me mudei para o Arizona para começar um vinhedo, mas, quando cheguei lá, queria expressar minhas ideias de forma tridimensional — o que se torna uma forma quadrimensional se a gente fizer as coisas direito.

Ensaios e gravações o mantiveram em Los Angeles a maior parte do tempo e, tentando manter o equilíbrio da melhor forma que podia, instalou tatames no loft da Tool e agendou aulas particulares de jiu-jítsu com Henry Akins, instrutor do estúdio Gracie.

Akins chegou uma tarde, acompanhado do amigo e colega entusiasta das artes marciais Todd Fox. "A Tool tinha acabado de terminar um ensaio e Henry ia dar uma aula a Maynard", explica Todd em uma entrevista de 2014. "Ele perguntou se eu me importaria em ajudá-lo com o treino."

Nos anos trabalhando como segurança para celebridades, de Janet Jackson a Madonna e Mötley Crüe, Todd cruzara o caminho de muitos artistas e, após uma tarde de treinamento de luta e impulsão, sabia que Maynard era único na indústria. "Ele era quieto e pé no chão, e não havia nenhuma pretensão no ar", lembra Todd. "Maynard pode levar o trabalho a sério e sabe brincar também. Ele é capaz de fazer a transição entre os mundos, o que poucas pessoas conseguem."

Não demorou muito para que os dois estabelecessem uma camaradagem confortável. Eles se encontravam com frequência para discutir suas experiências militares e carreiras em comum, seus interesses compartilhados em viagens, música e bons vinhos. E, pouco antes do início da turnê *Lateralus*, Maynard sugeriu que Todd o acompanhasse, não apenas para fornecer segurança, mas para ser o instrutor de jiu-jítsu de Maynard na estrada.

Desde os dias da primeira turnê europeia da Tool, Maynard tinha visto das janelas do ônibus as encostas em socalcos da Toscana, videiras se espalhando sobre treliças e cachos de uvas viçosas entre as vinhas. Sua adega e paladar haviam se expandido desde que recebera o Silver Oak de presente de Tori, e via-se cada vez mais curioso sobre o processo que poderia transformar frutas, chuva e sol em vinhos Barolo, Shiraz e no encorpado Cabernet da Califórnia.

Uma tarde livre na Itália, durante a turnê *Mer de Noms* de 2000, deixou algum tempo livre para uma parada no vinhedo de Ken Berry nos arredores de Siena. O chefe da Virgin Entertainment gerenciava cada faceta de sua pequena vinícola no local, e a visita seria a chance de Maynard para conduzir um pouco de pesquisa em primeira mão. "Ele queria saber tudo", recorda Nancy Berry.

Ken mostrou suas cubas e barris, explicou o laboratório de controle de qualidade, a área de engarrafamento e o aparato de arrolhamento. Maynard olhou para as exuberantes fileiras de vinhas enquanto Ken descrevia a composição do solo e o clima que tornavam Siena o local ideal para um vinhedo. "Eu não tinha um referencial para entender do que ele estava falando", lembra Maynard. "Só sabia que era assim que me sentia quando estava do lado de fora da minha casa. Não parecia muito diferente de onde eu morava."

E, não muito tempo depois, uma pausa na turnê *Lateralus* permitiu que aceitasse um convite de Bruce Fingeret, executivo de merchandising de shows e enófilo. O jantar incluiria uma degustação de vinhos às cegas, e Maynard pensou que aquilo poderia ser o próximo passo no seu aprendizado.

Como jamais seguia irrefletidamente o procedimento padrão, Maynard insistiu que Todd se juntasse a ele na mesa. O protocolo de guarda-costas exigia que os seguranças se posicionassem à parte do evento principal e mantivessem os curiosos e suspeitos a uma distância segura da pessoa pela qual eram responsáveis. Mas, pensou Maynard, Todd fazia parte da equipe e compartilharia a experiência. E Todd conhecia vinhos finos. "Às vezes, eu resolvia umas tarefas domésticas para os artistas para quem trabalhei", explica. "Eu trazia Gaja, Lafite ou Latour para eles e ia em degustações nas minhas noites de folga." Ele com certeza aproveitaria a noite tanto quanto Maynard.

A seu tempo, vieram os aperitivos, as entradas e as sobremesas, pratos escolhidos para complementar e contrastar com os vinhos, bem como criar harmonizações que realçassem as características sutis de ambos. Sommeliers circulavam a mesa carregando vinhos da Borgonha e de Bordeaux, os rótulos ocultos por embalagens de papel pardo, e os convidados aceitaram a tarefa de identificar exatamente o que estavam bebendo. Maynard e Todd — com a escarradeira ao lado — bebericaram Lafite Rothschild, Ponsot Griotte e Montiano e fizeram o possível para apreciar equilíbrio e textura, notas de frutas, flores e especiarias. Deixaram para os outros discernir varietais e safras e até mesmo — baseado em um *terroir* sutil — vinhedos específicos, identificar o Flaccianello de 1997, o Cheval Blanc de 1998 e o Trotanoy de 1982. "Nunca tinha visto nada parecido", recorda Todd. "Se tivessem me dito que alguém poderia fazer isso, eu teria falado que era besteira logo de cara. Mas vários deles tiveram cerca de 80% de precisão, o que é algo bem fenomenal."

Maynard e Todd não tinham o mesmo paladar refinado dos companheiros, mas já tinham provado sua cota de Merlot e Riesling e eram experientes o suficiente para perceber que o Gianfranco Soldera Riserva, safra de 1990, superava em muito os outros vinhos. "Foi muito acima da média", rememora Todd. "Era o mais aveludado possível e realmente redondo, com um final longo. Sem amargor ou mordida. Foi como experimentar quatro, cinco ou seis coisas diferentes em um único gole. Parecia uma dose turbinada de cerejas."

> Todo mundo tem aquele momento em que de repente entende o alvoroço a respeito dos vinhos. Eu tive esse momento com o Silver Oak da Tori. Então este jantar me deu outro estalo. Eu não só gostava de vinho, mas agora também queria plantar videiras e ver aonde isso poderia levar.

Maynard percebeu que não estava longe de poder produzir vinhos finos. As colinas que cercavam a casa de Jerome eram as mesmas encostas voltadas para o sudeste que vira na Espanha e no Piemonte, e o solo do Arizona era semelhante ao de Bordeaux e Champagne.

Mas construir um vinhedo daria trabalho, sem dúvida bem mais do que reunir uma banda. Significaria sujeira sob suas unhas e aprender sobre regras de zoneamento, legislação hídrica, sistema radicular e oídio. Mas ele abordou sua missão com a mesma paixão metódica que trouxe para a formação da Tool. "Os projetos de Maynard não são só negócios para ele", conta Nancy Berry. "Ele tem um empenho pessoal muito profundo com tudo o que faz e é muito prático."

Um passo de cada vez, ele colocaria as peças no lugar. Desenhou esboços do design do vinhedo e leu sobre os níveis de pH e a preparação do solo. Comprou propriedades adequadas e contratou empreiteiros para nivelar a terra. E, em 2003, o jardim perto de sua casa foi semeado com Cabernet Sauvignon e batizado de "canteiro Judith".

Por necessidade, grande parte do desenvolvimento inicial foi feito remotamente, com a ajuda de Mike, que ficou em Jerome quando Maynard partiu em uma turnê por 19 cidades do Lollapalooza para promover o segundo álbum de A Perfect Circle. Gravado no estúdio do porão de Billy com a ajuda do técnico de guitarra Mat Mitchell, *Thirteenth Step* era um disco de 12 faixas que passou do rock pesado aos instrumentais sinfônicos e à guitarra inspirada em Joni Mitchell, refletindo seu tema de múltiplos caminhos para a autodescoberta. O lançamento do álbum, em 16 de setembro de 2003, deu o pontapé inicial na turnê, uma turnê que manteria A Perfect Circle na estrada por quase um ano.

Quando Maynard enfim desfez a mala, no verão seguinte, era hora de começar a trabalhar no próximo álbum da Tool. Se o vinhedo fosse se tornar uma realidade, ele precisaria de ajuda para manter tudo funcionando e em ordem na sua vida.

Lei Li nunca tivera a intenção de trabalhar para um roqueiro, especialmente um que, segundo os boatos, poderia ser difícil e distante. Quando um amigo em comum a apresentou a Maynard, ela estava longe de ficar deslumbrada. "Eu conhecia a Tool, mas não ouvia a música deles", lembra ela em uma entrevista de 2015. "Ouvi dizer que eles não eram legais com as pessoas, então realmente não queria conhecê-lo porque estava com medo. O que a gente fala pra alguém assim?"

Para sua surpresa, achou Maynard uma pessoa de fala mansa e acessível — e muito atraente. Eles se acostumaram com facilidade a uma amizade confortável, e, quando ele perguntou se ela queria ser a sua assistente pessoal, Lei Li percebeu que aquela poderia ser sua passagem para fora da cidadezinha do Meio-Oeste e ajudá-la a chegar mais perto de usar de fato seu diploma de artes.

Nos dois anos seguintes, ela cuidou da agenda de Maynard, das tarefas e manteve a casa de Los Angeles funcionando sem problemas, uma atribuição excelente enquanto procurava o emprego perfeito em uma das galerias ou museus da cidade. E, quando os planos para o vinhedo estavam bem encaminhados, Maynard sugeriu que ela viesse a Jerome e supervisionasse as operações lá. "Eu fiquei, tipo, beleza, então tá", conta. "Sempre quis me mudar para uma cidade grande, e agora ele estava me pedindo para ir a uma cidade que era menor do que minha turma do ensino médio."

Mas os dois trabalhavam bem juntos, riam, conversavam e gostavam da companhia um do outro, e juntar-se a ele no Arizona não seria a pior coisa que ela poderia fazer — desde que ficasse de olho em outras oportunidades e mantivesse sua distância profissional. Ao longo dos anos, ela acompanhou de camarote as indiscrições românticas, os dramas e as decepções, e sabia que Maynard não era exatamente o tipo de cara para manter um relacionamento sério. Também tinha visto *All We Are Saying*, o documentário de 2005 dirigido por Rosanna Arquette, a respeito de artistas que iam de Burt Bacharach a Yoko Ono e Steven Tyler, e que tratava sobre suas inspirações, lutas para equilibrar a família e a fama e opiniões sobre a indústria da música, sempre em mudança. Ela ouviu o chefe explicar no documentário, em um monólogo de dois minutos, que, aos 40 anos, estava velho demais para mudar e que seu destino nunca incluiria a monogamia.

"Achei que estivesse condenado a uma série de relacionamentos fracassados e sexo sem compromisso", explica Maynard. "Para acabar com isso, precisei arranjar um cachorro."

O cachorro da família, uma cerca branca, passar os sábados plantando ervilhas e alface com os filhos: apesar da dúvida, o sonho ainda era atraente. Quem sabe sua namorada do momento fosse aquela que ele estava esperando — pouco tempo antes, ela havia se mudado para a casa de Los Angeles. Mas, em uma tarde, Maynard e a cachorrinha Yorkshire, Miho, descobriram que ela não tinha levado seu voto de fidelidade tão a sério quanto ele.

> Voltei e descobri que minha casa e minha confiança haviam sido violadas. Fiquei furioso. Então minha cachorra olhou para mim. Ela olhou para as chaves da caminhonete que eu havia atirado e depois para mim. Ali estava a manifestação física da minha voz interior na forma de Miho. Era como se ela estivesse dizendo: "Vamos pegar as chaves, dirigir até o vinhedo e nos afastar desse caos".
>
> As coisas tinham que mudar. Peguei as chaves e a cachorra. Entrei na caminhonete e fui até Jerome. A cachorra salvou minha vida.

Os amigos de Maynard há anos abriam espaço nas suas agendas quando a Tool ou A Perfect Circle passavam pela cidade. Quando ele começou a encurtar o café da manhã e trazer estranhos glamorosos para jantar, e quando seus telefonemas pararam por completo, eles fizeram piadas entre si, dizendo que ele havia se tornado um astro do rock irremediável. Mas foram pacientes. Sabiam que não importava quão tortuoso fosse o desvio, o Maynard do qual se lembravam, cedo ou tarde, retornaria. "Maynard sempre opta por se reconectar", explica Todd. "Conforto e familiaridade são o combustível dele. Ele precisa dessa base para continuar seguindo em frente. E, uma vez que estabelece um senso de conexão, raramente larga isso."

Em cidade após cidade impessoal, permanecia aquela conexão forjada sobre omeletes de frutos do mar e jantares com peru à mesa, a família criada a partir de encontros com estranhos em terraços ensolarados e subidas de lances de escadas até o quinto andar, onde as velas queimavam e independentemente da distância e do tempo, ninguém precisava ficar sozinho.

"Houve alguns períodos de anos em que eu nem falava com ele", recorda Laura Milligan. "Mas Maynard é leal. Quando ele é seu amigo, ele é seu amigo pra sempre." Quando ele voltasse ao *Tantrum*, ela estaria nos bastidores pronta para calçar suas botas de vaqueira. Sheila o receberia no Neighborhood e encheria a xícara de café antes que ele pedisse. Steele contaria de novo histórias sobre canapés de comida de peixe, e Ramiro estaria esperando para resolver o quebra-cabeça sobre sincronicidade e convergência. Kjiirt se viraria para ele, olharia em seus olhos e compreenderia alguma piada implícita.

"Eu não tinha um rastro de migalhas de pão para me trazer de volta", ressalta Maynard. "Tinha uma linha de pesca que aguentava 14 quilos. A corda era forte. Não eram migalhas de pão. Eram rubis brilhantes."

• • •

Ele saiu da estrada poeirenta e estacionou a caminhonete na garagem. No quintal, Lei Li trabalhava pesado, cercada de martelos e furadeiras, consertando a casinha da cachorra. Tinha enchido o tanque de irrigação, enrolado a mangueira do jardim no gancho ao lado da casa e desligado os irrigadores do vinhedo.

Muitos pessimistas disseram a Maynard que aquela era uma missão tola, que as uvas nunca cresceriam no deserto do Arizona. Mas Maynard pesquisou e aceitou o trabalho não como um fardo, mas como um desafio perfeitamente viável.

Miho atravessou o pátio para cumprimentar Lei Li, e Maynard parou por um momento e olhou para o canteiro Judith, onde brotos verdes tremulavam na brisa da noite.

> No final do filme *Bliss: Em Busca da Felicidade*, quando o pai planta árvores, é, na verdade, uma carta de amor que levou sete anos para ser entregue. Entendi que plantar aquele vinhedo era, em algum nível, a minha carta de amor para minha família, para minha comunidade, para o meu eu mais jovem, para o meu eu futuro. Já havia começado a escrever aquela carta de amor, mas estava enviando-a na direção errada.
>
> Se você quiser fazer algo, então faça. Não se preocupe com quem é seu público. Você faz isso por si mesmo. Pela música. Pela arte. Pelo vinhedo.

O vinhedo era um oásis de vinhas verdejantes, de beija-flores e falcões no céu e louva-a-deus na grama, além do papa-léguas, uma figurinha carimbada na descida da colina. Maynard se levantava ao nascer do sol e se ajoelhava nos jardins, os sentidos sintonizados à brisa e às abelhas-africanas, às nuvens de chuva que assomavam todas as tardes, a leste. Ele ajudava a equipe a remover ervas daninhas, a limpar detritos das trilhas entre Sangiovese e Cabernet e revestia os terraços íngremes com pedras calcárias do mesmo jeito que vira na Toscana e em Siena.

Cultivar um vinhedo foi um teste tanto para si mesmo quanto para a terra, uma chance de permitir que os acidentes sincrônicos do clima e da vontade pudessem alterar sua história. E, em alguns anos, imaginou, sua colheita poderia produzir uma ou duas garrafas saborosas.

Seu sonho não era tão improvável. "Na verdade, as uvas começaram no deserto", explica. "Elas eram originalmente plantas tolerantes à seca, criadas exatamente para esse tipo de ambiente. Leia a Bíblia."

O solo do Arizona era ideal para o cultivo de uvas, com as camadas de cinzas vulcânicas depositadas há muito tempo e o rico caliche, remanescente do vasto mar interior que outrora cobrira o estado. Missionários espanhóis chegaram lá no século XVI e encontraram o vale roxo de uvas-do-deserto, e fizeram delas seu vinho sacramental. Mais tarde, o hoteleiro Prescott Henry Schuerman estabeleceu a primeira vinícola da região e forneceu libações para madeireiros, criadores de gado e mineradores — até que as videiras foram destruídas pelo advento da Lei Seca, em 1915.

No final da década de 1980, alguns esperançosos começaram a ressuscitar os vinhedos do estado e a tentar a sorte na produção de vinho, e Maynard não viu motivos para não se juntar a eles.

Afastar-se dos palcos jamais lhe passara pela cabeça, não enquanto a carreira continuasse em alta. Pouco antes das primeiras videiras serem plantadas, Ænima recebeu o disco de platina tripla e *Lateralus* chegou à platina dupla naquele mês de agosto. Em novembro, bem a tempo das eleições de 2004, quando só se falava em relações exteriores e na guerra ao terror, A Perfect Circle lançou o terceiro álbum, que recebeu o disco de ouro apenas um mês após o lançamento: *eMOTIVe* incluía músicas originais e covers de hinos antiguerra, de "Fiddle and the Drum", de Joni Mitchell, a "Imagine", de John Lennon. Essas novas interpretações eram um convite para ouvir letras familiares como se fosse a primeira vez.

No ano seguinte, as habilidades de atuação de Maynard foram enfim exibidas. Alguns anos antes, ele havia aparecido na produção de baixo orçamento *Bikini Bandits*, uma paródia de filmes de ação. No entanto, agora contracenava com Ed Asner e Brad Wilk, do RATM, na comédia independente *Um Segredo Animal*, que gerou elogios dos críticos e, por parte dos fãs, reconhecimento de sua habilidade cômica. "Maynard trouxe tanta profundidade ao personagem", comenta Ford Englerth, coprodutor, a respeito da interpretação impassível que Maynard fizera de Lance, o desajeitado assistente do xerife. "Ele pegou um personagem, um oficial meio excêntrico e não muito brilhante, e despendeu muito tempo desenvolvendo nuances específicas sobre como o personagem pensava e sua motivação."*

Deixando os holofotes de lado, o que importava agora era determinar quais videiras seriam mais adequadas às condições da montanha. As lendas da família Keenan incluíam a história do bisavô Marzo, que, em tempos difíceis de determinar, vivera na fronteira ítalo-francesa e produzira vinhos de uvas que cresciam em seu caramanchão. Maynard tinha um pouco mais de conhecimento a respeito do legado paterno e, em homenagem a esse Marzo — seja lá qual fosse seu nome completo e sua história — plantou no canteiro Judith, ao lado da Aglianico e da Tempranillo, uma muda de Nebbiolo, uma uva nativa da terra natal de seus ancestrais.

Ele também plantou uma variedade da Luglienga, uma cepa que fora quase perdida em 1915. "Um vizinho encontrou uma videira nas proximidades de casa que tinha sido preservada por duas irmãs que chamamos de 'Senhoras Tamale'", explica. "Uma delas era Auralia, cujo marido era um cavalheiro espanhol que os mineiros tinham contratado para produzir vinho. Com o advento da Lei Seca, tiveram que acabar com o vinhedo". Mas as irmãs tinham plantado mudas em potes de vidro, que mantiveram no peitoril da janela. Depois, transplantaram-nas para o jardim, e assim a Luglienga sobreviveu para começar uma nova história no vinhedo Merkin.

As viagens de Maynard o prepararam muito bem para os desafios vindouros. Durante a parada que A Perfect Circle fizera em Adelaide, em 2000, ele perambulou pelos vinhedos Penfolds, visitou adegas e conversou com os mestres vinicultores John Duval e Peter Gago. "Ele queria saber sobre tudo", rememora Gago em uma entrevista de 2016. "Estava interessado no manejo do dossel, no processo de vinificação, na maturação do barril e na degustação."

> Peter me contou que, nos anos 1950, um jovem vinicultor de Penfolds, Max Schubert, experiente com vinhos suaves fortificados, foi enviado à França para estudar a produção de xerez. Lá, descobriu vinhos tintos secos, intensos e delicados.

---

* Jensen, Sarah. "What's Maynard Been Up to Lately?" [O que Maynard tem feito ultimamente?]. *Ludington Daily News*, Ludington, 15 fev. 2005. Opinion, p. A4. [NA]

Ele voltou com um brilho nos olhos e tentou explicar aos chefes que aquilo era algo que deveriam fazer. Relutantes, deram a ele um orçamento humilde, e ele descobriu através de tentativas e erros que a melhor fruta da região era a uva Shiraz. Quando finalmente lançaram o vinho, as pessoas estavam tão acostumadas aos xerezes suaves, portos e conhaques que não conseguiam compreender o potencial de envelhecimento do vinho tinto seco. Então riram da cara dele e encerraram a produção.

Mas ele sabia a verdade, sabia que tinha de continuar produzindo em prol deles, então prosseguiu em segredo. Então, em 1962, inscreveu o Penfolds Grange Hermitage, safra de 1955, em competições de vinho e pegou todo mundo de surpresa.

As razões pelas quais temos ciência do vinho australiano é porque Schubert e pessoas afins fizeram as escolhas certas e seguiram em frente. Ele foi um pioneiro, o tipo de gente que dizia: "Tenho uma visão. Você está errado agora, mas vai ficar bem e todos vão se beneficiar". Ele se manteve fiel ao que acreditava e não desistiu.

Se Schubert tinha superado seus obstáculos, as coisas seriam ainda mais fáceis para Maynard, considerando que tinha o Google à sua disposição e que livros de referência eram entregues até durante a noite na porta de casa. Ele aprendeu que um vinhedo bem-sucedido era um exercício de equilíbrio. Se podasse demais, a fruta murcharia sob o sol e não serviria para nada. Já uma mão leve na poda deixaria as vinhas crescerem vorazes, retendo água da chuva e orvalho, então os cachos apodreceriam. Ele também teria de lidar com monções e geadas de inverno, pesticidas que poderiam fazer mais mal do que bem e o pesadelo que eram os formulários e regulamentos de uma burocracia desconcertante. "Quando começamos a plantar, instalei um tanque para recolher a água da nascente que descia a encosta para regar as videiras", recorda. "A burocracia da cidade complicou as coisas para nós. A palavra 'tanque' não estava nos estatutos de regulamentação."

Levaria tempo para montar uma vinícola por conta própria e anos até que as frutas estivessem prontas para a colheita. Porém, se precisasse deixar um objetivo em segundo plano, aproveitaria a oportunidade para alcançar outro. Fazer a vinificação customizada em uma nova vinícola nas proximidades de Cornville lhe daria acesso às instalações. Além disso, comprar frutas de produtores da Califórnia e transformá-las em vinho seria uma espécie de pós-graduação prática na arte da fermentação, filtração e controle de temperatura. Ele poderia até não saber, de um ano para o outro, qual uva receberia, mas a surpresa anual o obrigaria a conhecer as variedades e o potencial da Malvasia e da Syrah.

Defumado e cítrico, dotado de um curioso final que remetia a chá preto, seu vinho de estreia, o Caduceus Primer Paso, safra de 2004 — literalmente o seu primeiro passo —, chamou a atenção de fãs da música e de enófilos curiosos para experimentar o último lançamento de uma celebridade. A edição limitada do *blend* de Syrah e Malvasia esgotou em pouco tempo, abrindo caminho para o terroso Nagual de la Naga; o Nagual del Sensei, que apresentava toques de carvalho e de ameixa; e o Chupacabra levemente defumado do vinhedo Merkin.

Encorajado pelo sucesso das criações personalizadas, Maynard começou a imaginar o que poderia obter das videiras que cresciam em pouco menos de três hectares — o Sangiovese e o Tempranillo prosperando sob o sol do Arizona, e o Cabernet no canteiro Judith, o mais vigoroso e resistente de todos.

Quase um ano e meio na estrada impediram Maynard de se dedicar à poda, à prensagem e ao *blending*, mas a turnê de *10,000 Days*, da Tool, iniciada em 2007, não interromperia seus estudos. As paradas por toda a Europa haviam sido agendadas para coincidir com o lançamento das safras italianas e de Bordeaux. Os aficionados por vinho foram apresentados a um novo lado de Maynard através do seu blog Wine Spectator.[*] "On Tour with Maynard James Keenan"[**] era uma crônica não sobre shows, mas sobre visitas a vinhedos e a respeito dos vinhos que provara nos bons restaurantes de todo o continente: um Porto Tawny de 40 anos, em Lisboa, um Vieux Télégraphe Châteauneuf-du-Pape, em Paris.

Em 2009, a Caduceus Cellars foi licenciada, equipada e entrou em funcionamento. A adega compacta, anexa à casa em Jerome, era uma linha de montagem de desengaçadores, cubas, laboratórios de testes e barris de carvalho construídos nos moldes daqueles das vinícolas que Maynard havia explorado. "Eu observei o processo básico", conta. "A fruta entra, então pode ou não ser desengaçada, pode ou não ser espremida, depois vai para um tanque ou silo, onde é fermentada. Cada instalação é uma versão disso."

---

[*] Observador de Vinhos, em tradução livre. [NT]
[**] "Em turnê com Maynard James Keenan", em tradução livre. [NT]

O maquinário era simples, sim, mas dominar os truques mais esotéricos do novo ofício — os truques que transformariam o suco de uva em tintos repletos de tanino, brancos secos e *blends* de carvalho — exigiria mais do que observação. Ele tinha que provar, testar e fazer ajustes incessantes; tomar decisões imediatas a respeito dos altos níveis de açúcar ou das uvas verdes demais. E, o mais importante, devia ter sempre em mente o conselho que Peter Gago lhe dera: sair do caminho e deixar as uvas guiarem o processo.

> As pessoas chegam e provam um vinho que está fermentando. Fazem cara feia e dizem que está horrível. Claro que está, ainda não está pronto. É a mesma coisa de eu tocar uma música não finalizada. A gente vê que eles querem dizer que está terrível. Então eu toco a música quando ela está finalizada ou sirvo o vinho pronto, e eles acham ótimo. É o mesmo com qualquer coisa que a gente faz. Chegar ao produto final envolve paciência, compreensão e fé no processo.

Mas não era um processo que ele encararia sozinho. O vinhedo demandaria uma equipe para trabalhar na colheita e outra para cuidar das videiras, além de motoristas, contadores, representantes de vendas e alguém para supervisionar todos eles, um gerente chamado Chris Turner, versado nos vinhedos de sua família na Califórnia e que agora tinha como missão entender os desafios e as vantagens do cultivo de uvas no Arizona.

Também seria necessário alguém para testar os níveis de pH e dióxido de enxofre e para medir o processo de fermentação. "Eu tinha evitado química na época da escola", admite Lei Li. Ainda assim, ela trabalhou ao lado dos profissionais na linha de produção e estudou sobre fabricação de vinho com quase tanta determinação quanto o próprio Maynard. Seu respeito e admiração por ele cresceram ao longo dos anos, até o ponto em que passou a acreditar no sonho dele com o mesmo afinco. "Trabalhamos muito bem juntos", explica ela. "Já naquela época eu sabia que queria sempre fazer parte de tudo o que ele criava."

E, apesar das ressalvas iniciais a respeito de tais coisas, ela acabou promovida de assistente pessoal a gerente de laboratório, uma parte da equipe que garantia a responsabilidade mútua do processo e que reconhecia a importância da excelência individual no sucesso dos vinhos Caduceus Cellars.

"No começo, qualquer um pensaria: 'Você vai começar um vinhedo no Arizona?'", comenta Nancy Berry. "Mas Maynard conseguiu. Ele não só fez isso, mas foi algo prazeroso, e ele trabalhou pesado, fez até serviço braçal, para alcançar isso."

Maynard não era uma celebridade petulante adicionando de forma glamourosa a produção de vinhos ao currículo. Desde o início, ele colocava os CDs do Led Zeppelin e da Joni Mitchell no aparelho de som da vinícola, então se curvava sobre a cuba e socava o espesso caldo de cascas de uva e líquido roxo. Era ele quem monitorava o suco à medida que envelhecia, quem provava as misturas em todas as etapas e quem transportava toneladas de Sangiovese Grosso e Tempranillo durante as longas e quentes temporadas de safra.

> Assim que as uvas são colhidas, eu já estou esperando na vinícola, operando a empilhadeira. Chris dá ré no caminhão e eu descarrego as frutas, peso e coloco no desengaçador. A partir daí, elas vão para os tanques, onde Lei Li faz todos os testes. Então faço a inoculação ou deixo fermentar naturalmente, depois espremo e coloco nos tanques para assentar. Por fim, o suco vai para barris e eu os empilho.
>
> Eu também limpo tudo. Lavo a prensa e o desengaçador, porque isso precisa ser feito. Não vou procurar um funcionário para fazer isso pra mim.

"Sempre houve surpresas", comenta Tom Morello sobre a nova empreitada de Maynard. "Uma vez, quando a gente morava em Los Angeles e dirigia por aí, ele me disse que tinha estudado em West Point. Já tinha passado por um bocado de coisa, de viver em West Point a trabalhar em pet shops. Maynard não tem medo de uma curva acentuada na estrada."

Mas a produção de vinho não representava uma mudança de direção, e sim uma mudança de perspectiva — uma abertura perfeita para outro aspecto da arte de Maynard.

Maynard e Chris cuidaram dos vinhedos durante chuvas de granizo, monções, secas e tardes de 37 graus em agosto. Também tiveram de lidar com doenças nas videiras como mal-de-pierce, altos níveis de potássio e o emaranhado de ervas daninhas que cobria os canteiros depois das primeiras gotas de chuva. Instalaram resfriadores, cobriram as videiras mais tenras com lonas para protegê-las de ventos gelados e seguiram o conselho de Kjiirt, que tinha experiência no cultivo de uvas nas colinas de Vermont, e colocaram uma cobertura de cascalho no solo para isolá-lo da umidade noturna que se assentava no vale.

Eles descobriram que estressores produziam uvas mais robustas e resilientes, aprenderam a evitar tarântulas e escorpiões escondidos entre as vinhas, e que o jeito mais rápido de afastar caititus raivosos era com um estalo: "A gente assustava o líder com um rifle de pressão e eles não voltavam mais", explica Maynard.

A alquimia de chuva, sol e solo, e seis anos de trabalho árduo, transformou o sonho em realidade. Em 2009, Maynard lançou o primeiro vinho feito inteiramente com uvas da Caduceus Cellars, o Nagual del Judith, safra 2007, nomeado em memória da mãe. O Cabernet repleto de taninos ecoava aromas de cassis e azeitonas pretas, e o sonho de Judith fora impresso no verso da garrafa escura:

> *Quando eu era criança, costumava sonhar que podia voar. Eu me equilibrava em uma perna, olhava para o céu e esticava meus braços para o alto, mais e mais, meus dedos estendidos em direção ao sol. Então o vento vinha, soprava ao meu redor e me levantava suavemente no ar.*

Naquele ameno dia de abril, uma brisa suave agitava as folhas de Cabernet, e Maynard caminhava pela encosta leste do canteiro Judith. "Essas videiras e vinhos são a ressurreição e as asas da minha mãe", comenta. Então abriu a primeira garrafa, virou-a e devolveu o vinho à terra, um ritual de recomeços.

Com o sucesso da Caduceus, ele voltou sua atenção para o próximo desafio. "Maynard sempre se pergunta: 'Como podemos tornar isso mais interessante?'", explica Todd. "'Como podemos fazer isso ser mais divertido e melhor do que é?'"

Os barris de Sangiovese e de Cabernet na adega cheiravam a misturas do Velho Mundo e, depois de mais alguns meses de envelhecimento, Maynard imaginou que se tornariam a interpretação do Arizona dos Supertoscanos que tinha provado na Itália, uma confluência da sua herança e do seu futuro.

> Tive uma tarde livre durante a turnê do *10,000 Days* e fizemos uma espécie de reunião de família no Bern's Steak House, em Tampa. Meu pai tinha vindo de Michigan para visitar meu tio Herb, que eu não via há cerca de trinta anos, e brindamos um ao outro com um Lafite vintage.
>
> Contei ao tio Herb sobre os vinhedos e também que estava fazendo um novo *blend* em homenagem ao avô dele, que ia chamar de Nagual del Marzo. Expliquei que não sabia quase nada sobre esse cara.
>
> Mas Herb sabia. "O nome dele era John Marzo", disse o tio. "O apelido era *Spirit*".* Olhei ao redor da mesa para ver se Todd ou meu pai estavam me pregando alguma peça; eles têm esse costume.
>
> Mas eles não estavam brincando comigo daquela vez. O apelido do meu bisavô realmente era "Spirit". E eu já tinha dado o nome ao meu vinho. Ele seria chamado de Nagual del Marzo, que significa "A Essência Espiritual de Marzo".

Com um olhar atento para beleza, equilíbrio e estilo, Maynard supervisionou o design de todas as coisas relativas a Caduceus. Ele descobriu que o marketing estava longe de ser uma tarefa desalmada. "Maynard é muito sensível à linguagem visual utilizada no marketing e na publicidade", ressalta sua professora da Kendall, Deb Rockman. "Ele queria que a arte fosse uma parte significativa de tudo o que fazia."

Ele geriu a criação do site da Caduceus Cellars, um diário virtual de páginas com bordas ásperas, imitando papel feito à mão, ricas em fotografias, mapas e ilustrações a bico de pena. Importou garrafas elegantes e pesadas do Canadá e transformou cada uma em um objeto de arte. O nome, a safra e o teor alcoólico foram impressos em negrito direto no vidro, acompanhando narrativas líricas sobre criaturas fantásticas, guardiões mágicos e metamorfos, além da logo da Merkin — uma interpretação sinuosa de obras de arte clássica e símbolos geométricos, os significados tão múltiplos quanto os finais dos vinhos. As pinturas e xilogravuras de Ramiro vinham sendo adaptadas ao uso em materiais promocionais da Tool desde 1994, e agora sua peça, *Touch Down*, aparecia em uma camiseta da Caduceus.

---

* Em italiano, "Spirito". Em inglês, "Spirit", também uma gíria para bebidas alcoólicas, em particular destilados. [NT]

Havia um espaço disponível no Connor Hotel, um prédio histórico de Jerome, e Maynard percebeu que sua atmosfera correspondia aos planos que havia esboçado para uma ramificação do vinhedo. Ele supervisionou a metamorfose na Sala de Degustação da Caduceus Cellars, um espaço acolhedor de madeira, tijolos e mesas banhadas pelo sol que vertia das janelas. O Flatiron — o café da Main Street que havia feito com que Maynard se apaixonasse por Jerome — não existia mais, então os antigos administradores de lá, Brian e Alan, tinham assumido a gerência da sala de degustação e criado um lugar convidativo para os moradores locais, que se reuniam para tomar seu café espresso diário, assim como para os visitantes ansiosos por provar os vinhos do Arizona.

Maynard planejou ensaios e sessões de gravação em torno do cronograma de colheita e produção e, sempre agindo como empresário, continuou promovendo seu vinho ao longo da rota da turnê. A cada parada, despachava Todd para visitar distribuidores, varejistas e donos de restaurantes, a fim de contar a história da Caduceus. "No começo, foi muito difícil fazer as pessoas ouvirem", recorda Todd. "As pessoas da comunidade do vinho não queriam se misturar com Maynard. Eles não ligavam para outra estrela do rock colocando seu nome em um rótulo. Verdadeiros conhecedores de vinho, como sommeliers e compradores, meio que evitavam isso."

Mas, depois de provar os tintos tânicos, os rosés ricos, o Caduceus Naga, o Sensei ou o Sancha, os donos de restauradores começaram a prestar atenção. Eles perceberam que aqueles eram vinhos intrigantes, complexos e delicados, que deixariam os holofotes livres e permitiriam que os sabores das entradas se expandissem e se transformassem. Reconheceram o benefício mútuo de dar aos chefs liberdade o bastante para criar harmonizações em prol do aprimoramento dos vinhos e da culinária — olhos e sêmen de peixe em Tóquio; massas, carnes e queijos no Babbo, na Waverly Place, em Manhattan; galinha-d'angola e polenta cremosa no Mark's American Cuisine, em Houston.

A carta de vinhos do Arizona no restaurante Scottsdale's FnB logo passou a incluir os *blends* Dos Ladrones, Oneste e Malvasia da Caduceus. "Servimos uma salada de tomate heirloom com croûtons de polenta quentes, dourados, crocantes e fumegantes", explica Pavle Milic, coproprietário do FnB, em uma entrevista de 2014. "Precisamos de um vinho que não sobreponha a doçura dos tomates, o vinagre de vinho tinto e as cebolas. O rosé Marzo Sangiovese de Maynard acompanha esse prato, e fica uma coisa de outro mundo."

Não demorou muito para conseguirem convencer Mark Tarbell, colunista de vinhos do *Arizona Republic* e proprietário da Tarbell's, em Phoenix, a oferecer os vinhos Caduceus em sua sala de jantar e na loja de vinhos do restaurante. "Sou defensor dos meus clientes", afirma Tarbell. "Tenho que colocar um vinho de valor na frente deles, e alguns dos vinhos de Maynard são excelentes. Vejo uma expressão honesta em suas garrafas, uvas e escolha de *blends*."

Maynard começou a participar do jantar de gala anual organizado por Tarbell em prol da Associação de Produtores de Vinho do Arizona. "Eu sou o chef e ele é a celebridade", comenta Tarbell. "Ele cozinha, monta o prato e serve. Maynard tem boas habilidades e conhece alguns truques na cozinha."

A cozinha na casa de Jerome engatou em alta velocidade. Maynard vestiu o avental e recriou o nhoque e o cordeiro assado dos quais se lembrava de North End, e também um salmão grelhado e uma pizza de Ação de Graças. "Quando vou à casa de Maynard, ele fica me esperando como se eu estivesse em um restaurante", conta Todd. "Esse amor vem de um lugar muito específico."

Maynard começou a dar jantares também pela necessidade de realizar um pouco de pesquisa prática.

> As pessoas geralmente bebem meus vinhos em restaurantes, então tento combiná-los com comida de restaurante. Preparo um ravióli usando farinha de trigo do Arizona, ovos e temperos locais. Então, sirvo com meu vinho e com outro de primeira linha, para comparação. Se o meu não estiver à altura, tenho que descobrir o que fiz de errado e, se for tão bom quanto, descobrir o que diabos fiz certo para poder repetir.
>
> A pizza de Ação de Graças foi ideia da Lei Li. Derek, que trabalha nos nossos vinhedos, é um ótimo pizzaiolo, então ele faz a massa e nós colocamos molho, carne de peru e o recheio da ave, e então cobrimos com *cranberries*. Depois, abrimos um *blend* toscano e degustamos um pouco de Oneste, nosso *blend* Caduceus Barbera & Merlot.

A produção de vinho com certeza já não era mais apenas um hobby. Em 2015, a produção anual atingiu 6 mil caixas. Os vinhos Caduceus foram vendidos em mil pontos de venda e enviados para clientes em 33 estados, e os vinhedos de Maynard já cobriam mais de 46 hectares em todo o Arizona.

A coleção de medalhas de prata e ouro só cresceu. Ele ganhou prêmios do Jefferson Cup Invitational, da Texas Sommelier Conference, do San Francisco International Wine Competition e da degustação às cegas do FnB Judgment of Arizona, que colocou os vinhos do Arizona contra os da Califórnia, Itália, Espanha, França e Austrália — e classificou o Caduceus Nagual del Judith, safra de 2008, como superior a todos os outros vinhos tintos.

Os céticos haviam estabelecido um padrão elevado, mas agora não havia como negar: o roqueiro de moicano era um vinicultor.

"As coisas mudaram muito", comenta Todd em uma entrevista de 2014. "Quando Maynard fala sobre a produção de vinhos agora, as pessoas notam que ele não é uma celebridade extravagante."

O trabalho de frontman do vinhedo Merkin envolvia mais do que produzir uma boa garrafa de rosé, e Maynard acrescentou à assinatura de e-mail o título de "World Class Multitasker".* O árduo conhecimento sobre vinhedos precisava ser compartilhado.

"Maynard se importa mesmo com o que acontece aqui", atesta Milic. "Pode-se dizer que ele é um vinicultor que sabe abrir portas."

Vestindo terno e gravata sob medida, a verdadeira imagem do profissionalismo, foi às reuniões comunitárias de Jerome e articulou com discrição as necessidades e triunfos dos vinicultores da região. Também participou de painéis e seminários a respeito do cultivo e controle de pragas e das últimas novidades em fermentação submersa. E, como parte da comemoração do Centenário do Arizona, em 2012, destacou a importância da agricultura sustentável para o futuro do estado.

> Em Scottville, vi minha família e vizinhos cultivarem grande parte da própria comida, então entendia o que era ser sustentável. Vivíamos dentro de nossas possibilidades e éramos criativos com o que tínhamos. Se a gente tem uma fazenda ou um vinhedo, não importa o que esteja acontecendo no mundo, dá para sobreviver.

* "Multitarefas de Primeira Categoria". [NT]

> Ao longo da história, as pessoas sobreviveram apesar das guerras, do clima e de quem quer que estivesse no comando — reis, rainhas, ditadores, fascistas. Elas compreenderam como estabelecer uma conexão com dado lugar e, ao mesmo tempo, tirar sustento dali. A fundação dessa atividade era, na maioria das vezes, vinhedos.

Maynard imaginou que, se os esforços fossem devidamente manejados e regulados, a produção de vinho poderia se tornar a indústria que garantiria estabilidade econômica ao Arizona. Seus vinhedos haviam contribuído com uma pequena parcela, garantindo um salário digno à equipe e, por extensão, fortalecendo a arrecadação tributária local. Se o movimento vitivinícola se espalhasse pelo estado inteiro, poderia gerar impacto a longo prazo.

Maynard, considerado um dos dez formadores de opinião do Arizona, foi convidado a falar no evento Local First Arizona, em 2015. Ele incentivou os produtores em potencial a fazer sua parte, a se comprometer com inovações, a evitar o caminho mais fácil e a superar os inevitáveis impeditivos que, ao mesmo tempo, proporcionariam as maiores recompensas. "É aí que a arte acontece", explica. A música mais doce é aquela que ressoa de cordas esticadas até o limite, o poema mais comovente é criado no desespero mais sombrio da noite, e os melhores vinhos são testados pela seca, geada e pragas.

Se os novos vinicultores tivessem sucesso, precisariam de um representante, e Maynard se tornou um porta-voz autodeclarado, apelando aos legisladores por políticas de zoneamento e distribuição justas, algo que transformaria a produção de vinho de uma indústria artesanal a uma força econômica significativa. Ele insistia que o vinho do Arizona era uma mercadoria única, um produto de exportação global que celebrava a região, pois cada garrafa trazia a essência de ervas e especiarias do deserto, de terra calcária e palo verde em floração.

> O vinho é um produto que não pode ser terceirizado da China ou do México. Ele é uma expressão do nosso lar, nossa região, nosso Arizona. A essência que torna um vinho interessante e que leva as pessoas a falarem dele é a ideia de lugar, de singularidade. E dessa singularidade, bastante consistente, temos as variações anuais baseadas nos padrões climáticos.
>
> No fundo, uma região se expressa através de uma garrafa de vinho. Claro, isso se os produtores de uva e administradores da terra deixarem que isso aconteça.

"Maynard é um pioneiro enológico do Arizona", comenta Gago. "Ele é criativo, preza por qualidade e traz uma nova perspectiva e um novo público ao consumo do vinho."

Depois de se formar em agroecologia na Faculdade de Prescott, Nikki Bagley ansiava por uma experiência prática. Integrar a equipe do vinhedo para capinar grama e ajudar a fazer a colheita de 2008 se adequava aos seus intentos. "Era ótimo ver uma agricultura verdadeiramente sustentável no condado de Yavapai", lembra. "Eu havia me esforçado para imaginar como a agricultura se encaixaria neste condado árido, considerando todos os problemas de abastecimento de água. Era maravilhoso trabalhar na base daquela indústria incrível." Não demorou para que Maynard promovesse Nikki a gerente adjunta dos vinhedos, e os dois uniram forças para ajudar a trazer a vinicultura ao Arizona.

Os vinicultores e enólogos aliados que participaram da primeira reunião do Consórcio do Vinho de Verde Valley, em 2008, foram unânimes: a Faculdade Yavapai deveria ser o epicentro que concentraria a educação e os recursos dos novos profissionais. Dois anos depois, com a espátula de jardinagem em mãos, Maynard proveu o campus com um vinhedo experimental chamado Negro Amaro, que plantou onde antes se localizava a quadra de raquetebol. "Foi o investimento dele que mostrou à faculdade que poderiam fazer isso em grande escala", explica Nikki, a primeira professora do programa.

No verão seguinte, o Centro de Vinhos do Sudoeste de Yavapai, em Clarkdale, tornou-se o lar do primeiro curso do Arizona que oferecia diplomas em viticultura e enologia. No primeiro ano, o curso teve 30 alunos matriculados. Já em 2016, contava com mais de 90 futuros vinicultores, enólogos, proprietários de vinhedos e administradores de salas de degustação.

Maynard e Nikki apoiaram o vinicultor Joe Bechard, que teve papel fundamental na criação da legislação de 2014 que passou a permitir parcerias alternadas. Ou seja, as variadas vinícolas do Arizona poderiam agora compartilhar o espaço de produção. Bechard, que era proprietário do Chateau Tumbleweed, em Clarkdale, permitiu que Maynard transformasse o antigo frigorífico em Camp Verde, no Four Eight Wineworks, na incubadora compartilhada que permitia que viticultores experientes, mas dotados de parcos recursos, produzissem lotes limitados até que fossem capazes de construir as próprias estruturas. Em um espírito de camaradagem e apoio, os vinicultores compartilhavam desengaçadores, tanques, maquinário de engarrafamento, além de conhecimento, percepções e força na época da colheita.

No ano seguinte, Maynard uniu forças com profissionais igualmente comprometidos e fundou a Aliança de Viticultores do Arizona (AVA), um grupo que visava definir parâmetros ao cultivo de uva e à produção de vinho, para que os vinicultores mantivessem os padrões internacionais reconhecidos.

> À luz dos movimentos do campo à mesa e compre local, é importante para nós, como indústria do vinho, começar por aí. Não há qualquer produto que fale tanto quanto o vinho a respeito de tempo e lugar. A AVA visava nos alinhar à ideia de local e alargar a compreensão sobre o que torna uma região única.

"De todas as pessoas neste setor, Maynard é um dos poucos que tem uma visão de longo prazo", afirma Nikki. "Ele é um dos enólogos e vinicultores mais visionários do estado. Ele vê o futuro dos vinhos do Arizona e se esforça para nos conduzir até lá."

Como se o rodapé de seu e-mail precisasse de mais epítetos, ele começou a pesquisar sobre o desenvolvimento da próxima geração de irrigadores por gotejamento subterrâneo. "Aquilo podia virar o jogo para os vinhedos no Arizona", explicou no início de 2016. Produtores e ambientalistas se viram satisfeitos com o novo método subterrâneo que propiciava sistemas radiculares mais fortes, conservava a preciosa água do Arizona e não emitia carbono.

"Essas coisas são importantes e farão a diferença no Arizona. E tudo se deve à generosidade de Maynard", comenta Tarbell. "As pessoas o escutam quando ele fala sobre o que os vinhos do Arizona são e o que podem se tornar. Ele é uma liderança bastante articulada, forte e inteligente, que beneficia a crescente indústria vinícola do estado."

E, em cada conferência, reunião e sessão de planejamento, Maynard compartilhava histórias sobre tardes de setembro em um pomar de macieiras em Darr Road, a respeito dos sonhos de voar acima do deserto noturno, sobre a vista de um telhado em Somerville. "Os assuntos surgem, coisas que, para a maioria das pessoas, seriam irrelevantes", explica Todd. "Mas, para Maynard, elas têm importância e fazem parte da origem das coisas, então se tornam um ponto de referência constante. E elas se *tornam* relevantes se a gente conhece a história."

SARAH JENSEN UNIÃO PERFEITA DE ELEMENTOS CONTRÁRIOS MJ KEENAN

13

A magia das histórias, como Kiss, Melchizedek e Anne Meeks haviam ensinado, está em torná-las nossas. No fim das contas, os cenários infinitos e as reviravoltas contavam uma história pessoal, uma narrativa sobre provações e possibilidades, sobre encontros casuais com personagens capazes de despertar epifanias, com os guardiões dos sonhos, figuras cuja influência só podia ser percebida quando rememorada através da repetição da espiral do tempo.

Durante a parada da Tool em Seattle, na turnê do *Lateralus*, em 2002, Maynard e Steele passaram uma noite juntos que há muito deviam um ao outro, relembrando o tempo na Pearson Street e planejando as próximas aventuras. "Ele me disse que queria começar uma nova banda", lembra Steele a respeito da conversa que tiveram no ônibus da turnê. "Então me contou sobre a ideia da Puscifer e disse que queria fazer uma música divertida e diferente."

Maynard havia purgado angústia e raiva e exorcizado demônios pessoais através das letras. Era hora de tomar um rumo diferente, um caminho paralelo ao da Tool, mas que lhe permitiria explorar livremente sua criatividade. Era hora de honrar a história de esperança e sobrevivência, a capacidade exclusivamente humana de cocriar um universo. "Queria fazer algo sério, quase como uma religião, em reverência ao lugar de onde viemos", explica. E a Puscifer, o projeto multifacetado que idealizara mais de uma década antes, seria o meio para isso.

> Muito tempo atrás, as pessoas acreditavam que a única coisa que as mantinha vivas era sua capacidade de se organizar em grupos e de ser mais criativas que as criaturas que as ameaçavam. Elas jamais seriam mais fortes ou mais rápidas do que aqueles seres, então precisavam ser mais espertas. Estamos perdendo contato com isso, porque tudo o que precisamos está disponível de imediato. Se a gente andar três metros em qualquer direção, vai encontrar comida, abrigo ou roupas.
> Sinto que a arte tem ficado em segundo plano. Nosso processo criativo parece meio estranho porque não achamos que a arte seja relevante para a nossa sobrevivência. Mas precisamos usar cada parte da nossa imaginação, cada centelha da nossa energia criativa para antecipar o que está acontecendo com nosso planeta, nossos relacionamentos, nossa capacidade de pensar por conta própria.
> A vida é muito curta para que não criemos arte a cada suspiro.

"Eu não via Maynard com frequência", comenta Laura Milligan a respeito dos anos em que ele se ocupou da Tool, de A Perfect Circle e dos vinhedos. "Mas, toda vez que o encontrava, ele dizia que tínhamos que fazer isso e aquilo, que precisávamos organizar algo parecido com o que tínhamos feito no *Tantrum*. Ele estava sempre fermentando essa ideia."

A Puscifer seria uma homenagem à arte, disse Maynard a ela. Seria som, cor, country, rock, sinfonia, jazz, figurinos, história, um non sequitur,[*] um trabalho em andamento impulsionado pela fricção e aberto às surpresas.

A trupe rotativa poderia incluir atores, comediantes, guitarristas, vocalistas e engenheiros de som que tinham se tornado agregados ao longo dos anos. Ele reprisaria o personagem Billy D, o libertino de peruca e bigode, e Laura a vaqueira de botas. A Puscifer seria o cabaré na encruzilhada entre Joseph Campbell, *Hee Haw*, Sonny e Cher. A Puscifer precisava ser engraçada.

"Eu estava perdendo contato com a comédia", comenta Maynard. "Era por isso que a Puscifer precisava voltar em grande estilo. Se alguém quiser me seguir como artista, tem que saber rir. A gente tem que parar de se levar tão a sério."

Os fãs apreciaram — ou ao menos toleraram — os elementos humorísticos de seu trabalho: os sutiãs acolchoados, a maquiagem estilo kabuki, as toalhas de papel que jogara no baterista convidado Coady Willis no meio de uma música

---

[*] Expressão do latim que significa a falácia lógica, na qual a conclusão não deriva das premissas. Um non sequitur é uma argumentação em que se faz uma proposição e, mais tarde, chega-se a uma conclusão que não respeita a proposição original. [NT]

durante a turnê do *10,000 Days*, e o irreverente reverendo Maynard. Assim que entraram no espírito da brincadeira, eles se deliciaram com os cantos teutônicos e o nome sugestivo do vinhedo. Mas jamais haviam tolerado performances de comédia como parte de um show.

Em 1998, no Hollywood Palladium, o público da Tool ficou impaciente para que o show começasse, não importava o quão engraçado fosse o ato de abertura. Eles se divertiram um pouco quando Bob Odenkirk e David Cross subiram ao palco em trajes cirúrgicos, examinaram Maynard e o diagnosticaram com a rara doença tittilite. Mas, no momento em que Maynard foi enrolado em uma camisola de hospital e conduzido a uma cadeira de rodas, já estavam fartos e começaram a exigir com insistência para que o evento principal começasse.

Mas Maynard sabia que essas bobagens tinham que ser parte fundamental da performance desde que catapultara cachorros-quentes para o público do English Acid. "Na época, parecia tempo perdido, como tantas coisas que ele fazia", lembra Jack Olsen. "Olhando para trás, claro, tudo parece se alinhar lindamente com o que acabou acontecendo."

Levar a cabo um projeto tão ambicioso exigiria um profissional, e Maynard percebeu que Mat Mitchell era o homem certo para o trabalho. Mitchell tinha não apenas as habilidades técnicas para produzir discos e vídeos, como também uma extensa experiência na desenvolvedora de videogames Electronic Arts. Além disso, compreendia a importância de cronogramas, prazos e detalhes práticos. "Mat era uma peça firme e consistente desse quebra-cabeça", comenta Maynard. "Se eu vagava lá fora como uma pipa, era ele quem segurava a corda."

A Puscifer foi lançada em 2007. Dotada de toda aquela pureza inspirada no punk, uma banda independente, sem patrocínio e sem obrigações com os ditames da indústria fonográfica. Maynard e Mat criaram não apenas letras, mas arranjos, incorporando ritmos, programação techno, paisagens sonoras digitais, ecos dos pedais de delay e o sintetizador de bateria que Mike Meeng tocara no Gaia décadas antes.

"É revigorante trabalhar com alguém aberto a experimentar e que também me permite a experimentação", comenta Mat em uma entrevista de 2016. "Maynard está sempre procurando a próxima novidade. Ele olha para cada pedrinha e pergunta: 'Para onde vou a partir daqui?'"

Nos momentos de folga durante a última etapa da turnê do *10,000 Days*, Mat montou o laptop e trabalhou com o grupo de músicos, compositores e vocalistas, preparando as primeiras músicas da Puscifer para a mixagem final. A gravação independente de *Mer de Noms*, de A Perfect Circle, em 2000, tinha sido uma grande novidade na época, mas, sete anos depois, já era comum — e econômico — que as bandas adotassem uma abordagem independente.

> Antigamente, uma banda tinha que vender pelo menos meio milhão de discos antes de ter lucro. Mas agora a música podia ser tão sustentável quanto a produção de vinho. Podemos ter muito menos vendas e ainda pagar o aluguel, porque não há intermediários, nenhum bando de executivos se intrometendo, ninguém se metendo onde não é chamado.

E, naqueles dias de MTV, revistas de música e lojas físicas de discos por todo lado, os lançamentos eram fornecidos diretamente aos consumidores. "O que os músicos faziam naquela época, já não conseguimos fazer agora", explica Maynard. "Sem aquela máquina de distribuição disponível, as pessoas precisavam descobrir as novidades da música de outras maneiras." A internet, a principal fonte de informação da geração digital, permite promover discos em tempo real, oferecendo notícias muito mais rápido do que as publicações impressas são capazes. Então o público daria o impulso do qual a Puscifer precisava.

O primeiro single do grupo, "Queen B", foi lançado na forma de vídeo e podcast no site Puscifer.com, preparando os fãs para o lançamento do primeiro álbum, *V Is for Vagina*, no fim de outubro. O disco estrearia no 25º lugar na Billboard 200. A equipe da Puscifer ampliou o alcance da banda ao criar páginas no Myspace e no Facebook, permitindo que os fãs discutissem sobre o novo fenômeno do trip-hop e, o mais importante, divulgassem suas descobertas e próximos lançamentos.

Certa manhã, no início de 2009, os seguidores da Puscifer se conectaram e descobriram um vídeo cômico anunciando a tão esperada estreia ao vivo. Maynard, completamente fardado, interpretava o severo, pedante e peculiar Major Douche, respondia perguntas de repórteres em grande parte sem noção sobre o que podiam esperar do show. Ele prometeu nada menos do que choque e assombro.

* * *

A tela acima do palco se iluminou e revelou o Major Douche, o quepe em uma das mãos e um frasco de bebida na outra. Ele ficou diante de uma enorme bandeira norte-americana, fitou os espectadores e latiu ordens para silenciarem todos os telefones celulares e guardarem todas as câmeras. Os ingressos para os shows do fim de semana de Dia dos Namorados haviam esgotado, mas aquela não era a produção elaborada que os fãs de Maynard esperavam. O palco do Pearl Concert Theatre no Palms Casino, em Las Vegas, foi montado com as baterias de Tim Alexander e Gil Sharone, o baixo de Rani Sharone, pedestais de microfones para Maynard e Juliette Commagere e, suspensa sobre o palco, fitando diretamente a multidão, havia a imagem da própria "Queen B", Ms. Puscifer.

Então Maynard subiu ao palco.

A multidão imediatamente se empertigou, apanhada pela cacofonia da abertura de "Uncle Scratch's Gospel Revival", o dueto rockabilly de "Brother Ant e Brother Ed" e o caos de megafones e percussão com tubos de papelão e caixas. O show prosseguiu de esquetes de comédia a vídeos e músicas, canções que ascendiam em um ulular oriental, mergulhavam em cantos guturais e desaceleravam em um sensual ritmo R&B que evocava uma noite de verão em Motown.

A voz rica e clara de Maynard ressoava no rap, no blues e no rock. Ele era o pastor ardoroso incitando o rebanho a transcender o dogma e a reconhecer o paraíso terrestre. Então, em uma guinada à esquerda, tornava-se um cantor de salão entoando um hino erótico. "Maynard deve ser um dos vocalistas mais idiossincráticos que o rock já viu", comenta o crítico musical Steve Morse. "Ele é um enigma, mas, por baixo de tudo isso, existe uma consistência e uma necessidade de comunicação. Ele nos desafia a reexaminarmos nossas ideias a respeito do que é um frontman."

O grupo se reuniu em harmonias paralelas, separou-se para solos e duetos, reuniu-se outra vez no transe de "Indigo Children" ex em seguida, liberou o centro do palco para o solo de Milla Jovovich em "The Mission", sobre "the ways of the underside",* o vestido escarlate refulgindo sob as luzes monocromáticas.

"Foi um vaudevile** para o século XXI", comenta Alexander.

---

*   Trecho da letra de "The Mission". Em tradução livre, "os caminhos do oculto". [NT]
**   Gênero de entretenimento popular nos Estados Unidos e no Canadá, particularmente entre o fim do século XIX e meados dos anos 1930. Era um tipo de show de variedades que poderia incluir concertos musicais, cantores populares, *freakshows*, museus baratos, literatura e teatro burlescos. [NT]

Se o vinhedo representava a busca e a luta, a Puscifer representava a dança que se seguia: uma celebração da música e do riso que persistia noite adentro sob ondas de luzes coloridas.

A estreia da Puscifer desencadeou uma explosão de produtividade em Maynard. Apenas cinco meses depois do primeiro show ao vivo do grupo, ele já estava de volta à estrada com a Tool, fazendo uma miniturnê que incluía o Mile High Music Festival, no Colorado, e o Lollapalooza de 2009, no Grant Park, em Chicago. Em novembro, depois do lançamento do EP *"C" Is for (Please Insert Sophomoric Genitalia Reference HERE)*, a Puscifer caiu na estrada mais uma vez, cruzando os Estados Unidos e o Canadá. Durante a maior parte dos dois anos seguintes, Maynard alternava entre a Tool, A Perfect Circle e a Puscifer, fazendo um rodízio de turnês pelos EUA, Canadá, Nova Zelândia e Austrália.

"Lembro dele voltando para casa depois de uma longa turnê", conta Tim Alexander. "Almocei com Maynard no dia seguinte e ele me disse que tinha ido colher uvas no vinhedo às 6 horas da manhã. É por isso que ele tem sucesso na vida. Ele se esforça em tudo o que faz."

Durante as ausências, o vinhedo ficava em boas mãos, administrado por Chris e Lei Li. Então Maynard usava o tempo na estrada a seu favor. Ele percebeu que os shows eram uma oportunidade para comercializar suas diversas marcas e para aumentar o conhecimento sobre Sangioveses e Cabernets. "Em relação a Maynard, há tanta complexidade. Ele não é apenas um músico ou compositor", ressalta Nancy Berry. "Ele é um homem de negócios muito astuto e de espírito empreendedor."

Um upgrade no ingresso permitia que os fãs entrassem mais cedo para um evento VIP pré-show de degustação de vinhos — um curso Caduceus Para Leigos sobre como identificar buquê, equilíbrio gustativo e persistência. Maynard delegou o dever instrutivo ao melhor homem para o trabalho, o cara que havia se sentado ao seu lado em degustações e jantares desde o início. "Ele precisava de alguém para ensinar aos fãs como interpretar o vinho", explica Todd. "Então, agora o segurança dava o curso de vinhos."

* * *

O segundo álbum da Puscifer, *Conditions of My Parole*, estreou em 27º lugar na lista da Billboard 200, em outubro de 2011. Gravado entre os barris da vinícola quando o cronograma das turnês permitia, o disco era uma ode ao Verde Valley em toda a sua contradição. O álbum reunia a formação original de membros, além de novas adições, incluindo a vocalista britânica Carina Round, o baterista Jeff Friedl, o baixista Matt McJunkins, o tecladista Josh Eustis e Devo no violoncelo. A turnê *Conditions* começou com uma participação no *Late Night with David Letterman* durante o Halloween, e a energia contagiante inspirou o diretor musical Paul Shaffer a tocar uma versão acalorada da faixa-título no teclado.

Por fim, Maynard resolveu o dilema do rock e da comédia dividindo o palco. A Puscifer era, afinal, teatro, então sabiamente reservou ambientes projetados para isso. Um auditório de 15 mil lugares jamais ofereceria a intimidade que um show de variedades exigia, mas os auditórios de conservatórios serviriam bem ao projeto, assim como as casas de espetáculos históricas que tinham servido de palco para leituras, companhias de Shakespeare e grupos de vaudevile durante o século XIX.

> O diferencial da Puscifer é levar as pessoas aos anfiteatros onde existem lanterninhas, e não aos clubes de rock a que as pessoas estão acostumadas. O local desconhecido tira o público da zona de conforto, porque eles precisam se sentar nos seus assentos e são repreendidos por puxar uma câmera ou invadir o espaço de outra pessoa. É como um campo de treinamento para eles, onde são desconstruídos e reconstruídos para que possam aprender a prestar atenção e apreciar o que está acontecendo diante deles.

Os locais eram ornamentados com pilastras coríntias, balcões de bordas douradas e pinturas pastorais acima dos palcos, mas o clima era tudo, menos reservado. "A Puscifer é um edifício multifacetado com muitos pilares", comenta Maynard. "O primeiro é um lembrete para se divertir. Lembre-se de dançar, de fazer o que te traz felicidade." E a diversão começou antes que as portas do teatro se abrissem. Enquanto os fãs faziam fila na calçada, o Irmão Ed caminhou entre eles e, fervoroso como qualquer pastor de rua, implorou que se afastassem do pecado, não assistissem ao show e salvassem suas almas condenadas ao inferno.

As luzes diminuíram e Maynard entrou, dirigindo um trailer Airstream de alumínio. Carina saiu do veículo e o ajudou a montar uma churrasqueira e cadeiras de praia na beirada do proscênio, além de pôr uma toalha vermelha e branca na mesa repleta de garrafas e taças. Enquanto os outros esperavam sua vez de entrar, eles se sentaram em círculo e bebericaram vinho, as chamas de papel da churrasqueira flutuando, alaranjadas, em direção a uma mosca.

Conditions of My Parole tem uma guitarra suave, um vocal ameaçador, além de uma curiosa distorção eletrônica, uma harmonia melódica, um humor de baixo nível e trocadilhos linguísticos; é rock, country e karaokê tocado em um parque de trailers. "Nos shows de Maynard, nós saíamos do meio daquele intenso turbilhão e aí o víamos saindo de um trailer", comenta Steele. "Ele é uma combinação de um cara super espiritual e então ele vem com algo como 'Prova aí um prato de comida de peixe.'"

A performance foi pontuada por interlúdios de vídeos que contavam a história de excêntricos moradores do deserto: o grosseiro e trapalhão Billy D; Hildy, usando um top curto e quimono com estampa de oncinha; Peter Merkin e sua paixão por teorias da conspiração; e Debbie Gibson. O público do show começou a suspeitar que os esquetes escondiam mais do que histórias de faz de conta. Os personagens, de alguma forma, pareciam familiares, não muito diferentes dos sonhadores, oprimidos e aspirantes a baixistas que tinham conhecido, como aquele tio que todos os anos tomava conta do jantar de Ação de Graças reclamando de quem cheirava drogas. As letras de Maynard sobre ecos, fantasmas e presságios talvez tratassem dos medos e paixões de pessoas reais, gente como eles, e talvez aquela ambiguidade fosse um convite para que criassem as próprias histórias e aceitassem sua parte naquela criação.

"A Puscifer funciona através do sistema de chacras", comenta Laura Milligan sobre o formato dos espetáculos. "A gente passa por toda a gama da experiência humana. Temos essa conexão com nosso ventre e nosso primeiro chacra. A gente fica bobo e ri, então, no final, somos elevados àquele belo estado quando Maynard voa acompanhado por Carina e os bandolins."

O grito intenso de Maynard, o olhar inexorável e as letras ousadas chamaram a atenção do público, e agora eles não conseguiam mais parar de ouvir aquela sua arte que se tornara mais complexa e multifacetada. Steele reconheceu a profundidade espiritual de Maynard, mas nunca seria possível dizer que o homem que cantava "Fuck your Christ!" estava reproduzindo as visões religiosas dominantes. Através das antigas conversas que atravessavam noites, ele e Ramiro haviam descoberto o conceito de "religio", explicitado por Joseph Campbell, que diz respeito a uma ligação de retorno, uma reconexão com as mitologias antigas, não através da crença insensata na repetição de dogmas, e sim em uma compreensão de propósito prático.

> A religião ajuda a elucidar informações importantes para que se tornem mais fáceis de compreender e não precisem ser explicadas toda vez que entramos em contato com elas. As pessoas que viviam no deserto há milhares de anos não podiam comer carne de porco porque essa carne estava repleta de vermes, o que poderia levá-las à morte. Para evitar que as pessoas comessem, a proibição foi fundamentada na religião e, assim, evitar consumir essa carne se tornou parte da rotina diária. Elas não pensam no mecanismo de sobrevivência ligado ao ritual. "Por que não voltamos a comer carne de porco?" E, como resposta: "Não se preocupe com isso. Só não coma carne de porco".
>
> A cerimônia japonesa do chá teve início porque, se houvesse um tsunami, ferver a água a purificaria, tornando-a segura para beber. Tornou-se parte da religião ferver a água.
>
> De forma casual, tornamos essas coisas parte da nossa rotina diária. Assim, quando um tsunami chegar, ao menos nossa família sobreviverá, e quase que por acidente, porque nosso ritual religioso nos ensinou a ferver a água antes de beber em vez de apenas beber água contaminada. Honrar esse ritual é o paraíso. Já o *conhecimento* do bem e do mal é a salvação.

Maynard e Ramiro aprenderam que os guias e peregrinos das velhas histórias eram apenas personagens de um enredo com infinitas variações, reproduzindo eternamente a narrativa humana da possibilidade e da sobrevivência. Com Carina em seu vestido preto, Maynard no terno italiano ou usando fantasia de vaqueiro, e Friedl na bateria, a história se repetia mais uma vez. A multidão ficava tão extasiada quanto magos, embalada em uma leveza existencial sob o turbilhão de estrelas das projeções e a lua que pairava, cheia e imensa, no céu do deserto.

O grupo do *Conditions* incluía os músicos Zac Rae, Josh Morreau e Claire Acey, que gravaram *Donkey Punch the Night*, o EP de 2013 com duas novas músicas e remixes techno, além de versões da Puscifer para "Balls to the Wall", do Accept, e "Bohemian Rhapsody", do Queen. No começo da C.A.D., Maynard havia jurado que nunca tomaria o caminho mais fácil, e encarar a obra-prima do Queen o lembrou de que havia cumprido essa promessa. "Regravar 'Bohemian Rhapsody' quase nota por nota me obrigou a prestar atenção às suas complexas harmonias e múltiplos movimentos", explica. "Isso me lembrou que sempre acreditei que a música devia ser feita de um jeito singular. Nunca me prendi a esse formato simples de introdução-verso-refrão-ponte."

Se Joni Mitchell tinha sido uma influência fundamental, o tempo de Maynard no tatame também foi. A cada inverno, ele se reunia com interessados lutadores de ensino médio no ginásio da Escola Secundária Central do Condado de Mason, auxiliando o técnico Jim Allen a lhes ensinar os fundamentos do esporte, assim como Mike os havia ensinado a ele, a matemática pura e a física da impulsão que o esporte exigia. E ele não parou por aí. Ajudou a financiar o acampamento de verão da equipe, mas deixou claro que o presente tinha um preço. "Eu os fiz escrever redações", explica. "Pedi que escrevessem o que a luta significava para eles ou por que deveria ser mantida nas Olimpíadas."

"É incrível como Maynard sabe retribuir", ressalta Steele. "Eu o imagino dizendo aos lutadores: 'Não deixe ninguém te dizer o que fazer. Descubra o que te faz bem e te deixa feliz'. Mas aí era capaz que ele acrescentasse: 'E se vocês ainda não viram o filme *Dias Incríveis*, de Will Ferrell, estão prestando um desserviço a si mesmos'. Ele sempre faz algum tipo de piada."

Em 2015, durante férias há muito esperadas, Maynard visitou a academia de jiu-jítsu de Limão Herédia, a principal escola brasileira de jiu-jítsu da ilha de Maui. Fazia muito tempo que tinha estudado com Herédia na academia Gracie, e o reencontro seria uma chance de voltar a treinar com ele. "Fiquei honrado porque, depois de 20 anos, Maynard veio me ver", disse Herédia em uma entrevista de 2015.

Na segunda tarde de treinos, Herédia se virou para Maynard; nas mãos, segurava uma faixa roxa, o nível que, no jiu-jítsu brasileiro, significa competência consciente. "Ele ganhou aquela faixa porque é forte", comenta Herédia. "Ele tem capacidade, é focado e é um bom aluno. E eu também não ia perder a chance de agradecê-lo por tudo o que ele fez pelo jiu-jítsu. Seu envolvimento chamou atenção para o esporte. Quantos músicos e fãs estão estudando jiu-jítsu por causa de Maynard?"

* * *

Deb Rockman esperava ansiosamente pela apresentação da Puscifer em Chicago, tanto para comemorar o sucesso do ex-aluno quanto para esquecer, por uma noite, uma época de enfermidades, mortes e muito sofrimento. "Tinha sido um ano muito, muito difícil", explica ela em uma entrevista de 2013. "Enviei um e-mail para Maynard e abri meu coração, e ele abriu o coração dele e me ouviu."

Naquela noite, no Cadillac Palace, a voz de Maynard se elevou em um hino de beleza, paz e rendição ao ritmo conciliador do mar, com as ondas purificadoras se condensando e quebrando na areia. Ele cantou sobre a esperança que resta após uma onda de tristeza. Naquela noite, cantou uma música que dedicou a Rockman:

> *Weary traveler, calloused and sore*
> *Time and gravity followed you here*
> *Rest, my sister, and tell me*
> *All about the ocean*
> *Spoils and troubles, the burden you've bore*
> *Pay them no mind, they matter no more*
> *Leave them behind and show me*
> *All about the ocean*
>
> *Look in your eyes*
> *I've never seen the ocean*
> *Not like this one**

"De que outra forma sua base de fãs poderia ser exposta a tais ideias?", reflete Moon Zappa. "É milagroso. E ele faz isso de um jeito que conseguimos ter empatia, usando som, luzes e talento artístico. Ele é um alquimista e um mago, com certeza. Um alegre saltimbanco."

---

* Exausta viajante, calejada e pesarosa,/ o tempo e a gravidade te seguiram até aqui./ Descanse, minha irmã, e me conte/ tudo a respeito do oceano./ Despojos e atribulações, o fardo suportado;/ não se atine, não tem mais importância./ Deixe-o para trás e me mostre/ tudo a respeito do oceano./ Olhe nos meus olhos./ Eu nunca vi o oceano./ Não como este. [NT]

E o alegre saltimbanco, sem que Lei Li soubesse, reservou o bar subterrâneo do Seelbach Hotel, em Louisville, para o show da tarde intitulado "Puscifer's Leap Day".* E, depois de 30 anos sem contato, ele convidou o pastor da Igreja da Irmandade, Paul Grout, para acompanhá-lo em um brunch no Neighborhood antes do show da Tool em Boston, em janeiro. Maynard tinha assuntos importantes a discutir.

O sucesso da Puscifer se devia, em grande parte, a Lei Li, que assumiu o controle do atendimento e da administração da loja da Puscifer em Jerome, onde os fãs compravam camisetas, pôsteres, vinis, CDs, grãos de café torrados e macarrão com tinta de lula. Por fim, ela criara a linha de roupas femininas da Puscifer, fazendo bom uso do seu diploma de artes. E Maynard também contou com a ajuda dela para organizar o merchandising da turnê, reservar voos, ônibus e refeições adequadas aos vegetarianos da equipe. Lei Li dava conta de tudo.

Ela nunca havia ficado deslumbrada com a fama de Maynard. O respeito e a admiração que sentira por ele desde o início só aumentavam. Porém, feliz no trabalho — e totalmente ciente dos flertes —, mantivera uma distância profissional. "Eu não queria mesmo comprometer meu trabalho", lembra Lei Li. "Se os meus sentimentos não fossem recíprocos, poderia ser estranho." No entanto, quanto mais noites passava na companhia dele, compartilhando pizzas de Ação de Graças, encontrando velhos amigos e familiares para comer mingau antes de um show, mais difícil era negar o que o coração sentia.

Enquanto isso, Maynard esperava voltar da estrada ou de um longo dia na vinícola e encontrá-la para compartilhar um Cabernet e conversar sobre os melhores trechos das obras de Carlos Castaneda. Lei Li havia se tornado mais do que uma funcionária, mais até do que uma irmã de confiança.

E chegou o dia em que ele reconheceu nela a única pessoa capaz de trocar um olhar de compreensão do outro lado da sala, sorrir com ele de uma piada interna, permanecer ao seu lado perante as adversidades. Para sua surpresa, ele estava apaixonado.

---

* Em tradução livre, algo como "O Dia Bissexto da Puscifer". "Leap day" é o dia 29 de fevereiro. [NT]

A gente tem que se perder para encontrar o caminho de volta. Cheguei ao ponto em que precisava parar de seguir o caminho errado, porque a única coisa que via era que não tinha mais nada ali para mim. A gente nunca vai encontrar conexão, amor ou comprometimento em relacionamentos transitórios. É como em *A Teia de Charlotte*: a gente lê "Um porco!" e esquece que, na verdade, é a aranha que importa, o porco não significa nada. A gente procura a teia e a aranha, mas se distrai com o porco. Vários porcos.

Não me arrependo de um único passo que dei nessa estrada. Aprendi muito sobre mim e transformei essas experiências em algo positivo, em músicas e arte.

Nas palavras de Bill Hicks: "Nesse negócio, precisamos de uma mulher muito especial — ou muitas medianas". Enfim compreendi o que ele quis dizer.

Enquanto isso, à distância, Lei Li diz: "Finalmente. Puta merda!".

Acima do bar, no *rathskeller*, no porão do Hotel Seelbach, signos do zodíaco folheados a ouro reluziam à luz de velas. Do chão ao teto abobadado, o lugar era recoberto por ladrilhos de mosaicos pintados à mão retratando pomares de macieiras e cidades muradas. E, ao redor do antigo bar clandestino, robustos pilares eram cercados por pelicanos de cerâmica, um símbolo de boa sorte.

Maynard não contou os detalhes do plano a Lei Li até que o palco estivesse montado. Ele lhe dera tempo suficiente para escolher um vestido e visitar a floricultura e, depois de um noivado de dois anos, presenteou-a com uma tarde perfeitamente coreografada. Então, enquanto a banda fazia a passagem de som, eles fugiram até o *rathskeller* para se casar.

Os caminhos sinuosos, zigue-zagues, curvas erradas e desvios haviam inexoravelmente levado àquilo: a noiva de Maynard em um vestido plissado, o buquê de rosas vermelhas, o sorriso quando ele se aproximou.

Jan estava lá, e também os pais de Lei Li, o diretor de turnê da Puscifer, Todd, um fotógrafo e o reverendo Grout. "A conexão que tivéramos há tanto tempo foi significativa para Maynard, e para mim também", comenta Grout sobre concordar em viajar de Vermont até Louisville para realizar a cerimônia. "Naquela época, eu o considerava incrível. Fiquei impressionado que ainda tivesse aquele ar de singularidade mesmo depois de tanto tempo. O fato de se lembrar das coisas que eu tinha dito a ele foi comovente."

Maynard e Lei Li escutaram o que Grout disse a respeito das alegrias, dos desafios e do perdão que compartilhariam. Então, Maynard olhou nos olhos dela e ela nos dele, e os dois sussurraram seus votos.

"Depois fomos ao Brown Theatre e jogamos a liga e o buquê para a banda", relata Lei Li, "e compartilhamos cupcakes com todo mundo."

A estada de duas semanas na Itália foi tanto um projeto de pesquisa quanto uma lua de mel. Maynard e Lei Li visitaram os vinhedos do Piemonte, os terraços de Barolo e Barbaresco, perto de Alba, e o próximo item no itinerário seria uma parada na vinícola Vietti de Luca Currado, em Castiglione Falletto. "Eu tinha conhecido Currado em uma reunião de distribuidores de vinhos em Denver, anos antes", explica Maynard. "Nós nos demos bem e mantivemos contato."

Currado conduziu os recém-casados pela adega, serviu-lhes vinho e queijo, e Maynard, em um ímpeto sociável do Meio-Oeste, contou-lhe os planos para o dia seguinte. Eles pretendiam contratar um motorista e explorar a região. Queriam descobrir mais informações sobre Spirito Marzo e Clementina Durbiano, os bisavós de Maynard, que, de acordo com as vagas histórias familiares, haviam se casado em algum lugar do Val di Susa, mais de um século antes.

Se Maynard precisava de auxílio com a investigação, Currado e a esposa, Elena, eram a dupla certa para ajudar. Currado afirmou que conhecia Susa muito bem, tinha esquiado lá com frequência, acompanhado por ninguém menos que o chefe de polícia da cidade. Depois de alguns telefonemas agitados, Elena relatou que os ancestrais de Maynard não eram de Susa, e sim da vizinha Venaus, e que ele e Lei Li eram esperados no Arquivo de Venaus, no dia seguinte.

Na manhã do seu aniversário de 48 anos, Maynard enfiou uma garrafa de vinho debaixo do braço, saiu da viela e entrou no *municipio*, movimentado àquela manhã, repleto de pessoas preenchendo papéis, averiguando títulos e resolvendo assuntos municipais. "Achei que estávamos no lugar certo", recorda Maynard. "A placa de identificação no balcão dizia 'Ariana Marzo'."

Ariana indicou uma sala contígua, onde Maynard não encontrou os armários de arquivos volumosos nem os livros de contabilidade mofados que esperava, e sim um trio de repórteres nacionais e locais, o prefeito e um grupo de moradores da cidade que o saudaram com um caloroso: "Olá! Seja bem-vindo ao lar!".

Sobre a mesa, estavam empilhadas todas as informações que Maynard poderia esperar: mapas, endereços, cópias de certidões de nascimento e de óbito e as certidões de casamento de Boniface Spirito Giacinto Marzo e Maria Clementina Durbiano, além da filha do casal, Maria Luigia Ernestina Marzo, sua avó.

A visita de um astro de rock norte-americano era a coisa mais emocionante que acontecia em muito tempo naquela cidadezinha, ainda mais no caso de o astro de rock em questão ter raízes locais. No dia seguinte, os jornais publicaram páginas inteiras detalhando a visita de Maynard e sua árvore genealógica, uma árvore que se ramificava para incluir a maioria das pessoas em Venaus. Foi descoberto que até o prefeito Nilo Durbiano era da família, um primo por parte de Clementina. Então brindaram ao inesperado reencontro com o Nagual del Marzo.

Não era de se surpreender que compartilhassem tantos ancestrais comuns. Sobreviver aos rigorosos invernos alpinos nunca tinha sido fácil, e as pessoas da região, décadas antes, contavam com a generosidade das comunidades vizinhas para sobreviver até a primavera. Enquanto as nevascas assolavam as montanhas, os Marzo e os Durbiano vestiam casacos pesados, botas, luvas e cachecóis, amarravam trouxas nos trenós, desciam os picos nevados e encontravam os vizinhos no vale, onde trocavam comida e suprimentos.

"Quando chegava a hora de se casar", comenta Maynard, "eles escolhiam um parceiro que pudesse lidar com essa jornada." E Spirito, como tantos outros, escolheu como esposa uma mulher forte e capaz que conhecera durante aquelas empreitadas invernais. Ele escolheu Clementina Durbiano, uma mulher de jornadas.

Eles vagaram pelas vielas até a periferia da cidade, então subiram uma ladeira íngreme que os deixou diante da casa. A cantaria havia desmoronado, as janelas estavam há muito quebradas, o telhado escurecido pela decomposição. Entretanto, aquela era a casa onde haviam nascido o tataravô, o bisavô e a avó de Maynard, onde os Marzo e os Durbiano tinham celebrado o Natal e aberto as janelas no primeiro dia de primavera; onde haviam contado histórias, cantado canções e compartilhado uma ou duas taças do vinho de Spirito.

Diante da porta, erguiam-se degraus de pedra em estado precário, degraus pelos quais Spirito e Clementina, além da bebê Louisa, haviam passado, e Maynard e Lei Li descansaram ali. Ao longe, havia colinas verdejantes banhadas pelo sol e, mais adiante, montanhas cobertas de neve. Do outro lado da viela, encontrava-se uma cerca de madeira envelhecida entremeada por videiras.

> Toda essa história só foi desvendada por causa daquela conexão que fiz em Denver, cinco anos antes. E porque eu soube manter contato e abrir a boca na hora certa. Empenhei minha fé na ideia de ir até lá, mesmo um pouco a esmo. Então as pessoas juntaram as peças que me levaram exatamente onde eu tinha de ir. E minha família estava esperando por mim.

Maynard estava nos bastidores do Greek Theatre. Ele os viu chegar: vocalistas, músicos, comediantes, família, amigos e um público imenso que lotou o lugar. Tinham vindo para Los Angeles para a *cinquanta*, a comemoração de seu aniversário de 50 anos.

A noite foi uma onda de energia contagiante que durou décadas e gerações, uma sequência perfeita, de Failure a A Perfect Circle e Puscifer. Os limites se confundiam conforme os músicos trocavam de parceiros naquela dança em espiral. Carina pegou o microfone em "The Package", de A Perfect Circle. Kellii Scott, da Failure, e Jeff Friedl, de A Perfect Circle, colaboraram em um dueto de bateria. Maynard ergueu a voz no segundo verso de "The Nurse Who Loved Me", da Failure. E Billy Howerdel se juntou a ele em "Monsoons", da Puscifer. Quando Justin Chancellor começou a tocar a favorita da Tool, "Sober", ou quando Matt McJunkins deu o pontapé inicial em "Orestes", de A Perfect Circle, a multidão participou e cantou cada palavra. E a noite também era de Devo, o cabelo escuro e ondulado emoldurando o rosto solene. No solo de estreia, diante de um público tão grande, o violoncelo cintilava sob as luzes intermitentes.

Então a Green Jellö explodiu no palco, trazendo todo aquele caos dissimulado. Manspeaker era um Lobo Mau à espreita, e o filho, Damien, um personagem com uma cabeça de marionete grande demais. "Eu estava tão nervoso", recorda Manspeaker. "Todo mundo tocando essas músicas sérias sobre mudar a vida de maneira positiva, e eu cantando uma música sobre porcos."

Mas essa performance foi essencial para que o show trouxesse à tona memórias de uma noite distante na Hollywood High. Na época, Manspeaker uivara: "Porquinho, porquinho, deixe-me entrar!", e Maynard respondera em falsete o seu chavão: "Nem em nome dos pelos do meu *chinny-chin-chin*!".

Os porcos deixaram o palco e Laura Milligan apareceu no papel de Hildy. Ela tirou Billy D do trailer, e Maynard, de terno e peruca, uniu-se a ela para cantar a velha canção de acampamento de Libertyville, "Country Boner", enquanto Danny mantinha o ritmo. "Conseguimos ficar juntos por todo esse tempo porque confiamos um no outro", explica ele. "O produto final sempre será algo mais do que a soma das partes."

O *cinquanta* não era mais do que isso: uma coleção de canções que se tornavam mais complexas e matizadas devido à colaboração altruísta.

> Não é possível fazer um show desses se as pessoas não conseguirem deixar os egos de lado. A coisa funciona quando todos conseguem focar em um objetivo comum maior. Cada banda tocou pondo o próprio coração e alma nas músicas, depois fez a transição para o próximo grupo, com quem compartilhava o trabalho. Isso me fez querer fazer tudo de novo, para que mais pessoas pudessem sentir o que sentíamos. É esse tipo de mágica que pode acontecer se a gente prestar atenção em onde está, para onde está indo e por onde passou.

E eles permaneceram juntos nos bastidores: Maynard, Devo, Carina, Mat Mitchell, Jeff, Matt McJunkins, Billy, Danny, Juliette Commagere, Justin, Laura, Todd, Lei Li, Manspeaker e sua família. Então formaram um arco sobre o palco, ao que o público completou a circunferência. Suas harmonias encheram a noite e a lua minguante subiu mais alto no céu.

Nature, nurture, heaven and home
Sum of all, and by them, driven
To conquer every mountain shown
But I've never crossed the river

Braved the forests, braved the stone
Braved the icy winds and fire
Braved and beat them on my own
Yet I'm helpless by the river

Angel, angel, what have I done?
I've faced the quakes, the wind, the fire
I've conquered country, crown, and throne
Why can't I cross this river?

Pay no mind to the battles you've won
It'll take a lot more than rage and muscle
Open your heart and hands, my son
Or you'll never make it over the river

It'll take a lot more than words and guns
A whole lot more than riches and muscle
The hands of the many must join as one
And together we'll cross the river*

---

* Natureza, cultivo, lar e paraíso,/ a soma de tudo, e por eles conduzida/ a conquistar cada montanha à vista./ Mas jamais cruzei o rio./ Enfrentei florestas e ravinas,/ fogo e ventos frígidos;/ enfrentei-os e venci-os à minha maneira./ E, mesmo assim, estou desamparado à margem do rio./ Anjo, anjo, o que foi que eu fiz?/ Encarei terremotos, tormentas e fogo./ Conquistei uma terra, uma coroa, um trono./ Por que não consigo cruzar o rio?/ Não dê atenção às batalhas vencidas./ É preciso muito mais do que fúria e força./ Abra o coração e as mãos, meu filho,/ ou jamais cruzará o rio./ É preciso muito mais do que armas e palavras./ Muito mais do que riquezas e pujança./ As mãos de muitos unidas como um:/ então, juntos, cruzaremos o rio. [NT]

SARAH JENSEN UNIÃO PERFEITA DE ELEMENTOS CONTRÁRIOS MJ KEENAN

EPÍLOGO

Lei Li Agostina Maria é alta o bastante para enxergar por cima da grade da varanda. Jerome é um lugar idílico para uma garotinha viver, uma menina que recebeu um nome inspirado, em parte, na uva que o pai trouxe do canteiro das Senhoras Tamale. Alguns chamam a cepa Luglienga de Agostenga, mas não importa. "Luglienga" e "agostenga" vêm dos termos italianos para "julho" e "agosto", os primeiros meses da colheita.

A menina fica na ponta dos pés e se esforça para ver o carro do pai. Do outro lado da estrada, há damasqueiros, amendoeiras e ameixeiras, um pomar tão mágico quanto aqueles sobre os quais a mãe lê para ela. Mais além, estão as glicínias, o jasmim-estrela e o vinhedo, onde trepadeiras e vinhas se contorcem nos padrões mais curiosos. E Chet pula pelo quintal, o sapo que retorna fielmente todo verão, manso como um gato doméstico e todinho dela.

A primeira onda da turnê acabou. Muito em breve, Maynard se ausentará outra vez, mas, nesse meio tempo, vai ter muito a fazer. Ele precisa verificar as fermentações submersas e conversar com os companheiros de banda sobre o progresso do próximo álbum da Tool. Precisa agendar treinos de jiu-jítsu e uma sessão de fotos, e ainda nem reservou a mesa dos fundos no Neighborhood nem lembrou Kjiirt de encontrá-lo lá, antes do próximo show em Boston.

Mas tudo isso pode esperar. Primeiro, vai se reunir com a família em torno da mesa de jantar para degustar nhoque caseiro e ouvir sobre as aventuras que viveram enquanto esteve fora. Depois que o bebê for colocado na cama, ele decantará uma garrafa de Kitsuné e conversará com Lei Li, e os dois vão olhar nos olhos um do outro e sussurrar sua alegria.

No sábado, Maynard vai se agachar ao lado da filha no jardim e ensiná-la a plantar manjericão e a transplantar mudas de tomate. Vai mostrar a ela o falcão preto voando de volta ao ninho na montanha Mingus; vai ensiná-la a identificar o som das cigarras cantando na árvore do quintal. Então vai contar a ela histórias sobre rios repletos de trutas e sobre a floresta e os cervos e coelhos que vivem lá.

E, pela manhã, quando o sol nascer por trás das montanhas, eles observarão o primeiro beija-flor do dia — a princípio, um borrão discreto, crescendo cada vez mais enquanto voa determinado em direção ao comedouro na beira da varanda.

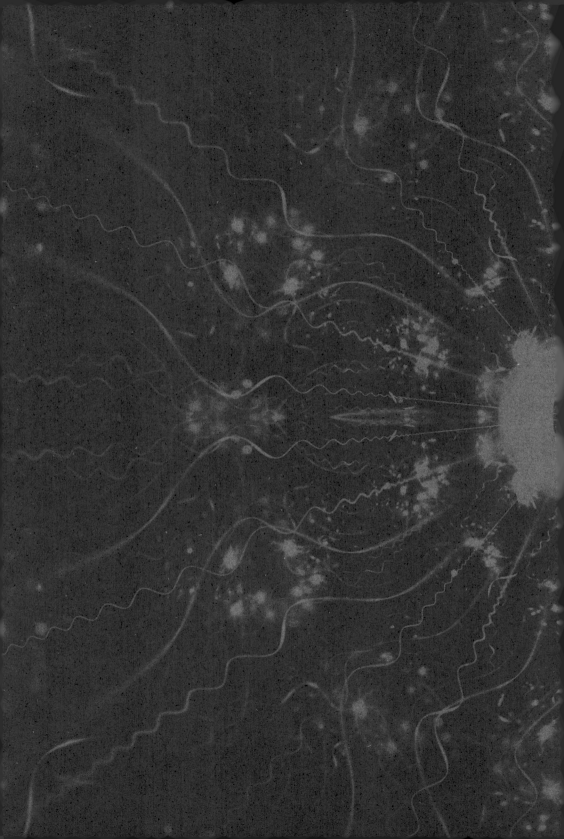

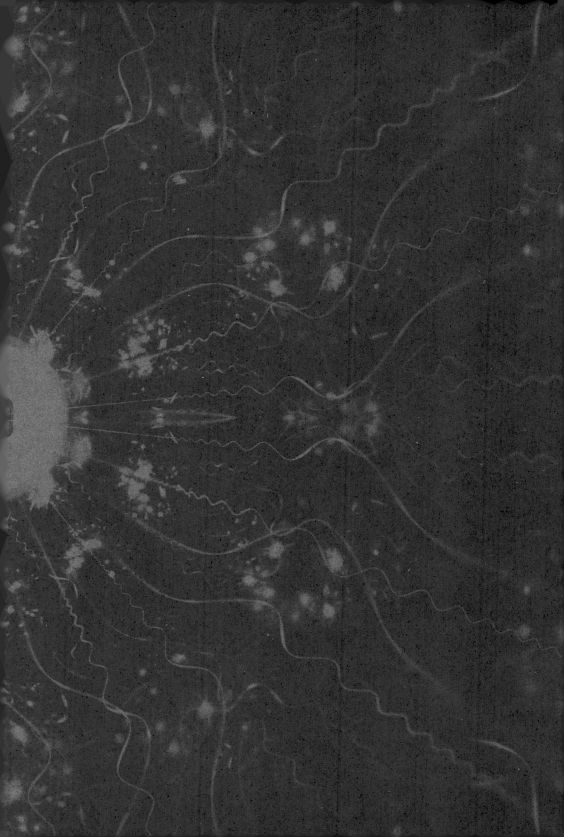

Coleção de MJK

1. Clementina e Spirito Marzo navegaram da Itália em 1902 para começar uma nova vida na América. Na fileira de trás: os filhos de Marzo, Peter e Albert. **2.** Judith Marie Gridley, "a garota mais bonita do condado". **3.** James Herbert Keenan, o bebê com grandes olhos castanhos.

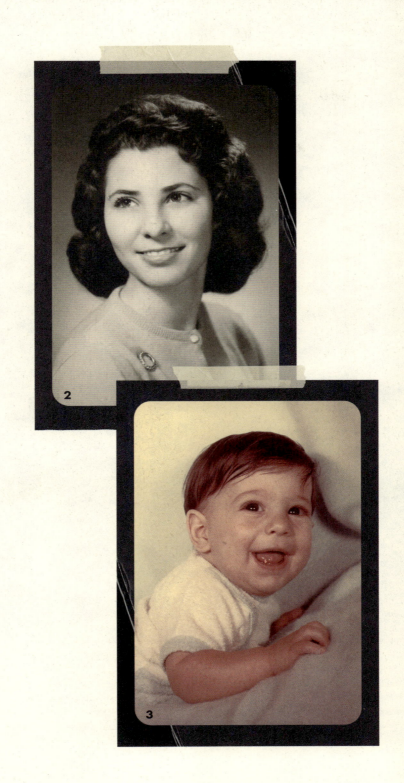

1. Mike apresentou seu filho cedo aos jardins e árvores que cercavam a casa deles em Indian Lake, Ohio. **2.** Jim teve interesse imediato na guitarra de sua tia Pam, e seus amigos se uniram a ele aprendendo acordes simples e ritmo. **3.** Jim fez sua apresentação de estreia como soldadinho de chumbo na peça da terceira série, *Mr. Grumpy's Toy Shop*.

4. Judith permitiu que Jim escolhesse sua roupa para a foto da classe na quinta série.

5. "De repente, estava recebendo um adolescente para cuidar." A nova esposa de Mike, Jan, estava despreparada quando Jim chegou para morar com eles em Michigan.

Coleção de MJK

1. Jim, sempre o rebelde da indumentária, retornou ao time de luta para sua quarta temporada em 1981. Na fileira da frente, da esquerda para a direita: Jim Keenan, Jeff Hansen, Lawrence Golay e Andy Green. Na fileira de trás, da esquerda para a direita: Pat Gilbert, Sam Hodges, Scott Dittmer e Rob Schrink. **2.** Sob o treinamento de Steve Bishop, Jim se destacou no ensino médio na corrida e no cross-country, ganhando sua primeira *varsity letter* quando era um calouro. **3.** Seus colegas de classe nomearam Jim "Mais Talentoso" nas eleições simuladas do último ano — assim como "Mais Pessimista" e "Artista da Classe".

4. Em 1982, o soldado E-2 Keenan se graduou no Fort Still e se destacou no treinamento básico da bateria. **5.** Soldado E-3 Keenan em um momento divertido enquanto acampava com a equipe de pesquisa 82C no Fort Hood, Texas, em 1984. (Coleção MJK) **6.** Durante seu tempo na Escola Preparatória, Sarah Llaguno e Jim correram na equipe de cross-country e compartilharam uma paixão por músicas de vanguarda. (Coleção MJK)

1. C.A.D. toca no apartamento de Maynard na Evans Street, em Grand Rapids, em 1986. Da esquerda para a direita: Maynard, Tom Gelusoe Kevin Horning. (Coleção MJK) **2.** Jim voltou da Escola Militar com um novo nome e um moicano. Entre os poucos amigos que aceitaram a sua persona exagerada estavam Kjiirt Jensen e a prima de Kjiirt, Julie Vanderwest. (Foto de Sue Ellen Jensen) **3.** Maynard seduzindo com colegas da Escola de Design de Kendall em uma festa de Halloween em 1985. (Coleção MJK) **4.** O CD de 1986 da C.A.D. apresentou como arte do álbum uma arte de Maynard. (Coleção MJK)

Daily News/MICHELLE CRAN

Kjiirt Jensen and Maynard Keenan receive T-shirts from Scottville officials

ormer residents return
Hike, bike back to Scottville

vo former Scottville residents
ed to participate in the city's
ennial, but both lived in Massa-
etts.
n "Maynard" Keenan and Kjiirt
en, both 1982 graduates of Ma-
County Central High School and
ly residents of Sommerville

"I did it because I could walk and
have the feet to walk with," he said.
Jensen, 25, began his trip on July
24, bicycling through Massachusetts,
New York, Pennsylvania, Ohio and
into Michigan.

The planning for the trip
about six months ago.
"I think it was the nigh
learned they put strawberry filli

1. Maynard tirou uma folga entre os ensaios da TexA.N.S. e C.A.D. para marcar a parede atrás do seu apartamento na Cherry Street. (Coleção MJK) **2.** No final dos anos 1980, Maynard foi apresentado aos vinhos finos que Kjiirt levava aos jantares de feriados em North End, em Boston. À direita: colega de Meio-Oeste Tracy Nedderman, sua amiga de Ludington que ingressou na comunidade de expatriados do Meio-Oeste em Massachusetts. (Foto de Sarah Jensen) **3.** Depois de sua caminhada de Massachusetts até Michigan, Maynard foi recebido por seu comitê de boas-vindas no café de Scottville, incluindo o pai de Kjiirt, Viggo. (Coleção MJK) **4.** A edição do dia 14 de agosto de 1989 do Ludington Daily News apresentava a história da

1. Zippy, o cãozinho schipperke, seria a companhia perfeita até que Maynard fincasse raízes em Los Angeles. (Coleção MJK) **2.** Tom Morello (distante, à direita) estava na fila da frente para a performance da Tool no Raji, no começo de 1991. (Cortesia de Bob Blackburn)

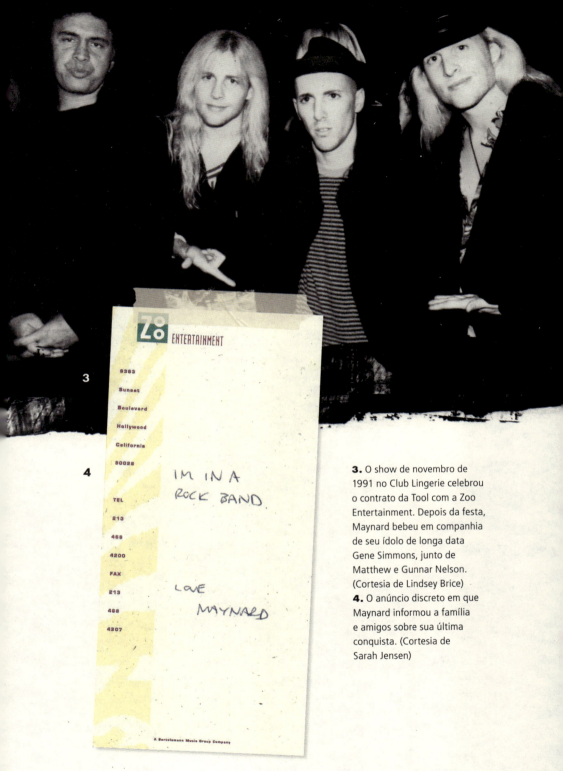

3. O show de novembro de 1991 no Club Lingerie celebrou o contrato da Tool com a Zoo Entertainment. Depois da festa, Maynard bebeu em companhia de seu ídolo de longa data Gene Simmons, junto de Matthew e Gunnar Nelson. (Cortesia de Lindsey Brice)

4. O anúncio discreto em que Maynard informou a família e amigos sobre sua última conquista. (Cortesia de Sarah Jensen)

1. Maynard se apresentou com a A Perfect Circle em 2003 com o que ele chamava de sua peruca de "Primo It". (Cortesia de Tim Cadiente). **2.** Quando seu filho nasceu em 1995, Maynard começou a usar perucas e fantasias no palco, para se manter incógnito nas ruas quando ele e Devo iam ao parque ou à mercearia da esquina. (Coleção MJK) **3.** A logo ambígua de A Perfect Circle convidava a uma mudança na perspectiva para decifrar o significado de suas camadas. (Cortesia de Tim Cadiente). **4.** O frontman idiossincrático toma o palco em um concerto da Tool. (Cortesia de Tim Cadiente). **5.** O Reverendo Maynard arrebenta no Coachella. (Cortesia de Meats Meier)

1. O canteiro Judith, no vinhedo Merkin, nomeado em honra à mãe de Maynard. (Coleção MJK).
2. O trabalho de Maynard no vinhedo é prático, desde a operação da empilhadeira, à inoculação da fruta, guardar os vinhos nas estantes e limpar os barris. (Coleção MJK). **3.** Tim Cadiente tem sido o fotógrafo e parceiro de travessuras de Maynard desde a sessão de fotos da Tool no show de 1994, no Hollywood Palladium. (Coleção MJK). **4.** Maynard procurou o enólogo de Penfolds, Peter Gago, em busca de conselhos e sabedoria quando começou seu vinhedo, e os dois permaneceram amigos. (Foto de Milton Wordley). **5.** Em 2015, Maynard participou de um seminário de jiu-jitsu com Rickson Gracie em St. Louis. Eles trabalharam juntos desde os primeiros dias de Maynard em Los Angeles. (Cortesia de Ariel Amores Belano). **6.** Maynard se reuniu no restaurante Neighbourhood em 2012 com seu pastor de infância, Paul Grout. Depois de 30 anos, ele tinha assuntos importantes para discutir. (Cortesia de Sarah Jensen). **7.** Luca Currado, da vinícola Vietti em Castiglione Falletto, na Itália, colocou Maynard no caminho da descoberta de seus ancestrais italianos. (Coleção MJK)

1. Durante a lua de mel na Itália, Maynard e Lei Li visitaram a casa Venaus que abrigou quatro gerações de Marzos. (Coleção MJK). **2.** Maynard reprisou seu papel em "Three Little Pigs", da Green Jellö, durante sua cinquanta, seu concerto de 50 anos no Greek Theater, em Los Angeles. (Cortesia de Tim Cadiente). **3.** Lei Li Agostina Maria ajudou na primeira colheita de Agostenga no seu primeiro aniversário em 2015. (Coleção MJK)

AGRADECIMENTOS

A nova era da arte é uma colaboração sem ego. Somos um imenso conjunto de algas, células unitárias em um organismo maior, vivendo em sincronia. Uma única pessoa pode a tudo coordenar, mas jamais transformará tudo em realidade. Para isso, todos os outros elementos precisam trabalhar juntos.
— Maynard James Keenan

Os autores agradecem a todos que tornaram este livro possível, especialmente a Ann Collette, a extraordinária agente da Rees Literary Agency; John Cerullo e a equipe Backbeat; e Alison Case pela dedicação em ler e corrigir o trabalho em andamento, por vezes indecifrável. E por gentilmente fornecer informações, assistência e apoio:

Steve Aldrich, Tim Alexander, Jim Allen, Debra Alton, Jen Ardis, Robert Arthur, Niels Bach, Nikki Bagley, Lisa McMaster Baldwin, Milan Basnet, Jon Basquez, Steve Begnoche, Nadia Bendenov, Nancy Berry, Steve Bishop, Boston Biographers Group, Mary Braman, Mike Burd, Tim Cadiente, Danny Carey, Todd Caris, Judy Carter, Stuart Cody, Fran Schulte Coffin, Carlos Coutinho, David Cross, John Crowley, Alex Cwiakala, Matthew Davis, Raffael DeGruttola, Richard Dickinson, Albert Drake, Michelle Duder.

Kathleen Cardwell Elkington, Sheila Falcey, Sheila Borges Foley, Murray Forbes, Rebecca Fox, Todd Fox, Peter Gago, Deborah Galle, Chad Galts, Leona Garrison e a Sociedade Histórica do Condado de Geary, Tim Genson, Colleen Shaw Gleason, Lori Green, Brian Greminger, Alex Grey, James Griffith, Paul Grout, Wayne Hansen, Thom Hawley, Limão Herédia, Billy Howerdel, Daniel Hungerford, Dakota Jensen, Kjiirt Jensen, Sue Ellen Jensen, Ann Johnson, Axel Johnson III, Devo H. Keenan, Jan Keenan, Lei Li Keenan, Mike Keenan, Susan Newkirk Kelly, Jeff Kiessel, Patti Klevorn, Michael Koran.

Marc LaBlanc, Linda Lawson, Sarah Llaguno, Terry Lowry e o Acervo Histórico e Bibliográfico de West Virginia, *Ludington Daily News*, Ludington Visiting Writers, Lou Maglia, David Mallett, Bill Manspeaker, Matt Marshall, Sean F. S. McCormick, Anne Meeks, Pavle Milic, Jennifer Miller, Laura Milligan, Mat Mitchell, Tom Montag, Tom Morello, Steve Morse, Brian Mulherin, David Murphy, Jim Newkirk, Steele Newman, Lois Novotny, Jack Olsen, Anne-Marie Oomen, Mary O'Brien Overturf.

Nate Patrick, Bonnie Pfefferle, Rick Plummer, Tom Reinberg, Jack Ridl, Deb Rockman, Ramiro Rodriguez, Robby Romero, Liz Rotter, Laurie Rousseau, Julie Rowland, Richard Rowland, Jason Rubin, Ed Sanders, Monica Seide, Rebecca Solnit, Chris Stengel, Cheryl Strayed, Edgar Struble, Mark Tarbell, Chuck Tracy, Alan Trautmann, Karen Vallee, Pam Walling, Dan Whitelock, Connie Pehrson Wiles, Ted Winkel, Cindy Newkirk Yenkel, Moon Zappa e Julia Paige Zeidler.

MAYNARD JAMES KEENAN é um músico reverenciado internacionalmente, artista, vinicultor e multitarefas. Ele é mais conhecido como o vocalista das bandas Tool e A Perfect Circle, além de líder da banda Puscifer, um projeto musical nascido de Keenan e do qual ele é o único membro permanente. Keenan também é o dono da vinícola Caduceus Cellars em Jerome, no Arizona.

SARAH JENSEN cresceu na área rural do Michigan em uma família de contadores de histórias. Escritora e editora, era apaixonada por poesia e trabalhou com diversos gêneros ao longo da carreira. Sua amizade de mais de trinta anos com Keenan lhe forneceu uma visão única de suas filosofias, sua trajetória profissional, suas lutas, alegrias, e sua preferência por omeletes. Faleceu em 2022 em Ludington, Michigan.

FEAR IS NATURAL ©MACABRA.TV   DARKSIDEBOOKS.COM